北京市教育委员会科学研究计划项目（课题编号：SM202051638001）资助出版

我国跨境电子商务
综合试验区发展模式、
经验和趋势

胡丽霞◎著

中国商务出版社
·北京·

图书在版编目（CIP）数据

我国跨境电子商务综合试验区发展模式、经验和趋势 /
胡丽霞著 . —北京 : 中国商务出版社，2023.12
　　ISBN 978-7-5103-4896-9

　　Ⅰ . ①我… Ⅱ . ①胡… Ⅲ . ①电子商务—研究—中国
Ⅳ . ① F724.6

中国国家版本馆 CIP 数据核字（2023）第 220040 号

我国跨境电子商务综合试验区发展模式、经验和趋势
WOGUO KUAJING DIANZI SHANGWU ZONGHE SHIYANQU FAZHAN MOSHI、
JINGYAN HE QUSHI

胡丽霞◎著

出　　版：	中国商务出版社	
地　　址：	北京市东城区安定门外大街东后巷 28 号　邮　编：	100710
责任部门：	商务事业部（010-64269744　bjys@cctpress.com）	
责任编辑：	张高平	
直销客服：	010-64266119	
总 发 行：	中国商务出版社发行部（010-64208388　64515150）	
网　　址：	http://www.cctpress.com	
排　　版：	廊坊展博印刷设计有限公司	
印　　刷：	廊坊市蓝海德彩印有限公司	
开　　本：	787 毫米 × 1092 毫米　1/16	
印　　张：	17.75　　　　　　　　　字　数：	278 千字
版　　次：	2023 年 12 月第 1 版　　　印　次：	2023 年 12 月第 1 次印刷
书　　号：	ISBN 978-7-5103-4896-9	
定　　价：	79.00 元	

党的二十大报告指出，十八大召开以来的十年，我国实行了更加积极主动的开放战略，成为深受国际市场欢迎的国际合作平台。目前，我国已经成为全球一百四十多个国家和地区的主要贸易伙伴，货物贸易总额居世界第一，服务贸易总额居世界第二，货物与服务贸易总额连续两年位居全球第一位，吸引外资和对外投资均居世界前列，形成了更大范围、更宽领域、更深层次的对外开放格局。未来五年，我们要坚持以推动高质量发展为主题，把实施扩大内需战略同深化供给侧结构性改革有机结合起来，增强国内大循环的内生动力和可靠性，提升国际大循环的质量和水平；同时，积极加快发展数字经济，促进数字经济和实体经济深度融合，打造具有国际竞争力的数字产业集群。

世界经济数字化转型加速，新一轮科技革命和产业变革不断深入，由电子商务推动的技术迭代升级和融合应用继续深化和革新。商务部、中央网信办、国家发展和改革委员会联合颁布的《"十四五"电子商务发展规划》（2021年10月）明确指出："支持跨境电子商务高水平发展。鼓励电商平台企业全球化经营，完善仓储、物流、支付、数据等全球电子商务基础设施布局，支持跨境电子商务等贸易新业态使用人民币结算。培育跨境电子商务配套服务企业，支撑全球产业链供应链数字化，带动品牌出海。继续推进跨境电子商务综合试验区建设，探索跨境电子商务交易全流程创新。加快在重点市场海外仓布局，完善全球服务网络。补足货运航空等跨境物流短板，强化快速反应能力和应急保障能力。优化跨境电子商务零售进口监管，丰富商品品类及来源，提升跨境电子商务消费者保障水平。加强跨境电子商务行业组织建设，完善相关标准，强化应对贸易摩擦能力，为中国电子商务企业出海提供保障和支撑措施。"

我国跨境电子商务产业不断蓬勃发展的同时，在一些关键性产业环节如海关监管、税收、金融、跨境物流、数据统计等领域遇到一些难题和瓶颈。为了破解我国跨境电子商务产业发展中的桎梏，我国政府在一些具有发展跨境电子商务产业明显优势的城市如杭州市、深圳市、上海市、宁波市等设立先行改革示范区，即跨境电子商务综合试验区。通过在跨境电子商务平台交易、国际物流、跨境支付、统计监测、通关商检等一系列环节开展技术的创新、标准的研制、流程的优化、服务和监管的创新等，打造一个完整的跨境电子商务产业发展生态体系，进一步激活我国跨境电子商务产业发展活力，促进其健康发展，进而带动区域经济快速和高质量发展。

我国跨境电子商务综合试验区自 2012 年开始起步，历经试点阶段（2012—2014 年）、第一批（2015 年 3 月）、第二批（2016 年 1 月）、第三批（2018 年 7 月）、第四批（2019 年 12 月）、第五批（2020 年 5 月）、第六批（2022 年 2 月）、第七批（2022 年 11 月）等发展阶段。截至 2022 年 12 月，我国共建设了 165 个跨境电子商务综合试验区，覆盖全国 31 个省、自治区、直辖市，跨境电子商务综合试验区获批数量、发展规模、区域分布等都上了一个新台阶，初步形成了"陆海内外联动、东西双向互济"的发展格局。165 个跨境电子商务综合试验区基本上覆盖全国绝大部分地区，这既体现了地方政府的发展意愿，也体现了国家的支持态度，其政策目的在于扩大政策优势适用区域，复制推广既往成功经验，促进跨境电子商务新业态发展，推动外贸行业整体协调发展。在近些年的发展中，跨境电子商务综合试验区在实践中形成的成熟经验或做法近 70 项在我国各个地区积极复制推广；同时，各项标准化建设也在持续推进中，各跨境电子商务综合试验区累计制定了国家标准、行业标准 40 余项。我国跨境电子商务综合试验区不仅在国内发挥了积极的示范引领作用，国际影响力也在不断提升。据统计，2021 年各跨境电子商务综合试验区累计开展国内国际交流合作超过 2 000 次，跨境电子商务综合试验区建设的"中国经验"正在广泛地影响着世界跨境电子商务产业的发展。秦阳（中国贸促会专家委员会委员、国际商会中国国家委员会海关和贸易便利化委员会副主席）于 2022 年在接受《中国贸易报》记者的采访时，充分肯定了近些年我国跨境电子商务综合试验区发展所取得的巨大成绩。他认为，在受到全球新冠疫情冲击、传统外贸遭遇危机的形势下，我国跨境电子商务综合试验区在稳外贸、稳外资、促发展等方面起到了积极的补充作用并发挥了独特优势。2022年，我国跨境电子商务综合试验区两次扩围增加数量，将有助于进一步鼓励和帮扶我国更多的传统外贸企业转型升级，新模式、新业态赢得新发展、新优势，从而稳定我国外贸发展的规模，提升我国外贸发展的质量。

《国务院办公厅关于加快发展外贸新业态新模式的意见》（国办发〔2021〕24号）指出，要扎实推进跨境电子商务综合试验区建设，扩大跨境电子商务综合试验区试点范围。积极开展先行先试，积极推广杭州跨境电子商务综合试验区在前期探索的"两平台六体系"经验，进一步完善跨境电子商务线上综合服务和线下产业园区"两平台"，以及信息共享、金融服务、智能物流、电商诚信、统计监测、风险防控等监管和服务"六体系"，继续探索更多的好经验好做法。鼓励跨境电子商务（也称跨境电商）平台、经营者、配套服务商等各类主体做大做强，加快自主品牌培育。建立跨境电子商务综合试验区考核评估和退出机制，2021年组织开展考核评估。到2025年，综试区建设取得显著成效，建成一批要素集聚化、主体多元化、服务专业化的跨境电子商务线下产业园区，形成各具特色的发展格局，成为引领跨境电商发展的创新集群。2023年4月，商务部新闻发言人束珏婷表示，推进跨境电子商务综合试验区建设，是党中央、国务院作出的重大决策，旨在充分发挥跨境电子商务助力传统产业转型升级、促进产业数字化发展的积极作用，下一步我国将继续扎实推进跨境电子商务综合试验区建设。

在前期跨境电子商务相关研究的基础上，本书重点研究了我国跨境电子商务综合试验区发展的相关问题。首先，本书从文献研究和政策研究角度出发，系统梳理了我国跨境电子商务综合试验区的建设历程和政策环境，分析了现阶段研究成果的特点和不足。其次，本书结合我国跨境电子商务综合试验区的现实发展情况，总结其投资开发模式、管理模式和盈利模式的类型，以及在线上线下生态圈建设、技术和服务创新建设、监管机制建设、税收机制建设、金融服务机制建设、智能物流服务体系建设、信用保障体系建设、统计监测体系建设、国际合作体系建设、人才培养体系建设10个方面的建设经验，为我国现有165个跨境电子商务综合试验区的发展提供经验借鉴。最后，本书结合目前的新技术、新趋势、新战略，分析我国跨境电子商务综合试验区发展趋势，为跨境电子商务综合试验区未来更好发展提供意见和建议。

本书的出版得到北京市教育委员会科学研究计划项目"我国跨境电商综合试验区发展经验、模式和趋势研究"（项目编号：SM202051638001）资助。北京财贸职业学院杨宜校长、魏启晋副校长，科研处刘雁琪处长、李琰老师、于继超老师，商学院平建恒院长、张慧副院长为本书的顺利出版提供了帮助，特向以上领导和同事表示感谢。本书由北京财贸职业学院胡丽霞同志总体策划和撰写，晋商信用增进投资股份有限公司张志杰同志参与了第十四章的研究和撰写，北京财贸职业学院李琰、陈捷、赵淼、耿莹莹老师参与了课题研讨和资料整理等工作。中国商务出版社张高平老师为本书的编辑和出版付出了辛苦的劳动，特向张老师表示深深的感谢。同时，本书在撰写过程中，借鉴了大量国内外专家学者的研究成果，特向以上专家、同事、朋友们表示衷心感谢！

胡丽霞

2023 年 10 月于北京

目录

目录 | 我国跨境电子商务
综合试验区发展模式、
经验和趋势

◀◀◀ 第十三章　跨境电子商务人才培养体系建设经验

第十四章　我国跨境电子商务综合试验区发展趋势　▶▶▶

◀◀◀ 第十五章　专题性研究成果

我国跨境电子商务综合试验区发展模式、经验和趋势

WOGUO KUAJING DIANZI SHANGWU

ZONGHE SHIYANQU FAZHAN MOSHI、

JINGYAN HE QUSHI

第一章 我国跨境电子商务综合试验区建设的历程和政策环境

第一节 我国跨境电子商务综合试验区建设的历程

一、跨境电子商务综合试验区的基本界定

我国跨境电子商务产业蓬勃发展的同时，在一些关键性产业环节，如海关监管、税收、金融、跨境物流、数据统计等方面，遇到一些难题和瓶颈。为了破解我国跨境电子商务产业发展中的桎梏，我国政府在一些具有发展跨境电子商务产业明显优势的城市，如杭州市、深圳市、上海市、宁波市等设立先行改革示范区，即跨境电子商务综合试验区。通过在跨境电子商务（简称跨境电商）平台交易、国际物流、跨境支付、统计监测、通关商检等一系列环节开展技术的创新、标准的研制、流程的优化、服务和监管的创新等，打造一个完整的跨境电子商务产业发展生态体系，进一步激活了我国跨境电子商务产业发展活力，促进其健康快速发展，进而带动区域经济快速和高质量发展。同时，在综合试验区先行先试的系列改革创新实践成果、做法和经验等，逐步转化成一个跨境电子商务产业发展和人才培养的国际标准体系，引领和推动全球跨境电子商务产业的健康快速发展。[①]

二、我国跨境电子商务综合试验区的发展历程

我国跨境电子商务综合试验区自 2012 年开始起步，历经试点阶段（2012—2014 年）、第一批（2015 年 3 月）、第二批（2016 年 1 月）、

---

① 胡丽霞. 基于 CNKI 文献分析跨境电子商务综合试验区发展经验与困境问题 [J]. 电子商务，2020（2）.

第三批（2018年7月）、第四批（2019年12月）、第五批（2020年5月）、第六批（2022年2月）、第七批（2022年11月）等发展阶段，具体如图1-1所示。

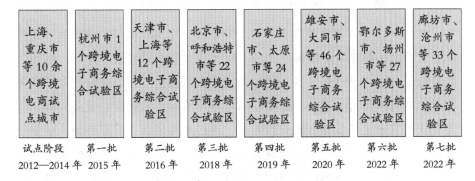

上海、重庆市等10余个跨境电商试点城市	杭州市1个跨境电子商务综合试验区	天津市、上海等12个跨境电子商务综合试验区	北京市、呼和浩特市等22个跨境电子商务综合试验区	石家庄市、太原市等24个跨境电子商务综合试验区	雄安市、大同市等46个跨境电子商务综合试验区	鄂尔多斯市、扬州市等27个跨境电子商务综合试验区	廊坊市、沧州市等33个跨境电子商务综合试验区
试点阶段 2012—2014年	第一批 2015年	第二批 2016年	第三批 2018年	第四批 2019年	第五批 2020年	第六批 2022年	第七批 2022年

图1-1　我国跨境电子商务综合试验区发展历程

（一）我国跨境电子商务服务试点阶段（2012—2014年）

2012年12月，由国家发改委、海关总署共同开展的中国跨境贸易电子商务服务试点工作部署会在郑州召开，这标志着我国跨境电子商务服务试点工作全面启动。这次会议批复了我国首批跨境电子商务服务试点城市，包括上海、重庆、宁波、郑州、杭州等5个城市。这5个城市通过先行先试，依托电子口岸建设机制和平台优势，实现外贸电子商务企业与口岸管理相关部门的业务协同与数据共享，能够解决跨境电子商务发展中的一些瓶颈问题。从2013年起，试点区域逐步推广至广州市、深圳市、青岛市、平潭市等十余个城市，其中上海市、重庆市、宁波市、郑州市、杭州市、广州市、深圳市、福州市、平潭市、天津市10个城市同时拥有直购进口、保税进口、一般出口三项业务许可。2013年8月，国务院办公厅转发由商务部会同国家发展改革委、财政部、人民银行、海关总署等9个部门共同研究制定的《关于实施支持跨境电子商务零售出口有关政策的意见》（国办发〔2013〕89号），推出建立电子商务出口新型海关监管模式等六大支持政策。2014年7月，海关总署出台《关于跨境贸易电子商务进出境货物、物品有关监管事宜的公告》（海关总署公告〔2014〕56号）和《关于增列海关监管方式代码的公告》（海关总署公告〔2014〕57号），认可了业内通行的保税进口模式，为跨境电子商务在我国的快速发展提供了合法性确认。

（二）我国第一批跨境电子商务综合试验区（2015年）

2015年3月，国务院发布《关于同意设立中国（杭州）跨境电子商务综合试验区的批复》（国函〔2015〕44号），正式同意设立中国（杭州）跨境电子商务综合试验区。文件中要求综合试验区"着力在跨境电子商务交易、支付、物流、通关、退税、结汇等环节的技术标准、业务流程、监管模式和信息化建设等方面先行先试，通过制度创新、管理创新、服务创新和协同发展，破解跨境电子商务发展中的深层次矛盾和体制性难题，打造跨境电子商务完整的产业链和生态链，逐步形成一套适应和引领全球跨境电子商务发展的管理制度和规则，为推动全国跨境电子商务健康发展提供可复制、可推广的经验"。

（三）我国第二批跨境电子商务综合试验区（2016年）

2016年1月，国务院《关于同意在天津等12个城市设立跨境电子商务综合试验区的批复》（国函〔2016〕17号）面向全社会发布，同意在天津市、上海市、重庆市、合肥市、郑州市、广州市、成都市、大连市、宁波市、青岛市、深圳市、苏州市12个城市设立跨境电子商务综合试验区。文件要求综合试验区"牢固树立并贯彻落实创新、协调、绿色、开放、共享的发展理念，以深化改革、扩大开放为动力，借鉴中国（杭州）跨境电子商务综合试验区建设'六大体系'、'两个平台'的经验和做法，因地制宜，突出本地特色和优势，着力在跨境电子商务企业对企业（B2B）方式相关环节的技术标准、业务流程、监管模式和信息化建设等方面先行先试，为推动全国跨境电子商务健康发展创造更多可复制推广的经验，以更加便捷高效的新模式释放市场活力，吸引大中小企业集聚，促进新业态成长，推动大众创业万众创新，增加就业，支撑外贸优进优出、升级发展"。

（四）我国第三批跨境电子商务综合试验区（2018年）

2018年7月，国务院印发《关于在北京等22个城市设立跨境电子商务综合试验区的批复》（国函〔2018〕93号），同意在北京市、呼和浩特市、沈阳市、长春市、哈尔滨市、南京市、南昌市、武汉市、长沙市、南宁市、海口市、贵阳市、昆明市、西安市、兰州市、厦门市、唐山市、无锡市、威海市、珠海市、东莞市、义乌市22个城市设立综合试验区。文件要求：

"综合试验区建设要全面贯彻党的十九大精神，以习近平新时代中国特色社会主义思想为指导，按照党中央、国务院决策部署，统筹推进'五位一体'总体布局，协调推进'四个全面'战略布局，坚持新发展理念，全面实施创新驱动发展战略，以供给侧结构性改革为主线，以推动形成全面开放新格局为目标，复制推广前两批综合试验区成熟经验做法，因地制宜，突出本地特色和优势，着力在跨境电子商务企业对企业（B2B）方式相关环节的技术标准、业务流程、监管模式和信息化建设等方面先行先试，为推动全国跨境电子商务健康发展探索新经验、新做法。"

（五）我国第四批跨境电子商务综合试验区（2019年）

2019年12月，国务院印发《关于同意在石家庄等24个城市设立跨境电子商务综合试验区的批复》（国函〔2019〕137号），同意在石家庄市、太原市、赤峰市、抚顺市、珲春市、绥芬河市、徐州市、南通市、温州市、绍兴市、芜湖市、福州市、泉州市、赣州市、济南市、烟台市、洛阳市、黄石市、岳阳市、汕头市、佛山市、泸州市、海东市、银川市24个城市设立跨境电子商务综合试验区。文件中规定："跨境电子商务综合试验区建设要以习近平新时代中国特色社会主义思想为指导，全面贯彻党的十九大和十九届二中、三中、四中全会精神，统筹推进'五位一体'总体布局，协调推进'四个全面'战略布局，坚持新发展理念，按照党中央、国务院决策部署，持续深化'放管服'改革，积极适应产业革命新趋势，复制推广前三批综合试验区的成熟经验和做法，对跨境电子商务零售出口试行增值税、消费税免税等相关政策，积极开展探索创新，推动产业转型升级，开展品牌建设，推动国际贸易自由化、便利化和业态创新，为推动全国跨境电子商务健康发展探索新经验、新做法，推进贸易高质量发展。同时，要保障国家安全、网络安全、交易安全、国门生物安全、进出口商品质量安全和有效防范交易风险，坚持在发展中规范、在规范中发展，为各类市场主体公平参与市场竞争创造良好的营商环境。"

（六）我国第五批跨境电子商务综合试验区（2020 年）

2020 年 5 月，国务院印发《国务院关于同意在雄安新区等 46 个城市和地区设立跨境电子商务综合试验区的批复》（国函〔2020〕47 号），同意在雄安新区、大同市、满洲里市、营口市、盘锦市、吉林市、黑河市、常州市、连云港市、淮安市、盐城市、宿迁市、湖州市、嘉兴市、衢州市、台州市、丽水市、安庆市、漳州市、莆田市、龙岩市、九江市、东营市、潍坊市、临沂市、南阳市、宜昌市、湘潭市、郴州市、梅州市、惠州市、中山市、江门市、湛江市、茂名市、肇庆市、崇左市、三亚市、德阳市、绵阳市、遵义市、德宏傣族景颇族自治州、延安市、天水市、西宁市、乌鲁木齐市 46 个城市和地区设立跨境电子商务综合试验区，名称分别为中国（城市或地区名）跨境电子商务综合试验区。文件规定："跨境电子商务综合试验区建设要以习近平新时代中国特色社会主义思想为指导，全面贯彻党的十九大和十九届二中、三中、四中全会精神，统筹推进'五位一体'总体布局，协调推进'四个全面'战略布局，坚持新发展理念，按照党中央、国务院决策部署，复制推广前四批综合试验区成熟经验做法，推动产业转型升级，开展品牌建设，引导跨境电子商务全面发展，全力以赴稳住外贸外资基本盘，推进贸易高质量发展。同时，要保障国家安全、网络安全、交易安全、国门生物安全、进出口商品质量安全和有效防范交易风险，坚持在发展中规范、在规范中发展，为各类市场主体公平参与市场竞争创造良好的营商环境。"

（七）我国第六批跨境电子商务综合试验区（2022 年）

2022 年 2 月，国务院印发《关于同意鄂尔多斯等 27 个城市和地区设立跨境电子商务综合试验区的批复》（国函〔2022〕8 号）。国务院同意在鄂尔多斯市、扬州市、镇江市、泰州市、金华市、舟山市、马鞍山市、宣城市、景德镇市、上饶市、淄博市、日照市、襄阳市、韶关市、汕尾市、河源市、阳江市、清远市、潮州市、揭阳市、云浮市、南充市、眉山市、红河哈尼族彝族自治州、宝鸡市、喀什地区和阿拉山口市 27 个城市和地区设立跨境电子商务综合试验区。文件再次强调："跨境电子商务综合试验区建设要以习近平新时代中国特色社会主义思想为指导，全面贯彻党的十九大和十九届历次全会精神，按照党中央、国务院决策部署，坚持稳中求进工作总基调，完整、准确、全面贯彻新发展理念，加快构建新发展格局，全面深化改革开放，坚持创新驱动发展，复制推广前五批综合试验区成熟经验做法，发挥跨境电子商务助力传统产业转型升级、促进产业数字化发展的积极作用，引导跨境电子商务健康持续创新发展，全力以赴稳住外贸外资基本盘，推进贸易高质量发展。同时，要保障国家安全、网络安全、数据安全、交易安全、国门生物安全、进出口商品质量安全和有效防范交易风险，保护个人信息权益，坚持在发展中规范、在规范中发展，为各类市场主体公平参与市场竞争创造良好的营商环境。"

（八）我国第七批跨境电子商务综合试验区（2022 年）

2022 年 11 月，国务院印发《关于同意在廊坊等 33 个城市和地区设立跨境电子商务综合试验区的批复》（国函〔2022〕126 号）。国务院同意在廊坊市、沧州市、运城市、包头市、鞍山市、延吉市、同江市、蚌埠市、南平市、宁德市、萍乡市、新余市、宜春市、吉安市、枣庄市、济宁市、泰安市、德州市、聊城市、滨州市、菏泽市、焦作市、许昌市、衡阳市、株洲市、柳州市、贺州市、宜宾市、达州市、铜仁市、大理白族自治州、拉萨市、伊犁哈萨克自治州 33 个城市和地区设立跨境电子商务综合试验区。文件明确指出："我国跨境电子商务综合试验区要坚定不移贯彻总体国家安全观，抓好风险防范，坚持在发展中规范、在规范中发展。要保障好个人信息权益，为各类市场主体公平参与市场竞争创造良好营商环境。"

截至 2022 年 12 月，我国跨境电子商务综合试验区已达 165 个。我国跨境电子商务综合试验区建设的总体目标是以习近平新时代中国特色社会主义思想为指导，全面贯彻党的二十大精神，按照党中央、国务院决策部署，坚持稳中求进工作总基调，完整、准确、全面贯彻新发展理念，加快构建新发展格局，全面深化改革开放，坚持创新驱动发展，复制推广前期综合试验区的成熟经验和做法，发挥跨境电子商务助力传统产业转型升级、促进产业数字化发展的积极作用，推动外贸优化升级，加快建设贸易强国。

目前，我国跨境电子商务综合试验区建设实现了我国内地 31 个省级行政区全覆盖，试验区获批数量、发展规模、区域分布等都上了一个新台阶，初步形成了"陆海内外联动、东西双向互济"的发展格局。自 2012 年以来，我国跨境电子商务综合试验区发展历程、试点城市名称和数量如图 1-2 所示。

2012 年

上海市、重庆市、宁波市、郑州市、杭州市 5 个城市开展跨境贸易电子商务服务试点

2013 年

广州市、深圳市、福州市、青岛市、平潭市、天津市、苏州市、长沙市、银川市、牡丹江市、哈尔滨市、烟台市、西安市、长春市、合肥市、成都市、大连市、张家港市、绥芬河市 19 个城市开展跨境贸易电子商务服务试点

第一批：2015 年 3 月

杭州市设立跨境电子商务综合试验区

第二批：2016 年 1 月

天津市、上海市、重庆市、合肥市、郑州市、广州市、成都市、大连市、宁波市、青岛市、深圳市、苏州市 12 个城市设立跨境电子商务综合试验区

第三批：2018 年 7 月

北京市、呼和浩特市、沈阳市、长春市、哈尔滨市、南京市、南昌市、武汉市、长沙市、南宁市、海口市、贵阳市、昆明市、西安市、兰州市、厦门市、唐山市、无锡市、威海市、珠海市、东莞市、义乌市 22 个城市设立跨境电子商务综合试验区

第四批：2019 年 12 月

石家庄市、太原市、赤峰市、抚顺市、珲春市、绥芬河市、徐州市、南通市、温州市、绍兴市、芜湖市、福州市、泉州市、赣州市、济南市、烟台市、洛阳市、黄石市、岳阳市、汕头市、佛山市、泸州市、海东市、银川市 24 个城市设立跨境电子商务综合试验区

第五批：2020 年 5 月

雄安新区、大同市、满洲里市、营口市、盘锦市、吉林市、黑河市、常州市、连云港市、淮安市、盐城市、宿迁市、湖州市、嘉兴市、衢州市、台州市、丽水市、安庆市、漳州市、莆田市、龙岩市、九江市、东营市、潍坊市、临沂市、南阳市、宜昌市、湘潭市、郴州市、梅州市、惠州市、中山市、江门市、湛江市、茂名市、肇庆市、崇左市、三亚市、德阳市、绵阳市、遵义市、德宏傣族景颇族自治州、延安市、天水市、西宁市、乌鲁木齐市46 城市设立跨境电子商务综合试验区

第六批：2022 年 2 月

鄂尔多斯市、扬州市、镇江市、泰州市、金华市、舟山市、马鞍山市、宣城市、景德镇市、上饶市、淄博市、日照市、襄阳市、韶关市、汕尾市、河源市、阳江市、清远市、潮州市、揭阳市、云浮市、南充市、眉山市、红河哈尼族彝族自治州、宝鸡市、喀什地区和阿拉山口市 27 个城市和地区设立跨境电子商务综合试验区

第七批：2022 年 11 月

廊坊市、沧州市、运城市、包头市、鞍山市、延吉市、同江市、蚌埠市、南平市、宁德市、萍乡市、新余市、宜春市、吉安市、枣庄市、济宁市、泰安市、德州市、聊城市、滨州市、菏泽市、焦作市、许昌市、衡阳市、株洲市、柳州市、贺州市、宜宾市、达州市、铜仁市、大理白族自治州、拉萨市、伊犁哈萨克自治州33 个城市和地区设立跨境电子商务综合试验区

图 1-2 我国跨境电子商务综合试验区发展历程和试点城市

三、我国跨境电子商务综合试验区的区域分布

以"获批城市数量"为标准，可以将我国 165 个跨境电子商务综合试验区划分为三个梯队。

第一梯队：获批跨境电子商务综合试验区的城市数量等于或多于 10 个城市，共有 4 个省份跨境电子商务综合试验区入选，按照数量从多到少排序，分别为：广东省、山东省、江苏省、浙江省。

第二梯队：获批跨境电子商务综合试验区城市数量等于或多于 5 个城市且小于 10 个城市，共有 9 个省（自治区）的跨境电子商务综合试验区入选，按照数量从多到少排序，分别为：江西省、福建省、四川省、安徽省、辽宁省、湖南省、河北省、河南省、内蒙古自治区。

第三梯队：获批跨境电子商务综合试验区的城市数量小于 5 个城市，共有 18 个省（直辖市、自治区）的跨境电子商务综合试验区入选，按照数量从多到少排序，包括：湖北省、黑龙江省、吉林省、新疆维吾尔自治区、云南省、广西壮族自治区等。

我国跨境电子商务综合试验区获批批次、梯队分布情况如表 1-1 和图 1-3 所示；获批数量区域排行情况如图 1-4 所示。

表 1-1 我国跨境电子商务综合试验区获批数量梯队分布表

梯队	区域	第一批	第二批	第三批	第四批	第五批	第六批	第七批	合计
第一梯队：≥10个城市	广东省		2	2	2	7	8		21
	山东省		1	1	2	3	2	7	16
	江苏省		1	2	2	5	3		13
	浙江省	1	1	1	2	5	2		12
第二梯队：≥5个城市；<10个城市	江西省			1	1	1	2	4	9
	福建省			1	2	3		2	8
	四川省		1		1	2	2	2	8
	安徽省		1		1	1	2	1	6
	辽宁省		1	1	1	2		1	6
	湖南省			1	1	2		2	6
	河北省			1	1	1		2	5
	河南省		1		1	1		2	5
	内蒙古自治区			1	1	1	1	1	5

续表

梯队	区域	第一批	第二批	第三批	第四批	第五批	第六批	第七批	合计
第三梯队：<5个城市	湖北省			1	1	1	1		4
	黑龙江省			1	1	1		1	4
	广西壮族自治区			1		1		2	4
	吉林省			1	1	1		1	4
	云南省			1		1	1	1	4
	新疆维吾尔自治区					1	2	1	4
	山西省				1	1		1	3
	陕西省			1		1	1		3
	贵州省			1		1		1	3
	甘肃省			1		1			2
	海南省			1		1			2
	青海省				1	1			2
	北京市			1					1
	重庆市		1						1
	宁夏回族自治区				1				1
	上海市		1						1
	天津市		1						1
	西藏自治区							1	1
合计		1	12	22	24	46	27	33	165

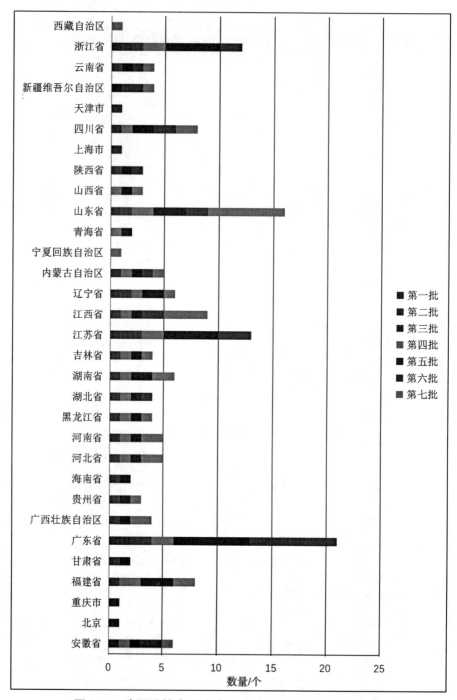

图1-3 我国跨境电子商务综合试验区获批批次分布图

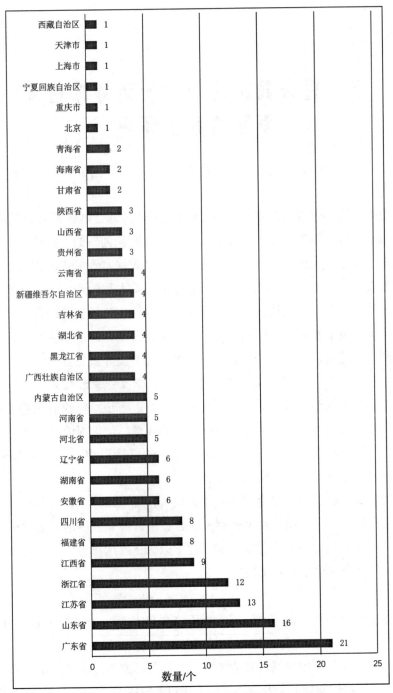

图1-4　我国跨境电子商务综合试验区获批数量区域排行

第二节　促进我国跨境电子商务综合试验区发展的政策环境

国务院原总理李克强强调，我国跨境电子商务综合试验区的创新发展，不是政府政策和制度改革的"洼地"，而是制度和创新的"高地"。我国跨境电子商务综合试验区的"试验核心"，是我国监管模式的创新、服务和管理发展模式的创新。进一步积极且稳妥地扩大我国跨境电子商务综合试验区的试点数量和规模，是我国深化简政放权、开展放管结合、提升优化服务等的重要举措。这既可吸引大中小企业集聚，促进新业态成长，又能便利有效监管，对推动"双创"，增加就业，使外贸更好适应新形势、赢得新优势，具有重要意义。2022 年 10 月，李克强总理在第十次全国深化"放管服"改革电视电话会议上表示："要进一步推进政府职能深刻转变，加快打造市场化、法治化、国际化营商环境，加大对跨境电子商务、海外仓等外贸新业态支持力度，帮助解决生产、融资、用工、物流等问题，支持企业在公平竞争中实现互利共赢。"

我国跨境电子商务综合试验区相关政策和规范的建立，以及对其开放程度的规定等，是我国跨境电子商务综合试验区健康发展的重要保障。自 2012 年我国跨境电子商务综合试验区建立以来，我国出台了系列的政策文件，保障综合试验区的健康快速发展。

一、我国跨境电子商务综合试验区培育期政策（2012—2014 年）

2012 年 8 月，国家发展和改革委员会办公厅发布《关于开展国家电子商务试点工作的通知》（发改办高技〔2012〕2218 号）。这个文件的发布，标志着我国政府开始探索形成保障和促进我国跨境电子商务发展的制度环境。郑州市、杭州市、重庆市等城市开始研制跨境电子商务通关、结汇、退税等方面的管理办法和标准，构建跨境电商服务平台等。2012年12月，我国首批跨境电子商务服务试点城市正式获批，包括上海市、重庆市、宁波市、郑州市、杭州市5个城市。2013年，跨境电子商务服务试点区域逐步推广至广州市、深圳市、青岛市、平潭市等10余个城市。2013年8月，由商务部、发展改革委、财政部、人民银行、海关总署等9个部门共同研制、国务院办公厅转发《关于实施支持跨境电子商务零售出口有关政策的意见》（国办发〔2013〕89号），进一步优化跨境电子商务（出口）制度环境，推出建立电子商务出口新型海关监管模式等六大支持政策。2014年7月，海关总署发布《关于跨境贸易电子商务进出境货物、物品有关监管事宜的公告》（海关总署公告〔2014〕56号）和《关于增列海关监管方式代码的公告》（海关总署公告〔2014〕57号），认可了保税进口模式，同时为跨境电子商务的发展提供合法性确认。

2012—2014年是我国跨境电子商务试点城市发展时期，初步探索了发展中存在的问题、摸索了发展经验，为之后我国跨境电子商务综合试验区起步和大规模发展奠定了基础。在这个阶段，我国相关部门出台的政策，重点解决了跨境电子商务产业发展在快速通关、海关监管等方面遇到的难题。此外，通过这些试点城市工作，制定了跨境电子商务通关、结汇、退税等方面的管理办法和标准规范，初步探索了监管、制度和服务方面的创新模式，为跨境电子商务产业发展和跨境电子商务综合试验区起步培育了良好的政策和市场环境。

我国跨境电子商务综合试验区培育期的政策（2012—2014年）具体如表1-2所示。

表1-2　我国跨境电子商务综合试验区培育期政策

序号	政策文件	发布文号	发布单位	时间
1	关于开展国家电子商务试点工作的通知	发改办高技〔2012〕2218号	国家发改委办公厅	2012-08-11
2	关于实施支持跨境电子商务零售出口有关政策的意见	国办发〔2013〕89号	中华人民共和国国务院办公厅	2013-08-21
3	关于跨境电子商务零售出口税收政策的通知	财税〔2013〕96号	财政部国家税务总局	2013-12-30
4	关于印发中国（上海）自由贸易试验区总体方案的通知	国发〔2013〕38号	中华人民共和国国务院	2013-09-27
5	关于支持外贸稳定增长的若干意见	国办〔2014〕19号	中华人民共和国国务院办公厅	2014-05-04
6	关于促进商贸物流发展的实施意见	商流通函〔2014〕790号	中华人民共和国商务部	2014-09-22
7	关于加强进口的若干意见	国办发〔2014〕49号	中华人民共和国国务院办公厅	2014-10-23

资料来源：根据汤兵勇，熊励.中国跨境电子商务发展报告（2014—2015）[M].北京：化学工业出版社，2015；肖亮，柯彤萍.跨境电子商务综合试验区演化动力与创新实现机制研究[J].商业经济与管理，2020（2）；国务院网站 http://www.gov.cn/ 政策文件库资料整理。

二、我国跨境电子商务综合试验区起步期政策（2015年）

2015年3月，国务院向社会正式发布《关于同意设立中国（杭州）跨境电子商务综合试验区的批复》（国函〔2015〕44号），标志着我国具有国家战略层面意义的跨境电子商务综合试验区建设正式拉开序幕。杭州跨境电子商务综合试验区以"两平台、六体系"为核心的建设方案的实施来推动创新试点。2015年5月，国务院印发《关于大力发展电子商务加快培育经济新动力的意见》（国发〔2015〕24号）。同年6月，国务院印发《关于促进跨境电子商务健康快速发展的指导意见》（国办发〔2015〕46号），进一步明确要提升跨境电子商务通关效率、优化配套的海关监管措施、完善检验检疫监管政策、制定进出口税收、稳妥推进支付机构跨境外汇支付业务试点等，极大地提升了跨境电子商务业务环节的便利化和规范化，对跨境电子商务的发展进行了合法性确认和指导性帮扶。此外,国务院《关于改进口岸工作支持外贸发展的若干意见》(国发〔2015〕16号)、《关于进一步发挥检验检疫职能作用促进跨境电子商务发展的意见》(国质检通〔2015〕202号)等文件在改进口岸通关服务、清理规范收费、推进通关作业无纸化、推进国际贸易"单一窗口"建设,以及建立跨境电子商务清单管理制度、构建跨境电子商务风险监控和质量追溯体系等具体操作方面,进行了详细规定和有益探索。

2015年,作为我国首个跨境电子商务综合试验区,杭州跨境电子商务综合试验区正式成立了,这是我国跨境电子商务发展历史上具有里程碑意义的事件。同年,为了积极扶持杭州跨境电子商务综合试验区健康发展,国家从宏观环境优化和具体实施方面给出了正向引导和有力帮扶。同时期,国家印发了天津、广东等系列自由贸易试验区总体方案,为第二批跨境电子商务综合试验区的成立积极铺垫,进一步扩大其开放程度,提升自由贸易度。

我国跨境电子商务综合试验区起步期的政策(2015年)具体如表1-3所示。

表1-3 我国跨境电子商务综合试验区起步期政策

序号	政策文件	发布文号	发布单位	时间
1	关于加快发展服务贸易的若干意见	国发〔2015〕8号	中华人民共和国国务院	2015-01-28
2	关于同意设立中国(杭州)跨境电子商务综合试验区的批复	国函〔2015〕44号	中华人民共和国国务院	2015-03-12
3	关于改进口岸工作支持外贸发展的若干意见	国发〔2015〕16号	中华人民共和国国务院	2015-04-01
4	关于印发中国(广东)自由贸易试验区总体方案的通知	国发〔2015〕18号	中华人民共和国国务院	2015-04-08
5	关于印发中国(天津)自由贸易试验区总体方案的通知	国发〔2015〕19号	中华人民共和国国务院	2015-04-08

序号	政策文件	发布文号	发布单位	时间
6	关于印发中国（福建）自由贸易试验区总体方案的通知	国发〔2015〕20号	中华人民共和国国务院	2015-04-08
7	关于印发进一步深化中国（上海）自由贸易试验区改革开放方案的通知	国发〔2015〕21号	中华人民共和国国务院	2015-04-08
8	关于大力发展电子商务加快培育经济新动力的意见	国发〔2015〕24号	中华人民共和国国务院	2015-05-04
9	关于进一步发挥检验检疫职能作用促进跨境电子商务发展的意见	国质检通〔2015〕202号	中华人民共和国质检总局	2015-05-14
10	关于促进跨境电子商务健康快速发展的指导意见	国办发〔2015〕46号	中华人民共和国国务院办公厅	2015-06-20
11	关于支持自由贸易试验区创新发展的意见	商资发〔2015〕313号	中华人民共和国商务部	2015-08-25
12	关于推进线上线下互动加快商贸流通创新发展转型升级的意见	国办发〔2015〕72号	中华人民共和国国务院办公厅	2015-09-29

资料来源：根据汤兵勇，熊励. 中国跨境电子商务发展报告（2014-2015）[M]. 北京：化学工业出版社，2015；肖亮，柯彤萍. 跨境电子商务综合试验区演化动力与创新实现机制研究 [J]. 商业经济与管理，2020（2）；国务院网站 http://www.gov.cn/ 政策文件库资料整理。

三、我国跨境电子商务综合试验区扩展期政策（2016—2019年）

2016—2019年，国务院连续印发三个文件：《关于同意在天津等12个城市设立跨境电子商务综合试验区的批复》（国函〔2016〕17号）、《关于在北京等22个城市设立跨境电子商务综合试验区的批复》（国函〔2018〕93号）、《关于同意在石家庄等24个城市设立跨境电子商务综合试验区的批复》（国函〔2019〕137号），标志着我国跨境电子商务综合试验区分为三个批次，从杭州1个城市试点扩展到全国59个城市试点，实现了数量上的扩展和突破。2016年3月，财政部、海关总署、国家税务总局联合发布《关于跨境电子商务零售进口税收政策的通知》（财关税〔2016〕18）。2018年10月，国务院发布《关于印发优化口岸营商环境促进跨境贸易便利化工作方案的通知》（国发〔2018〕37号）。2019年1月，国务院发布《关于促进综合保税区高水平开放高质量发展的若干意见》（国发〔2019〕3号）。这些重要文件进一步促进了我国跨境电子商务发展的管理创新、服务创新、技术创新，为我国跨境电子商务产业的发展营造了良好的营商环境。各个试点城市，在借鉴杭州市跨境电子商务综合试验区"两平台、六体系"的基础上，因地制宜谋发展，逐渐探索出特色化发展道路。

2016—2019年，我国跨境电子商务综合试验区获批数量和城市覆盖都有了明显提升，实现了从1家示范引领到59家齐头并进发展的连锁反应。这个时期的政策，一方面是积极稳定前期探索的良好政策成效，另一方面是进一步开放北京、重庆等城市的自由贸易程度，为跨境电子商务综合试验区在新时期的拓展奠定基础。

我国跨境电子商务综合试验区扩展期的政策（2016—2019年）具体如表1-4所示。

表1-4　我国跨境电子商务综合试验区扩展期政策

序号	政策文件	发布文号	发布单位	时间
1	关于同意在天津等12个城市设立跨境电子商务综合试验区的批复	国函〔2016〕17号	中华人民共和国国务院	2016-01-15
2	关于跨境电子商务零售进口税收政策的通知	财关税〔2016〕18	财政部、海关总署、国家税务总局	2016-03-24
3	关于做好自由贸易试验区新一批改革试点经验复制推广工作的通知	国发〔2016〕63号	中华人民共和国国务院	2016-11-10

序号	政策文件	发布文号	发布单位	时间
4	关于印发中国（辽宁）自由贸易试验区总体方案的通知	国发〔2017〕15号	中华人民共和国国务院	2017-03-31
5	关于印发中国（浙江）自由贸易试验区总体方案的通知	国发〔2017〕16号	中华人民共和国国务院	2017-03-31
6	关于印发中国（河南）自由贸易试验区总体方案的通知	国发〔2017〕17号	中华人民共和国国务院	2017-03-31
7	关于印发中国（湖北）自由贸易试验区总体方案的通知	国发〔2017〕18号	中华人民共和国国务院	2017-03-31
8	关于印发中国（重庆）自由贸易试验区总体方案的通知	国发〔2017〕19号	中华人民共和国国务院	2017-03-31
9	关于印发中国（四川）自由贸易试验区总体方案的通知	国发〔2017〕20号	中华人民共和国国务院	2017-03-31
10	关于印发中国（陕西）自由贸易试验区总体方案的通知	国发〔2017〕21号	中华人民共和国国务院	2017-03-31
11	关于同意在北京等22个城市设立跨境电子商务综合试验区的批复	国函〔2018〕93号	中华人民共和国国务院	2018-08-07
12	关于印发优化口岸营商环境促进跨境贸易便利化工作方案的通知	国发〔2018〕37号	中华人民共和国国务院	2018-10-19
13	关于支持自由贸易试验区深化改革创新若干措施的通知	国发〔2018〕38号	中华人民共和国国务院	2018-11-23
14	关于促进综合保税区高水平开放高质量发展的若干意见	国发〔2019〕3号	中华人民共和国国务院	2019-01-25

续表

序号	政策文件	发布文号	发布单位	时间
15	关于全面推进北京市服务业扩大开放综合试点工作方案的批复	国函〔2019〕16号	中华人民共和国国务院	2019-02-22
16	关于印发6个新设自由贸易试验区总体方案的通知	国发〔2019〕16号	中华人民共和国国务院	2019-08-02
17	关于同意在石家庄等24个城市设立跨境电子商务综合试验区的批复	国函〔2019〕137号	中华人民共和国国务院	2019-12-24

资料来源：根据汤兵勇，熊励.中国跨境电子商务发展报告（2014—2015）[M].北京：化学工业出版社，2015；肖亮，柯彤萍.跨境电商综合试验区演化动力与创新实现机制研究[J].商业经济与管理，2020（2）；国务院网站http://www.gov.cn/政策文件库资料整理。

四、我国跨境电子商务综合试验区创新期政策（2020—2022年）

2020年受新冠疫情影响，跨境电子商务成为我国推动外贸转型升级、打造新经济增长点的重要突破口，政策也不断加持跨境电子商务的发展规模和质量。2020—2022年，国务院印发了三个文件：《关于同意在雄安新区等46个城市和地区设立跨境电子商务综合试验区的批复》（国函〔2020〕47号）、《关于同意鄂尔多斯等27个城市和地区设立跨境电子商务综合试验区的批复》（国函〔2022〕8号）、《关于同意在廊坊等33个城市和地区设立跨境电子商务综合试验区的批复》（国函〔2022〕126号），这也标志着我国跨境电子商务综合试验区扩容至165个，覆盖了全国内地31个省（直辖市、自治区），不仅在数量上再次取得突破，也从规模发展时期进入质量提升和创新突破时期。2020年，国务院办公厅发布《关于进一步做好稳外贸稳外资工作的意见》（国办发〔2020〕28号）、《关于推进对外贸易创新发展的实施意见》（国办发〔2020〕40号），突出强调了跨境电子商务在疫情期间发挥的重要作用，跨境电子商务全价值链逐渐形成，对国际贸易规则的重构产生重要影响。2021年，国务院印发《关于"十四五"对外贸易高质量发展规划的批复》（国函〔2021〕112号），商务部、中央网信办、发展改革委三部门联合发布

《"十四五"电子商务发展规划》（商电发〔2021〕191号），则重点强调，未来在一个更长时期内，要进一步发挥跨境电子商务的产业优势，有效激活其在数据要素方面的潜能，打造数字化外贸供应链，推动生产、服务、营销、业态模式等创新，为跨境电子商务综合试验区的发展营造良好的政策环境，提升我国对外贸易质量，助力"一带一路"等国家倡议实施。

2020—2022年，一方面是全球新冠疫情给世界经济带来的多重机遇和挑战，另一方面是我国全面开启"十四五"规划发展以及深入贯彻落实党的二十大精神，进入我国经济发展的新纪元。因此，如何在更大的舞台和历史背景下，发展和繁荣我国跨境电子商务产业，如何更精准地定义跨境电子商务综合试验区的发展意义、定位其发展的功能、提升其在国内外的影响力和在国家战略中的作用，成为这个时期政策的显著特点。

我国跨境电子商务综合试验区创新期的政策（2020—2022年）具体如表1-5所示。

表 1-5　我国跨境电子商务综合试验区创新期政策统计

序号	政策文件	发布文号	发布单位	时间
1	关于同意在雄安新区等46个城市和地区设立跨境电子商务综合试验区的批复	国函〔2020〕47号	中华人民共和国国务院	2020-05-06
2	关于进一步做好稳外贸稳外资工作的意见	国办发〔2020〕28号	中华人民共和国国务院办公厅	2020-08-12
3	关于推进对外贸易创新发展的实施意见	国办发〔2020〕40号	中华人民共和国国务院办公厅	2020-11-09
4	关于加快发展外贸新业态新模式的意见	国办发〔2021〕24号	中华人民共和国国务院办公厅	2021-07-02
5	"十四五"电子商务发展规划	商电发〔2021〕191号	商务部、中央网信办、发展改革委	2021-10-26

序号	政策文件	发布文号	发布单位	时间
6	国务院关于开展营商环境创新试点工作的意见	国发〔2021〕24号	中华人民共和国国务院	2021-10-31
7	国务院关于"十四五"对外贸易高质量发展规划的批复	国函〔2021〕112号	中华人民共和国国务院	2021-11-02
8	关于同意鄂尔多斯等27个城市和地区设立跨境电子商务综合试验区的批复	国函〔2022〕8号	中华人民共和国国务院	2022-02-08
9	关于同意在廊坊等33个城市和地区设立跨境电子商务综合试验区的批复	国函〔2022〕126号	中华人民共和国国务院	2022-11-24

资料来源：根据汤兵勇，熊励. 中国跨境电子商务发展报告（2014—2015）[M]. 北京：化学工业出版社，2015；肖亮，柯彤萍. 跨境电子商务综合试验区演化动力与创新实现机制研究 [J]. 商业经济与管理，2020（2）；国务院网站 http://www.gov.cn/ 政策文件库资料整理。

　　经过多年的创新和发展，跨境电子商务综合试验区（简称综试区）已经成为我国有活力的经济改革区域，尤其是在三年疫情期间，综试区在稳外贸、稳外资、促发展等方面发挥了强有力的作用，提升了我国外贸发展的质量，助力国内国际"双循环"经济市场的发展。在跨境电子商务综合试验区发展的各个阶段，良好的政策环境，从制度、管理、服务、技术等各个方面，既对综试区的发展起到了导向作用，又提供了坚实保障。结合《"十四五"对外贸易高质量发展规划》等文件精神，未来各相关部门的政策应该注重优化跨境电子商务零售进口的监管制度，引导行业规范合法发展；探索和实践跨境电子商务交易全流程的创新；支持跨境电子商务企业实现要素集聚，壮大和发展一批跨境电商龙头企业和优势产业园区；建立线上线下融合、境内境外联动的营销体系；不断加强国内国际行业组织的建设，不断深化国际间的合作，积极参与跨境电子商务国际规则以及行业企业、教育教学等领域的标准研制工作等方面，具有适当导向作用并提供基本保障。现阶段仍然是我国跨境电子商务行业升级的重要时期，需要政府积极引导，有效地减少市场和营销环境带来的制约，努力实现资源配置的最优化处理，实现传统贸易和跨境电子商务的相互促进和转型升级，继续推动跨境电子商务生产、服务、营销、业态模式等领域创新，助推我国跨境电子商务综合试验区的高质量发展。①

---

① 胡丽霞. 促进我国跨境电子商务综合试验区发展政策阶段性特征分析 [J]. 全国流通经济，2023（10）.

我国跨境电子商务
综合试验区发展模式、
经验和趋势

WOGUO KUAJING DIANZI SHANGWU
ZONGHE SHIYANQU FAZHAN MOSHI、
JINGYAN HE QUSHI

第二章　我国跨境电子商务
综合试验区研究系
统分析

第一节　我国跨境电子商务综合试验区研究系统分析

一、跨境电子商务综合试验区研究的总体特点分析

我国首个跨境电子商务综合试验区于 2015 年正式设立。伴随着我国跨境电子商务综合试验区获批数量和规模的不断发展，相关研究成果的数量和质量也在不断提升。以"跨境电商综合试验区"或者"跨境电子商务综合试验区"为篇名关键词进行检索，可以在 CNKI 检索到 2015—2022 年 250 篇研究成果，具体如表 2-1 和图 2-1 所示。[①]

表 2-1　CNKI 相关研究成果年度分布表

时间	2015 年	2016 年	2017 年	2018 年	2019 年	2020 年	2021 年	2022 年	合计
数量 / 篇	8	28	16	22	35	66	35	40	250

2015 年，杭州跨境电子商务综合试验区作为我国首个跨境电子商务综合试验区正式获批成立，同年出现相关主题的研究成果。[②] 2015—2022 年，研究成果总体数量呈上升趋势，最高峰出现在 2020 年，2021—2022 年略有回落。这些研究成果的主要集中在：政府政策（74 篇）、杭州（广东、河南、山东）等城市的建设经验（30 余篇）、发展对策（10 篇）、税收政策（6 篇）、

---

① 胡丽霞.我国跨境电子商务综合试验区发展研究系统性分析 [J].中国集体经济，2023（15）.

② 张丽丽.中国跨境电子商务综合试验区研究能量分布、热点与趋势——基于科学知识图谱的文献计量分析 [J].北京印刷学院学报，2021（12）.

产业竞争力评价（6篇）、出口货物（4篇）、大数据（3篇）、知识产权（3篇）等方面，如图2-2所示。

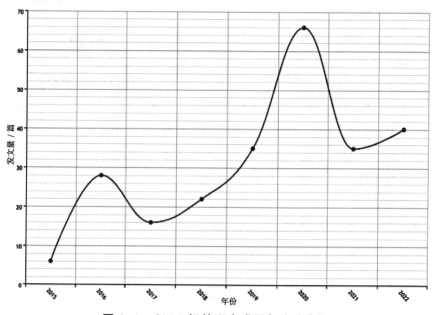

图 2-1　CNKI 相关研究成果年度分布图

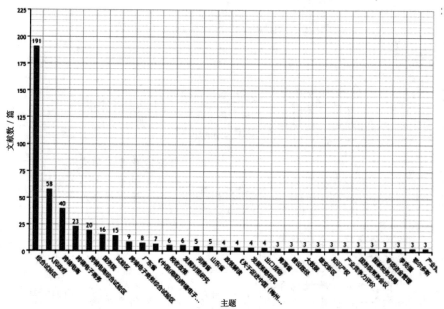

图 2-2　研究成果主题分析图

二、跨境电子商务综合试验区研究的年度研究特点分析

（一）2015—2016 年文献特点：前两批综试区经验总结

2015 年杭州跨境电子商务综合试验区正式获批成立，成为跨境电子商务产业界里程碑式的改革大事件，同年的研究都是围绕杭州跨境电子商务综合试验区建设的模式、经验和优劣势问题开展。代表性研究成果包括：《M2B2C 跨境电商出口模式的产业功能及实现——以中国（杭州）跨境电子商务综合试验区为例》（李金芳、陈夏林等，2015），《标准化助推杭州跨境电子商务综合试验区发展》（张鑫、郑伏，2015），《中国（杭州）建立跨境电商综合试验区 SWOT 分析》（尹伊梦芝、王诗玮，2015）等。杭州跨境电子商务综合试验区在建设过程中，虽然有宏观政策环境好、产业配套齐全等优势。但是也面临跨境物流风险大、技术不成熟等方面的劣势，在未来的发展中，需要在加强法制和信用方面的管制、建立完善智慧物流体系、培养跨境电商国际化人才等领域，不断加大力度并出台相应的政策。2015 年代表性研究成果如表 2-2 所示。

表 2-2　2015 年代表性研究成果一览表

序号	题名	作者	来源	发表时间
1	M2B2C 跨境电商出口模式的产业功能及实现——以中国（杭州）跨境电子商务综合试验区为例	李金芳，陈夏林，吴来恩，李鹏，陈丽芳	中共杭州市委党校学报	2015-09-28
2	标准化助推杭州跨境电子商务综合试验区发展	张鑫，郑伏	标准化改革与发展之机遇——第十二届中国标准化论坛论文集	2015-09-21
3	杭州公布跨境电子商务综合试验区名单	非手	纺织服装周刊	2015-07-13
4	中国（杭州）跨境电子商务综合试验区获批	—	杭州（生活品质版）	2015-07-08

续表

序号	题名	作者	来源	发表时间
5	中国（杭州）建立跨境电商综合试验区SWOT分析	尹伊梦芝，王诗玮	商场现代化	2015-06-30
6	国务院关于同意设立中国（杭州）跨境电子商务综合试验区的批复	—	中华人民共和国国务院公报	2015-03-30

　　随着第一批综试区的发展以及第二批12个城市跨境电子商务综合试验区的获批，2016年度的研究继续围绕第一批杭州跨境电子商务综合试验区的建设经验和发展效应，以及第二批试点城市的建设经验开展。代表性研究成果包括：《跨境电商发展的现状、机遇与挑战——以杭州跨境电子商务综合试验区发展为例》（杨夏悦，2016），《积极对接"一带一路"战略加快推进中国（大连）跨境电商综合试验区建设》（杨晓猛、侯东岳，2016），《合肥跨境电子商务综合试验区的发展对策研究》（范敏、毕诗琪，2016），《推进天津跨境电子商务综合试验区建设的路径选择》（邵长青，2016）等。随着杭州跨境电子商务综合试验区一年多的发展，杭州市跨境电子商务进出口总额突破200亿元，再创历史新高；同时，综试区"六体系两平台"的建设经验，也逐渐得到政府部门和各试点城市的认可。天津市、大连市、合肥市等第二批试点城市，在借鉴"六体系两平台"杭州经验的基础上，结合各自城市的特点，寻找新的突破。大连跨境电子商务综合试验区由于其独特的港口优势以及在"海上丝绸之路"的地理位置，提出要把跨境电子商务综合试验区的发展与"一带一路"倡议相结合。合肥跨境电子商务综合试验区制定了培育具有区域特色的电商产业链、建立智能跨境物流体系、引进培养跨境电商综合性人才等发展策略。天津跨境电子商务综合试验区科学谋划发展道路，提出以供给侧改革开创跨境电子商务发展新格局，打造"天津元素、中国特色"的跨境电商品牌。2016年代表性研究成果如表2-3所示。

表2-3　2016年代表性研究成果一览表

序号	题名	作者	来源	发表时间
1	跨境电商中的知识产权风险与应对——以中国（杭州）跨境电子商务综合试验区为背景	谌远知	中共杭州市委党校学报	2016-01-28
2	跨境电商发展的现状、机遇与挑战——以杭州跨境电子商务综合试验区发展为例	杨夏悦	黑龙江科技信息	2016-06-25
3	杭州跨境电商综合试验区的发展效应——基于对上海自贸区的效应分析	甘雨娇	郑州航空工业管理学院学报	2016-08-15
4	跨境电商综合试验区建设路径研究——以杭州综试区为例	郭建芳	中国市场	2016-03-12
5	基于杭州跨境电商综合试验区的高职外贸人才培养方案研究	陈竹韵	学周刊	2016-05-05
6	跨境电子商务标准化发展探索——浅谈中国（杭州）跨境电子商务综合试验区发展的经验	蒋玎玎	科技创新导报	2016-11-08
7	积极对接"一带一路"战略 加快推进中国（大连）跨境电商综合试验区建设	杨晓猛，侯东岳	大连干部学刊	2016-11-15
8	合肥跨境电子商务综合试验区的发展对策研究	范敏，毕诗琪	江苏科技信息	2016-11-10
9	中国（天津）跨境电子商务综合试验区实施方案	—	港口经济	2016-06-20
10	推进天津跨境电子商务综合试验区建设的路径选择	邵长青	港口经济	2016-07-20
11	有力有序推进跨境电商综合试验区建设发展	唐一军	宁波经济（财经视点）	2016-07-10

（二）2017—2019 年文献特点：前四批综试区经验总结和新的研究方法融入

2017 年度的研究，继续围绕第一批和第二批试点城市的建设经验开展，但是在选题上和研究的侧重点上，开始有了新的方向。在跨境电子商务知识产权侵权风险及防范、各园区发展的影响因子分析等具体问题上有了深入的研究。代表性研究成果包括：《中国跨境电商试验区发展现状与经验——以广州跨境电商综合试验区为例》（王香怡、杨蓊，2017），《中国（重庆）跨境电子商务综合试验区的机遇与挑战》（秦娟，2017），《跨境电子商务知识产权侵权风险及防范对策——以中国（杭州）跨境电子商务综合试验区为研究背景》（韩旭，2017），《杭州跨境电子商务综合试验区各园区发展的影响因子分析》（冯芳、万建峰，2017）等。跨境电子商务综合试验区的线下产业园区一般会根据地理位置再分为多个核心产业区域，这些核心区域要整合资源实现联动发展，才能凸显整个线下产业园的优势。因此，通过建立指标体系进行测评，找出影响园区发展的关键因素，然后按照因素重要程度从高到低排名，依次是：政策支持力度、产业聚集程度、地理位置环境、服务水平和基础设施等，根据以上因素制定指导园区健康发展的发展对策。2017 年代表性研究成果如表 2-4 所示。

表 2-4　2017 年代表性研究成果一览表

序号	题名	作者	来源	发表时间
1	跨境电子商务知识产权侵权风险及防范对策——以中国（杭州）跨境电子商务综合试验区为研究背景	韩旭	特区经济	2017-04-25
2	中国跨境电商试验区发展现状与经验——以广州跨境电商综合试验区为例	王香怡，杨蓊	对外经贸	2017-09-30
3	杭州跨境电子商务综合试验区发展战略研究	邬关荣，金群康	经营与管理	2017-07-20
4	中国（郑州）跨境电子商务综合试验区建设方略研究	林园春	黄河科技大学学报	2017-07-10

序号	题名	作者	来源	发表时间
5	跨境电子商务知识产权保护必要性分析——以中国（杭州）跨境电子商务综合试验区为研究视域	韩旭	当代经济	2017-03-28
6	杭州跨境电子商务综合试验区各园区发展的影响因子分析	冯芳，万建峰	中国商论	2017-10-30
7	中国（重庆）跨境电子商务综合试验区的机遇与挑战	秦娟	时代金融	2017-04-30
8	跨境电商进出口额超百亿——"互联网＋商务"，青岛跨境电子商务综合试验区建设快速推进	向尚，王勇森	走向世界	2017-01-08
9	跨境电子商务综合试验区建设在杭州的实践研究	许嘉扬	现代商业	2017-10-18
10	加强中国（郑州）跨境电子商务综合试验区建设	王璋	协商论坛	2017-10-20

2018年伴随着我国第三批跨境电子商务综合试验区的设立，相关研究的深度和广度都有了新的变化。新型贸易模式、大数据、产业竞争力评价等，一些新的研究方法、模型、技术等逐步与跨境电子商务综合试验区的发展相结合，从更多的角度和方面认知跨境电子商务综合试验区发展中的利和弊、经验和教训等问题。代表性研究成果包括：《简析新型贸易模式在我国的发展——以跨境电商综合试验区为例》（孙颖，2018），《大数据助力中国（郑州）跨境电子商务综合试验区发展》（越琳，2018），《跨境电商综合试验区的产业竞争力评价研究》（郝彬凯，2018）等。大数据、区块链等新技术在跨境电子商务综合试验区的创新应用，一直是综试区改革和突破的重点。大数据技术可以充分挖掘消费者的消费习惯，研发新的商品，实现智慧生产。大数据在郑州跨境电子商务综合试验区的创新应用包括：优化了监管措施；帮助企业扩展了新的市场；建立了商品全球溯源体系，创新了跨境物流模式；帮助企业开展海外精准分销等。2018年代表性研究成果如表2-5所示。

表 2-5　2018 年代表性研究成果一览表

序号	题名	作者	来源	发表时间
1	基于 SWOT 分析的郑州跨境电子商务综合试验区发展策略研究	张俊涛	广西师范大学	2018-06-01
2	跨境电商综合试验区的产业竞争力评价研究	郝彬凯	华南理工大学	2018-05-31
3	我国跨境电商综合试验区产业集群发展研究	韦大宇	对外经贸	2018-06-30
4	郑州跨境电子商务综合试验区建设路径研究	晋妍妍	现代营销（创富信息版）	2018-10-01
5	义乌市为打造国际陆港城市及跨境电商综合试验区的探索	张振，吴欣静	中国经贸导刊	2018-08-25
6	大数据助力中国（郑州）跨境电子商务综合试验区发展	越琳	时代经贸	2018-05-25
7	简析新型贸易模式在我国的发展——以跨境电商综合试验区为例	孙颖	中外企业家	2018-05-25
8	我国确定跨境电子商务综合试验区零售出口货物税收政策	吴妍	福建轻纺	2018-11-25
9	我国跨境电商综合试验区发展的调查及建议	吴雨，李佳倪，侯亚郎，李姝杭	中国民商	2018-07-01
10	郑州跨境电子商务综合试验区发展分析研究	张俊涛	财经界	2018-07-01

　　2019 年的研究主要是对前四批跨境电子商务综合试验区的建设成果进行总结和展望，对其运行绩效以及与经济系统的耦合性进行评价，找到其现阶段发展的瓶颈，为其未来创新发展找到对策和路径。代表性研究成果包括：《中国跨境电商综合试验区建设成果与展望》（韦大宇、张建民，2019），《跨境电商与经济系统耦合协调发展——基于 35 个跨境电商综合试验区的实证研究》（张晓东，2019），《中国跨境电商综合试验区运行绩效评价》（张夏恒、陈怡欣，2019），《跨境电子商务综合试验区创新实践与推进策略》（朱贤强、王庆，2019）等。张晓东博士创新地用耦合度指标评价跨境电商

系统与经济系统之间的协同程度，测算结果分为优质、良好、中级、初级、勉强耦合协调五个档次。该项研究不仅在研究方法上有了新的突破，也为科学评价我国跨境电子商务综合试验区的发展成效提供了思路。2019 年代表性研究成果如表 2-6 所示。

表 2-6　2019 年代表性研究成果一览表

序号	题名	作者	来源	发表时间
1	中国跨境电商综合试验区建设成果与展望	韦大宇，张建民	国际贸易	2019-07-20
2	中国跨境电商综合试验区运行绩效评价	张夏恒，陈怡欣	中国流通经济	2019-09-12
3	跨境电商与经济系统耦合协调发展——基于 35 个跨境电商综合试验区的实证研究	张晓东	企业经济	2019-10-21
4	跨境电商发展的瓶颈及突破对策——基于中国（宁波）跨境电子商务综合试验区的调查	郜志雄	宁波经济（三江论坛）	2019-05-20
5	基于比较分析的中国（郑州）跨境电子商务综合试验区发展对策研究	林园春，张俊涛	黄河科技学院学报	2019-07-10
6	跨境电子商务综合试验区创新实践与推进策略	朱贤强，王庆	经济纵横	2019-08-10
7	长沙跨境电商综合试验区建设路径研究	杨芳，李福英，王凝，张雪梅，李美	电子商务	2019-03-14
8	跨境电子商务综合试验区平台生态圈的构建与成长研究——以青岛跨境电商综试区为例	丁慧平	青岛农业大学学报（社会科学版）	2019-05-15
9	基于跨境贸易电子商务发展的政策研究——以杭州跨境电子商务综合试验区为例	杨芸	对外经贸	2019-11-30
10	eWTP 助力实体经济再发展研究——以义乌跨境电子商务综合试验区为例	陈俊鹏	现代工业经济和信息化	2019-10-09

续表

序号	题名	作者	来源	发表时间
11	跨境电商综合试验区区位价值影响因素研究	张晓东	技术经济	2019-09-25
12	基于区块链技术的跨境电商物流发展对策探析——以大连金普新区跨境电商综合试验区为例	孙宝权, 李鹤	才智	2019-02-05

三、2020—2022 年文献特点：对综试区的定性和定量分析形成高质量成果

2020 年研究成果数量呈现高峰，研究成果质量有很大的提升，研究成果发表的期刊质量也有很大提升：在对跨境电子商务综合试验区发展政策分析方面形成了系统性成果，在对跨境电子商务综合试验区样本数据的定性和定量分析方面也形成了高质量的研究成果；逐步总结出我国跨境电子商务综合试验区的模式、绩效、供应链发展潜力等重要领域或环节的问题及经验，形成非常有借鉴性和参考价值的结论。代表性研究成果包括：《跨境电商综合试验区的设立模式与推广问题——基于 70 个城市的定性比较分析》（张正荣等，2020），《我国跨境电商运行绩效评价与提升策略——基于跨境电商综合试验区样本数据的分析》（裴东霞，2020），《跨境电商综合试验区演化动力与创新实现机制研究》（肖亮、柯彤萍，2020）等。肖亮教授构建了跨境电子商务综合试验区多阶段创新演化模型，并从动力作用机制角度分析了在不同创新发展阶段政府的各项政策对综试区起到的积极作用，为制度创新找到突破和方向。2020 年代表性研究成果具体如表 2-7 所示。

表 2-7　2020 年代表性研究成果一览表

序号	题名	作者	来源	发表时间
1	跨境电商综合试验区的设立模式与推广问题——基于 70 个城市的定性比较分析	张正荣, 杨金东, 魏然	软科学	2020-04-13

序号	题名	作者	来源	发表时间
2	我国跨境电商运行绩效评价与提升策略——基于跨境电商综合试验区样本数据的分析	裴东霞	商业经济研究	2020-03-31
3	跨境电商综合试验区演化动力与创新实现机制研究	肖亮，柯彤萍	商业经济与管理	2020-02-15
4	我国区域物流供应链发展潜力测度及经济影响——以跨境电商综合试验区城市为例	李艳梅	商业经济研究	2020-10-23
5	中国跨境电子商务综合试验区的发展模式研究	程雪	吉林大学	2020-06-01
6	中国跨境电子商务综合试验区的政策效应研究	石以涛	青岛大学	2020-06-16
7	基于CNKI文献分析跨境电商综合试验区发展经验与困境问题	胡丽霞	电子商务	2020-02-15
8	基于扎根理论的跨境电商综合试验区发展模式研究	王坤，吴崑	电子商务	2020-09-10
9	跨境电商综合试验区的经验	汪宏程	中国金融	2020-05-16
10	辽宁跨境电商综合试验区品牌构建路径探析	葛晓鸣	对外经贸实务	2020-12-10
11	基于熵权-AHP融合的跨境电商综合试验区发展环境评价研究——产业生态系统的视角	廖爱红，王二威，齐延信	数学的实践与认识	2020-08-08
12	区块链技术在跨境电商的应用现状及对唐山市跨境电商综合试验区发展的影响	王春娟，张珊	现代营销（经营版）	2020-10-01
13	南通跨境电商综合试验区竞争力分析及发展对策研究	刘燕	太原城市职业技术学院学报	2020-06-28

2021年，相关研究成果的数量在2020年形成一个小高峰后略有回落，基本与2019年持平，但是研究成果的质量继续提升。在运用知识图谱分

析研究文献、运用双重差分法分析综合试验区政策等方面有了新的突破。同时，在"双循环"背景下如何让跨境电子商务综合试验区发挥更大作用等方面，有了新的构思和策略。代表性研究成果包括：《中国跨境电子商务综合试验区研究能量分布、热点与趋势——基于科学知识图谱的文献计量分析》（张丽丽，2021），《跨境电商综合试验区政策推动居民消费升级了吗？——基于双重差分法的实证检验》（唐红涛、成凯，2021），《江苏跨境电商综合试验区产业竞争力评价研究——基于生态位视阈下》（李海菊，2021），《双循环发展背景下中国跨境电商综合试验区建设的创新路径》（叶悦青，2021）等。叶悦青老师指出"双循环"发展格局是我国经济迈入新时代的关键点，在"双循环"背景下，我国跨境电子商务综合试验区应该寻求新的建设路径，包括推广高效的通关模式，加快试验区内5G、物联网、卫星互联网等新基建布局，设立"双循环"经济示范区，进一步优化试验区内贸易便利化水平等。2021年代表性研究成果如表2-8所示。

表 2-8　2021 年代表性研究成果一览表

序号	题名	作者	来源	发表时间
1	供应链金融与中小企业融资绩效——以跨境电商综合试验区为例	张文镔	商业经济研究	2021-08-24
2	我国跨境电商综合试验区税收政策对企业的影响研究	苏成之	云南财经大学	2021-05-30
3	中国（深圳）跨境电商综合试验区建设中的供应链竞争力提升策略探析	杜月阳	商讯	2021-01-28
4	跨境电商综合试验区驱动区域经济增长效应研究	张华娟	江西科技师范大学	2021-06-01
5	跨境电商综合试验区政策推动居民消费升级了吗？——基于双重差分法的实证检验	唐红涛，成凯	商学研究	2021-02-15
6	双循环发展背景下中国跨境电商综合试验区建设的创新路径	叶悦青	对外经贸实务	2021-10-10

序号	题名	作者	来源	发表时间
7	中国（武汉）跨境电商综合试验区发展对策研究——基于武汉与杭州综试区的比较分析	邓峰	现代商业	2021-06-18
8	中国跨境电商综合试验区对经济增长的影响研究	常智刚	江西师范大学	2021-03-01
9	江苏跨境电商综合试验区产业竞争力评价研究——基于生态位视阈下	李海菊	北方经贸	2021-07-30
10	"双循环"背景下我国跨境电商综合试验区对赣州的启示研究	张扬	对外经贸实务	2021-12-10
11	电子商务环境与经济增长——基于设立跨境电商综合试验区的准自然实验	赵慧，葛春瑞，马婷	甘肃行政学院学报	2021-10-20
12	跨境电商综合试验区对地区经济发展的效应评估	苏尤丽，张蓝匀，赵宁	牡丹江师范学院学报（社会科学版）	2021-12-25
13	跨境电商综合试验区背景下大数据技术助推跨境电商发展研究——以中山市为例	董丽雅，潘伟	科技经济市场	2021-10-15
14	中国跨境电子商务综合试验区研究能量分布、热点与趋势——基于科学知识图谱的文献计量分析	张丽丽	北京印刷学院学报	2021-12-26

截至 2022 年 10 月，相关研究成果数量已经超越 2021 年，研究成果质量继续提升。一些新的方法如双重差分模型、引力模型等应用于相关研究。同时，一些研究从一些新的视角如"反事实"视角、海关出口新政下、准自然实验等来审视目前我国跨境电子商务综合试验区的发展，反馈新的问题，并找到解决的出路和办法。代表性研究成果包括：《跨境电商综合试验区对地区经济的影响及差异性分析——基于"反事实"视角》（王利荣芮莉莉，2022），《跨境电商综合试验区对进出口贸易的影响——基于双重差分模型的实证分析》（王小琴，2022），《数字贸易赋能制造业质量

变革机制与效应——来自跨境电子商务综合试验区的准自然实验》(袁其刚、王敏哲,2022)等。这些研究以新的研究方法和新的研究视角反映了目前我国跨境电子商务综合试验区发展中存在的核心问题,如第一批综试区对地区的经济增长和外贸水平的提升有明显的促进作用,而第二批综试区对地区外贸水平提升的促进作用明显,但对经济增长的促进作用效果不明显。设立跨境电子商务综合试验区对于提升企业全要素的生产效率效果明显,数字贸易在赋能我国制造业提升出口方面效果明显等。2022 年代表性研究成果如表 2-9 所示。

表 2-9　2022 年代表性研究成果一览表

序号	题名	作者	来源	发表时间
1	跨境电商综合试验区对地区经济的影响及差异性分析——基于"反事实"视角	王利荣,芮莉莉	南方经济	2022-01-28
2	跨境电商综合试验区对进出口贸易的影响——基于双重差分模型的实证分析	王小琴	技术经济与管理研究	2022-05-25
3	数字贸易赋能制造业质量变革机制与效应——来自跨境电子商务综合试验区的准自然实验	袁其刚,王敏哲	工业技术经济	2022-01-01
4	我国跨境电子商务综合试验区发展模式研究	董加天	商展经济	2022-03-27
5	海关出口新政下跨境 B2B 发展机遇、困境和政策建议——以广东佛山跨境电子商务综合试验区为例	杨韵	时代经贸	2022-02-28
6	我国跨境电子商务综合试验区的区域经济影响力	董加天	商展经济	2022-03-15
7	浅谈跨境电子商务综合试验区发展的税收政策	曾虹	全国流通经济	2022-07-28
8	区域跨境电商行业发展政策作用机理与保障设计——以连云港跨境电商综合试验区为例	潘东旭	现代商业	2022-07-08
9	跨境电商综合试验区对制造业城市产业转型效应研究	曹超	江西科技师范大学	2022-06-08

序号	题名	作者	来源	发表时间
10	跨境电商综合试验区税收政策对地区贸易水平的影响研究	许云	河南财经政法大学	2022-05-01
11	基于引力模型的潍坊跨境电商综合试验区发展实证研究	王维金	中小企业管理与科技	2022-08-10

四、对我国跨境电商综合试验区研究的展望

可以说，自2015年杭州跨境电子商务综合试验区获批设立以来，8年的时间，我国跨境电子商务综合试验区在数量和规模上有了较大发展，相关研究性成果也在一定程度上起到了总结经验和引领其创新发展的作用。在新的历史时期，尤其是国家"十四五"发展的关键时刻，在"一带一路"发展倡议、"双循环"发展格局等宏观背景下，相关研究还要往纵深发展。一是对现有165个跨境电子商务综合试验区发展经验和特点进行及时总结和问题分析。二是研究在全球视域、国家宏观战略下，跨境电子商务综合试验区发展的战略定位和发挥作用问题。三是将一些优化的定量方法和定性分析相结合，全面评价综合试验区发展效果、差距，以及与其他产业的相互促进问题。四是研究跨境电子商务综合试验区作为"创新"的高地，在监管创新、模式创新、税收创新、金融创新、物流创新、技术和人才培养创新等方面的突破问题。此外，笔者也呼吁国家统计局、商务部等相关政府部门，能够特辟专栏，公开一些跨境电子商务综合试验区发展的数据，供相关研究部门或高校研究，以理论创新引领实践创新，以实践改革促进理论革新，起到相辅相成的作用，促进我国跨境电子商务综合试验区高质量地发展。

第二节　我国跨境电子商务综合
试验区的发展经验

系统分析 CNKI 的文献资料以及各跨境电子商务综合试验区（简称综合试验区）的发展现状，可以总结出我国跨境电子商务综合试验区在制度创新、管理创新、服务创新、技术创新等多个方面积累的宝贵经验，具体包括以下五个方面。[①]

一、构建了线上线下深度融合的跨境电商生态圈

杭州市综合试验区先行先试，在构建线上线下深度融合的跨境电商生态圈方面，积累了可供参考借鉴的先进经验。在线上环节，杭州重点建立了覆盖 B2C 和 B2B 业务的"单一窗口"；在线下环节，采取"一区多园"的方式进行整体布局。其中，跨境电商发展"核心区"包括上城、下城、江干、拱墅、西湖、滨江六大城区，重点是加快产业集聚；跨境电商产业应用"经济圈"，包括富阳、萧山、余杭、下沙、大江东等六个部分，重点是推进传统外贸企业转型升级；跨境电商产业"发展带"，主要包括淳安、桐庐、建德、临安四个城市，重点是推动区域特色优势与跨境电商融合发展。通过跨境电商产业"核心区""经济圈""发展带"，打造了"一核一圈一带"全域覆盖的综合试验区总体布局，构建了线上线下深度融合的跨境电商生态圈。

[①] Lixia Hu. Development Experience and Trend of Cross-border Electronic Commerce Comprehensive Test Zone in China [C]. The Fifth International Symposium on Management, Innovation & Development，2019（11）.

二、打造了"六体系两平台"的全方位服务体系

"六体系两平台"是杭州市综合试验区最为重要的试验内容，也是其先试先行试点在全国范围内复制推广最为广泛的经验。其中，"六体系"指的是跨境电商信息共享体系、金融服务体系、电商信用体系、智能物流体系、统计监测体系、风险防控体系。"两平台"指的是线上综合信息服务平台（即"单一窗口"平台）及线下"综合园区"平台。该服务体系已在第二批、第三批综合试验区推广应用。例如，在杭州市经验的基础上，郑州市综合试验区重点打造了"三平台七体系"，即增加了一个"跨境电商人才培养和企业孵化平台"和一个"质量安全体系"，以推动综合试验区体制机制全面创新，实现跨境电商更自由化、规范化、便利化的发展。

三、构建了跨境电商全产业链布局

一方面，各地跨境电子商务综合试验区需要不断探索基于"单一窗口"的平台综合服务配套，为中小微企业提供金融、通关、物流、退税、外汇等一体化服务，提升综合试验区跨境电子商务产业综合服务水平，为优化产业集群发展创造良好条件。另一方面，各地跨境电子商务综合试验区还需要加强物流基础设施和仓储配送配套服务，采取引进国际大型、优质物流货代企业和支持本土商贸物流企业"走出去"相结合方式，在有条件的国家和地区建设公共海外仓，提升跨境物流效率与水平。此外，各地跨境电子商务综合试验区所在的金融机构、支付机构需要不断发展跨境电子商务金融创新业务，为跨境电商企业提供更加优质的互联网金融产品和低成本、多样化的服务。

四、形成了产业集群发展的优势

目前，我国各个城市的综合试验区已经成为跨境电商龙头企业（平台）、跨境物流企业、互联网金融服务企业、创新创业企业聚集的地方，具有强

大的产业吸引力、产业发展活力和强劲的发展潜力。杭州市综合试验区聚集了阿里巴巴、网易考拉、Wish、eBay 等国内外知名跨境电商企业，以及近 8 000 家从事跨境电商的外贸、制造企业大卖家。此外，还有 200 余家航空和 80 余家海运公司为其提供全天候 24 小时的全球在线物流服务。由支付宝、连连银通、网易宝等多家具备跨境支付和结售汇牌照的互联网金融企业组成金融服务中心，为综合试验区企业的跨境支付和结算保驾护航。产业集群式发展形成了更专业化的分工和社会化的协作关系，形成了一个不同企业共生的生态化群体，产生了强大的规模效应和品牌效应。

五、政府法律制度规范和推进跨境电商市场运行

电子商务法和跨境电子商务系列新政的出台，将进一步规范中国跨境电商市场，促进跨境电商行业健康发展，同时全球化趋势、消费升级将推动中国跨境电商交易规模持续增长。2019 年 7 月 3 日，国务院常务会议部署完善跨境电子商务等新业态促进政策工作，要求再增加一批试点城市，对跨境电商零售出口落实"无票免税"政策，出台更加便利企业的所得税核定征收办法；4 月 3 日，国务院常务会议决定，从 4 月 9 日起调降个人携带进境的行李和邮寄物品征收的行邮税税率；从 2019 年 1 月起开始实施的《中华人民共和国电子商务法》明确规定，国家促进跨境电子商务发展，建立健全适应跨境电子商务特点的海关、税收、进出境检验检疫、支付结算等管理制度，提高跨境电子商务各环节便利化水平，支持跨境电子商务平台经营者等为跨境电子商务提供仓储物流、报关、报检等服务。

第三节　我国跨境电子商务综合试验区发展中存在的问题

我国跨境电子商务综合试验区在特色化定位、园区运营管理、统计规

则等方面还存在发展难题，具体包括以下四个方面。

一、跨境电子商务综合试验区的特色化定位问题

目前对于前几批跨境电子商务综合试验区的发展规划，无论在国家层面的文件中，还是在试验区所在城市的政府层面规划中，都缺少了对不同城市综合试验区的特色化发展的顶层设计。例如，宁波市综合试验区提出要建设"3456"工程，即"三大平台、四大服务体系、五大保障体系、六大创新突破"；郑州市综合试验区着力要构建"一核两区多园"，即"跨境电子商务综试区核心区、航空港实验区和经开区、全省有关地市及郑州市有关县区园区"；青岛市综合试验区重点创新发展"五大机制"，即"产贸融合、金融创新、多式联运、转型升级、商贸一体"等。第二和第三批跨境电商综合试验区在杭州市"六体系两平台"经验的基础上，结合各自城市的特点和需求，又进行了进一步的扩展和延伸。但是，在试验园区的具体功能和发展定位、与区域特色产业深度融合等重点问题上，没有做更为细致的规划和设计。

二、跨境电子商务综合试验区的运营管理问题

国内外产业园区的投资开发模式常见的有四种类型：政府开发模式、工业地产开发模式、行业企业开发模式、联合开发模式。不同的投资开发模式决定了产业园区在管理模式和盈利模式上存在的一系列问题。目前，我国的跨境电商综合试验区开发模式主要以政府与相关企业集团联合开发模式或者单个企业单独投资开发模式为主，由多个企业主导并联合开发的园区模式较少。例如，青岛市跨境电商产业园区由青岛市区政府与中国邮政集团公司联合开发，义乌市跨境电商产业园区由专业从事园区投资开发的义乌市国际陆港集团投资开发等。由于投资主体较少或力量单薄，会出现由于资金投入少或周转不畅导致的系列园区管理难题。而且长期以来园区建设一般重招商引资、轻运营管理。由于园区企业类型多样，业务种类存在差异性，园区管理不善会使企业的不同诉求得不到有效解决。以上种种原因

会导致入园企业的流失，极大程度地影响了产业园区的吸引力和发展潜力。

三、跨境电子商务综合试验区现行统计规则问题

科学的统计监测是跨境电商产业健康发展的重要保障。现有的数据上报主体中，跨境电商商务信息平台是重要的申报主体之一。

跨境电子商务的出口贸易不一定是以电子商务的方式达成的，还需要甄别出哪些数据是属于跨境电商的，而哪些数据不属于跨境电商业务。在缺少有效甄别的情况下，如果把非跨境电商的数据上报为跨境电商数据，就会出现数据多报的现象。而现行数据上报主体中，缺少了如速卖通、Wish 等第三方跨境电商交易平台的数据，以及许多以电商方式从事外贸交易但没有入驻综合服务平台的中小微企业的数据。显然以上情况会导致数据漏报或流失等现象。数据多报、数据漏报或流失、重复上报、数据口径的统一性等问题，是在现有跨境电商统计监测中存在的难题。

四、跨境电子商务综合试验区的专业人才问题

自 2013 年以来，我国跨境电子商务产业进入快速发展阶段。2013—2022 年，我国跨境电子商务产业的交易规模从 2.9 万亿上升到 14.2 万亿元，年均增长速度超过 20%。快速增长的产业规模背后是对专业跨境电子商务人才的巨大需求。但是目前从事跨境电商相关行业的人才多数是电子商务专业、国际商务专业、国际贸易专业等领域的人才。2019 年 6 月，教育部《中等职业学校专业目录（2010）》首次将跨境电子商务（122200）作为财经商贸大类专业中的一个正式专业。2019 年 10 月，教育部《普通高等学校高等职业教育（专科）专业目录》把跨境电子商务（630805）作为财经商贸大类中的一个正式专业。随着跨境电子商务专业的正式设立，中专、高职甚至本科院校将培养符合企业实际需求的高端应用型和学科型人才，引领和促进行业发展。

我国跨境电子商务综合试验区发展模式、经验和趋势

WOGUO KUAJING DIANZI SHANGWU
ZONGHE SHIYANQU FAZHAN MOSHI、
JINGYAN HE QUSHI

第三章　我国跨境电子商务综合试验区的发展模式

　　根据产业集聚和区域经济协调发展战略，各国或地区往往会设立各种产业园区，如高新技术产业园、经济开发区、物流园区、科技园区等。产业园区是技术创新、标准研制、流程优化、服务创新、制度创新、政策创新的集聚地，可以进一步激活产业发展活力，促进其健康发展，进而带动区域经济快速和高质量发展。党的十八大以来，现代产业园区不断扩容升级和转型发展，既是国家区域发展规划逐层细化的具体表现，也是国家为了实现地区经济平衡和特色发展目标的迫切需要。

第一节　我国跨境电子商务综合试验区的投资开发模式

　　跨境电子商务综合试验区的投资开发模式，主要研究解决园区是谁投资或者如何投资等相关问题。目前，我国跨境电子商务综合试验区常见的投资开发模式有政府投资开发模式、市场投资开发模式、政企联合投资开发模式三种类型，如表3-1所示。[①]

表3-1　跨境电子商务综合试验区投资开发模式对比分析

类型	关键特征
政府投资开发模式	1.政府是出资和开发主体 2.优势是产权单一，资金管理简单 3.劣势是建设效率不高，后期管理难度较大

---

　　① 张莉.区域性跨境电商产业园区运营模式研究 [J].中国流通经济,2017（5）.

续表

类　型		关键特征
市场投资开发模式	工业地产开发模式	1. 工业地产商是出资和开发主体 2. 优势是资金较充足，有能力参与后期管理 3. 劣势是对跨境行业背景和经营缺乏经验
	行业企业开发模式	1. 跨境电商行业企业是出资和开发主体 2. 优势是行业引领和示范效应明显 3. 劣势是园区后期管理能力偏弱
政企联合投资开发模式		1. 政府、工业地产商、行业企业联合作为出资和开发主体 2. 优势是三方联合资金雄厚，经验丰富 3. 劣势是管理和协调难度较大

一、政府投资开发模式

政府投资开发模式常见于跨境电子商务综合试验区的建设早期。这种模式下，政府是试验园区的出资主体和开发主体。政府在前期规划基础上完成试验区土地的征用，同时提供园区市政基础设施建设所需的启动资金。在建设过程中，政府组建开发公司完成各种功能性房地产的项目，如厂房、办公用房、仓储及物流设施等，并租售给入园企业，所获收入循环用于园区开发。政府开发模式的优势主要包括对公共资源的集聚程度比较高，产权比较单一，资金管理也比较简单。劣势主要表现为由于投资主体和资金来源少，园区规模一般不会太大，建设的效率不高，同时后期园区的管理难度比较大。

二、市场投资开发模式

市场投资开发模式主要是指地方政府委托在特定产业领域内有强大实力的行业企业，建设和发展相对独立的产业园区，借助该行业企业的市场影响力和号召力，通过招商引资，实现目标产业的集聚式发展，最终完善整个产业链发展生态环境。市场投资开发模式具体分为两种类型：一种是工业地产开发模式，一种是行业企业开发模式。

　　工业地产开发模式是指政府以招投标方式引进专业的工业地产商，工业地产商作为试验区的出资主体和开发主体，由其投资完成园区的市政基础设施以及企业经营所需的其他房地产项目，然后通过出让、租赁或参股等方式收回资金，并参与园区建成后的经营管理。工业地产商开发建设的资金来源，除自有资金外，更多来自项目建设过程中不断收回的租售资金。为更好发挥综合试验区建设的产业集聚效应，促进其对区域经济发展和产业转型升级的作用，政府一般会以融资担保、优惠的土地及税收等政策给予地产商支持。工业地产开发模式的主要优势是其地产开发商开发经验丰富，融资能力强，资金比较充足，有精力和能力参与后期园区的经营管理。劣势主要表现为缺乏各类园区项目建设经验，对跨境电子商务行业背景和经营缺乏深入了解和管理经验。

　　行业企业开发模式是指由综合实力较强的跨境电子商务行业企业作为试验区的出资主体和开发主体，政府则为其提供融资担保及政策优惠。行业领导型企业通过获取工业用地，建设园区经营所需的基础设施。在政府宏观经济政策及一系列优惠措施的引导下，行业企业通过自身实力的影响和示范，吸引其他行业企业及相关配套服务提供商入驻园区，完成产业生态链的整体性建设。行业企业开发模式的主要优势是由于其在本行业领域的强大影响力而使得行业引领和示范效应明显。劣势主要表现为相对地产开发经验不足，在园区的后期经营管理上能力相对偏弱，资金实力也相对较弱。

三、政企联合投资开发模式

　　政府和市场两种开发模式在实际运行中各有缺点，因此产生了政企联合开发的投资开发模式。政企联合投资开发模式主要指，政府、工业地产商、行业企业三者联合，作为跨境电子商务综合试验区的投资主体和开发主体，其中，政府部门负责项目前期规划，并以入股方式提供建设启动资金、融资担保和政策扶持等；地产商以资金入股，负责园区项目的前期建设和后期管理；行业企业除以资金入股外，为政府前期规划和项目建设提供行业经验。联合开发模式的优势体现在三方各自发挥优势，资金雄厚，行业及项目建设经验丰富，并有政府作为担保和政策倾斜。劣势主要体现为三方的权利和义务相对较复杂，管理和协调起来有一定的难度。

由于我国高新技术产业园、经济开发区、物流园区、科技园区等各类产业园区已有多年的发展经验，目前跨境电子商务综合试验区的投资开发模式相对成熟并呈现多样化特征，各个地区或城市往往会根据其现有基础设施条件、产业基础、市场需求、政府财力状况等因素进行选择。在引入跨境电子商务综合试验区这种新兴业态之初，由政府与行业企业共同投资开发的较多。随着业态逐渐成熟，更多跨境电子商务综合试验区将由行业企业投资开发。行业企业具有较强经济实力和业务操作能力，是专门从事跨境电子商务综合试验区建设运营的公司。

第二节　我国跨境电子商务综合试验区的管理模式

跨境电子商务综合试验区的管理模式，主要研究解决园区建成后如何管理的问题，即管理机构如何组织园区各类资源，协调园区各方利益，制定园区发展战略，最终形成良好的产业集聚效应，带动区域经济发展。[①] 投资开发模式是决定管理模式的重要因素，而基于政府战略层面的园区建设目标、建设规模及功能定位也会影响园区的管理模式。目前，跨境电子商务综合试验区常见的管理模式包括政府主导型管理模式、市场主导型管理模式、政企联合型管理模式三种类型，如表3-2所示。[②]

---

① 张莉.区域性跨境电商产业园区运营模式研究 [J].中国流通经济,2017（5）.
② 罗熙昶.现代产业园区战略规划及运营管理—理念、方法和工具 [M].上海：上海财经大学出版社,2020.

表 3-2　跨境电子商务综合试验区管理模式对比分析

类型		关键特征
政府主导型管理模式		1. 园区管委会负责园区管理，政府负责部分行政管理 2. 优势是实现政府目标，整体产业规划 3. 劣势易产生职责不清、效率不高等问题
市场主导型管理模式	股份公司主导型模式	1. 股份公司负责园区日常管理 2. 优势是管理专业化 3. 劣势是实现政府目标有差距
	业主委员会主导型模式	1. 业主委员会负责园区日常管理 2. 优势是充分反映入驻企业需求 3. 劣势是决策较松散，管理效率较低
	行业协会主导型模式	1. 行业协会负责园区日常管理 2. 优势是贴近企业 3. 劣势是组织决策松散、效率较低
政企联合型管理模式		1. 设立管委会行使决策和行政管理职能，引入投资开发管理公司负责园区日常管理，而其他行政管理职能则由政府的相应派驻机构执行 2. 优势是行政和管理权分离 3. 劣势是各自的权利义务难准确界定

一、政府主导型管理模式

政府主导型管理模式下，园区组建代表地方政府的管委会即园区管委会，由其负责跨境电子商务综合试验区日常经营管理，以及园区战略制定、园区后期规划建设和企业项目许可等在内的部分行政管理。此外，政府负责部分行政管理。这种管理模式的优势主要体现在：既能有效贯彻和实现政府的宏观目标，获得政府的政策支持，同时政府也能从整体上进行产业布局和规划，发挥内外协调作用。这种管理模式的劣势主要体现在：由于管委会不是真正意义上的行政机构，容易产生管理职责不清、效率不高等现实管理问题。同时，政府主导型管理模式下，管理者无法像专业的专业运营商一样，在园区管理方面作出更加贴合市场需求和更及时的判断，决策存在滞后性。

二、市场主导型管理模式

市场主导型管理模式具体细分为股份公司主导型管理模式、业主委员会主导型管理模式、行业协会主导型管理模式等类型。例如，可以通过与地方政府签署合作合同，实行承包经营，由股份公司负责跨境电子商务综合试验区的日常经营管理，包括招商引资、企业管理、园区投资开发建设等；可以由相关企业（有影响力的龙头企业）构成业主委员会，从事跨境电子商务综合试验区的日常经营管理；可以由各地区行业协会主导跨境电子商务综合试验区的日常经营管理，而其他行政管理职能则由政府的相应派驻机构执行。以上三种类型，政府和园区管理部门（包括股份公司、业主委员会、行业协会）各司其职，实现园区管理的专业化。管理部门可专注于园区自身发展，提升园区及入驻企业的整体竞争实力。在这种模式下，由于缺乏相应的行政权力，公司管理园区的难度较大，需要具备较强的管理能力。同时在实现政府宏观管理目标方面会存在一定差距，在获得政策支持方面也存在一定难度。

三、政企联合型管理模式

联合管理型管理模式是指政府在设立跨境电子商务综合试验区管委会行使决策权和行政管理权的同时，引入投资开发管理公司（一般是多家行业企业的联合体）负责园区的日常经营管理，而其他行政管理权则由政府的相应派驻机构执行。联合管理型通常分为两种情况：一是在管委会下设投资开发管理公司。此时，政府不仅行使决策及行政管理权，还通过下属投资开发管理公司管理园区的日常经营活动。二是投资开发管理公司作为独立于管委会的经济法人，对园区的管理属于企业内部的自我管理，其经营管理活动只对地方政府负责。而园区管委会也是地方政府的派出机构，行使政府赋予的行政管理职权，对投资开发管理公司只起监督和协调作用。这种管理模式的主要优势是行政和管理权分离。其劣势主要体现在各自的权利义务很难准确界定。

我国跨境电子商务综合试验区在运营管理方面，不同的投资开发模式决定了管理模式的差异化。总的来说，目前我国综合试验区的管理由政府和投资开发公司共同管理是常见模式。作为全国首个国家级跨境电子商务产业集聚区，中国（杭州）跨境电子商务综合试验区由政府和专业的商业地产企业联合管理，有利于更好地贯彻国家和地方政府的产业政策。随着跨境电子商务产业发展和竞争加剧，以及资本运营管理技术日益成熟，未来园区的管理将向业主委员会主导模式发展，由多个相关企业共同投资组建和管理，并通过企业并购逐渐向股份公司管理方向发展。

第三节　我国跨境电子商务综合试验区的盈利模式

跨境电子商务综合试验区的盈利模式主要涉及园区建成后获取收入多少的情况及盈利的方式等问题。盈利模式可从两方面分析：一是如何获取收入来弥补前期投入；二是园区管理者如何通过提供相应服务获取利润。跨境电子商务综合试验区的盈利情况与园区所处的生命周期息息相关，具体如图 3-1 所示。[①]

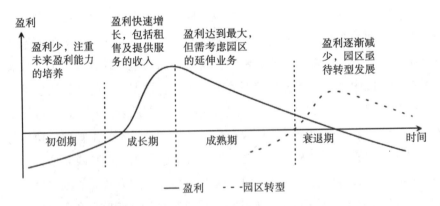

图 3-1　跨境电子商务综合试验区不同生命周期阶段的盈利分析

---

① 张莉. 区域性跨境电商产业园区运营模式研究 [J]. 中国流通经济, 2017（5）.

一、初创期的盈利模式

跨境电子商务综合试验区的创业初期，从内部环境来看，由于入驻企业数量较少，相关的服务业务配套较少，园区信息化建设也不高；从外部环境来看，区域经济、配套产业发展、交通状况都有待完善，再加上前期建设资金的大量投入等原因，园区盈利的能力比较弱。因此，初期的盈利模式应该是着眼于长远发展，集中精力完善园区基本功能，培育未来的盈利能力。在这个阶段，政府要为园区的发展提供足够的动力和扶持，如大力发展园区周边的基础设施、提供税收优惠、制定吸引人才的政策、提供多样化的创新服务等。

二、成长期的盈利模式

经过一段时间的扶持和发展，跨境电子商务综合试验区逐步进入成长期。在这个阶段，入驻企业有所增加，相关平台及服务类企业也竞相入驻，基础及配套设施逐渐完善，品牌集聚效应逐渐明显，园区盈利呈快速增长趋势。在这个阶段，园区的盈利来源主要包括租售收入、提供直接业务服务的增值收入（如人才通道、业务获取通道、综合资源平台等）以及提供生活型服务的间接收入（如餐饮、健身等）。其中，租售收入及间接收入属于传统收入，而增值收入是园区收入增长空间最大的部分，也是园区核心竞争力之所在。在有效整合资源的基础上，应充分发挥园区核心功能，扩大增值业务收入。

三、成熟期的盈利模式

跨境电子商务综合试验区进入成熟期的主要标志是基础及配套设施已趋于完善，园区内部的产业生态链也基本形成。此时，园区的盈利水平会快速提升并达到园区整个生命周期的顶峰。在这个阶段，应更多地发挥园区的延伸性功能，提供更高层次和更高水平的服务，并更好地契合当地产业特别是特色优势产业的发展，提高园区的综合竞争实力，在园区经营企业自身获利的同时，也为入园企业盈利提供良好的平台和空间。

四、衰退期的盈利模式

最后，园区不可避免地进入衰退期。处于衰退期的产业园区基本完成了其产业拉动、制度创新、促进地方经济发展的使命，盈利也会逐渐减少。此时，需要政府结合地方经济发展规划给予战略引导，通过产业园集成等方式促进园区转型升级，帮助投资主体寻找更多相关联的盈利空间。

跨境电子商务综合试验区在我国发展的时间相对比较短，目前绝大多数园区尚处于初创阶段。由于入驻企业数量有限，基础设施及业务配套服务不足，规模效应还没有显现，土地增值空间不大，园区经营收入来源比较单一，主要来自办公楼、仓库和货场、公寓及相关配套设施的租售收入，提供生活型服务的间接收入有限。同时，由于为入园企业提供的直接服务较少，相关的增值收入也不多，此时园区的盈利能力非常有限。为解决初创期园区盈利问题，各地方政府应该针对性地推出战略性促进政策，如政府拨款、为整合跨境电子商务业务提供技术平台、税收优惠、融资贷款贴息、简化进出口监管程序等，以吸引更多有资金实力的企业集团投资开发，鼓励有竞争实力的大型跨境电商企业和平台企业入驻园区，充分发挥园区在人才、资金、品牌等方面的集聚效应，拉动区域经济的增长。

第四节　我国跨境电子商务综合试验区的特色化发展模式

在园区发展模式方面，我国跨境电子商务综合试验区也呈现特色化发展趋势。我们以深圳市、郑州市、南京市、宁波市、广州市跨境电子商务综合试验区为例，总结得出以下五种类型的特色化发展模式。

一、突出发挥品牌优势的发展模式

深圳市跨境电子商务综合试验区在特色化发展方面，突出强调了积极帮扶国内品牌企业以及优质的国内产品跨境电子商务出口业务的发展。综试验区强调要重点帮扶有较高知名度以及较强国际市场拓展活力的企业，有自主品牌的国内产品，使其在跨境电子商务业务领域不断做大做强；同时，要重点打造一批细分领域的跨境电子商务行业龙头企业，推动垂直类型跨境电子商务交易平台实现规模化、品牌化发展，进而发挥其规模和品牌效应，吸引一批国内外的知名跨境电子商务企业到深圳扎根发展，做大做强深圳在跨境电子商务发展方面的品牌效应，彰显"深圳品牌"优势。

二、重点促进"双创"工作的发展模式

郑州市跨境电子商务综合试验区科学谋划试验区"双创"工作，主要措施包括：首先，积极谋划在商事制度方面的改革，推行了"三证合一"业务改革，即工商营业执照、组织机构代码证、税务登记证三个证合一办理；推进了全程电子化登记以及电子营业执照的便利应用；结合实际情况和企业需求，放宽新注册企业场所登记条件限制等。这些利好政策为新创业的中小企业，提供了极其便利、快捷的工商登记服务。其次，在跨境电子商务综合试验区内的基地或中心建设方面，准确对接市场需求，采取"定向"培养的方式，积极促进政府、高校、科研组织、行业协会、企业多方之间达成合作，重点支持国家级或省级的示范基地（中心）创建，汇集多方力量，共同致力于服务跨境电子商务企业在技术、服务、市场、人才、科研等方面的需求和发展。再次，在跨境电商人才的培养和引进方面，重点实施跨境电商人才"引凤归巢"计划，吸引国内外的高层次拔尖人才、优秀应用人才等回豫发展，并给予这些人才一定的奖励和生活补贴等。此外，园区还不断建立健全跨境电子商务人才公共服务体系，打造了专业化、人性化、国际化的跨境电子商务人才服务市场等，极大地优化了跨境电商人才培养

和培育的市场环境。通过以上种种措施，郑州市综合试验区积极为跨境电商"双创"工作的开展保驾护航。

三、重点构建国际全网营销体系的发展模式

南京市跨境电子商务综合试验区在构建国际全网营销体系方面，科学谋划，成效凸显。其主要举措包括加快境外营销网络布局、实施"破零"行动计划、推动国际市场精准营销、推进贸易展会升级、实施以质取胜战略五个方面，为开拓跨境电子商务综合试验区的国际市场方面作出了积极贡献。尤其是其在第三方海外营销服务机构的引进和培育方面，以及帮助相关企业开发海外独立站、拓展国外市场方面，成效显著。此外，在建立全球贸易精准营销大数据平台，帮助企业精准锁定海外重点市场；引导鼓励企业开展国际电子商务相关产品及企业认证，建立国际产品标准，提升国际竞争话语权等方面，体现了政府在精心谋划和科学帮扶方面的前瞻性和精准性。

四、强调推动产业联动创新的发展模式

宁波市跨境电子商务综合试验区强调产业联动机制创新发展，并在加强与块状经济联动、加强与外贸产业联动、加强与专业市场联动三个层面上，制定创新发展战略。园区通过"产业集群＋中国制 2025＋跨境电商"协同创新发展模式，在产业升级路径方面取得突破发展；运用 C2B 客户驱动模式，需求决定供给，实现企业智能化生产和产业转型升级。通过第三方跨境电子商务平台与宁波市外贸产业资源对接，拓宽外贸企业进入国际市场的渠道。专业市场与跨境电子商务的有效嫁接，打造了一个完善的跨境电子商务公共服务体系，成功孵化和引导跨境电子商务商户开展形式多样的跨境电子商务业务。园区创新产业联动机制，极大地激发了跨境电子商务产业发展活力，丰富业务种类，优化服务市场。

五、积极参与国家经济圈战略的发展模式

广州市跨境电子商务综合试验区积极把试验区的发展融入国家经济圈战略，为试验区的发展提供了更高的平台和更大的空间。重点举措包括：一是把广州市跨境电子商务综合试验区建设融入"一带一路"倡议，打造"一带一路"跨境电子商务综合试验区服务平台，在政府与共建"一带一路"国家开展经贸合作领域，把跨境电子商务作为重要的内容，进行经贸推介和业务洽谈，并积极促成项目合作。二是把广州市跨境电子商务综合试验区建设融入粤港澳大湾区经济圈战略，打造粤港澳跨境电子商务合作平台，充分发挥好两个机制的作用，即粤—港、粤—澳合作联席会议工作机制，穗—港、穗—澳合作专责小组工作机制，不断深化粤港澳大湾区在跨境电子商务业务领域的合作，拓展跨境电子商务综合试验区的发展空间，谋求更大的市场和商机。

我国跨境电子商务
综合试验区发展模式、
经验和趋势

WOGUO KUAJING DIANZI SHANGWU

ZONGHE SHIYANQU FAZHAN MOSHI、

JINGYAN HE QUSHI

第四章　跨境电子商务
　　　　线上线下生态圈
　　　　建设经验

2022 年 3 月 31 日，商务部《2021 年跨境电子商务综合试验区评估》结果正式公布。这是商务部首次对全国前五批共 105 个跨境电子商务综合试验区开展建设进展评估。此次评估从跨境电子商务综合试验区建设、海外仓布局、主体培育、探索创新等维度出发，分为综试区基本情况、政策措施、跨境电商进出口、海外仓建设、产业园建设等七大类，综试区方案实施、工作机制建立、便利化政策落实、年度进出口额、年度出口增速、高新技术企业数量和海外仓数量等四十多项具体指标。考核评估结果分为"成效明显""成效较好""成效初显"和"尚在起步阶段"四个档次。在此次评估活动中，杭州市、宁波市、青岛市、上海市、广州市、深圳市、郑州市、厦门市、南京市、义乌市 10 个综试区综合"成效明显"，排名位列第一档；温州市、洛阳市、兰州市、南昌市、银川市、湘潭市等 50 个综试区综合"成效较好"，排名处于第二档；丽水市等 40 个综试区综合"成效初显"，排名处于第三档。此次考核评估，旨在引导跨境电子商务综合试验区发挥示范引领作用，推动跨境电子商务持续创新发展，服务构建新发展格局。

商务部中国国际电子商务中心电子商务首席专家李鸣涛先生在接受 21 世纪经济报道记者采访时表示："跨境电子商务综合试验区评估建立了一套完整的指标体系，既考虑到各地跨境电商产业的基础情况，比如交易额、企业数量等硬指标，也关注综试区当地政府主动作为，比如当地政府出台的跨境电商政策，政府是否主动出台政策引导支持跨境电商产业发展。这样就能够在权衡各地综试区发展水平差异的基础上进行客观公平的评比。评估活动是对全国跨境电商综试区实施基于成效评估的动态管理。排名靠前、成效明显的综试区，可以将优秀的经验做法推广复制，而排名靠后的综试区则会面临压力，即综试区的批复不是一劳永逸，会有动态管理机制。"

本书以 2021 年度"成效明显"第一档的杭州市、宁波市、青岛市、上海市、广州市、深圳市、郑州市、厦门市、南京市、义乌市等 10 个跨境电子商务综合试验区为例，总结其在建设过程中的先进经验，以示范引领全国 165 个跨境电子商务综合试验区健康发展。①

---

① 胡丽霞. 我国跨境电子商务综合试验区发展创新性研究——以 2021 年 10 家评估一档综试区为样本 [J]. 中国商论，2023（6）.

第一节　建设的重要意义和经验综合分析

一、线上线下生态圈建设的重要意义

　　跨境电子商务综合试验区是我国为了破解跨境电子商务产业发展中的难题，而专门设立的创新和改革先行先试的城市区域。在多年的实践中，综合试验区探索了建立包括信息共享体系、金融服务体系、智能物流体系、电商诚信体系、统计监测体系、风险防控体系和线上综合服务平台及线下产业园区平台在内的"六体系两平台"，通过制度创新、管理创新、服务创新和协同发展，面向全国城市复制推广成熟经验和创新做法。其中，线上"单一窗口"已经成为贸易便利化规程简化和实施电子商务的核心手段，"单一窗口"设施正以增速的速度在五大洲建立，特别是在发展中国家和转型经济体。有数据显示，在150个经济体中，49个已经引进了"单一窗口"，其中20个已经开发了"单一窗口"系统，与所有相关的政府机构相连接估算，这些国家的"单一窗口"每年可以减少超过15亿美元的贸易交易成本。在此背景下，我国在跨境电子商务试验区开展了线上"单一窗口"平台来应对国际化、全球化。

　　线上线下深度融合的跨境电商生态圈是实践"两平台"的重要体现。作为我国首批设立的跨境电子商务综合试验区，杭州市跨境电子商务综合试验区在实践改革中取得突破发展，尤其是在构建线上线下深度融合的跨境电商生态圈方面，形成了推广至全国的先进经验。杭州跨境电子商务综合试验区在线上环节，重点建立了覆盖 B2C 和 B2B 业务的"单一窗口"，实现了"一点接入"，海关、检验检疫等政府部门之间数据互联互通；在线下环节，采取"一区多园"的方式进行整体布局，既能有效承接线上环节"单一窗口"的功能，又极大地提升了配套的综合服务功能。借鉴杭州跨境电子商务综合试验区先行示范的经验，其他跨境电子商务综合试验区结合自身特点，相继打造线上线下深度融合生态圈。例如，广州跨境电子商务综合试验区形成线上"单一窗口"，线下各具特色、错位发展的跨境电子商务聚集区生态圈；郑州跨境电子商务综合试验区形成线上"单一窗口"，线下"一区多园、一园多点"的综合园区生态圈；宁波跨境电子商务综合试验区形成线上"单一窗口"，线下若干跨境电商特色小镇产业园区生态圈等。线上"单一窗口"是贸易便利化、规程简单化、数据统一化的核心手段，线下园区能够促使电商平台企业、外贸综合服务企业、物流企业等实现聚集化和规模化发展，显著提升园区的吸引力和号召力。线上"单一窗口"和线下"产业园区"相结合，形成了跨境电子商务产业发展完整产业链条和生态环境，各要素之间协同推进、融合发展。

二、线上线下生态圈建设经验综合分析

杭州市、宁波市、青岛市、上海市、广州市、深圳市、郑州市、厦门市、南京市、义乌市 10 个跨境电子商务综合试验区在线上服务平台建设方面的经验如表 4-1 所示。

表 4-1　线上服务平台建设情况一览表

序号	名称	经验
1	杭州跨境电子商务综合试验区	1.建立线上"单一窗口"平台。"单一窗口"平台坚持"一点接入"原则，建立数据标准和认证体系，与海关、检验检疫、税务、外汇管理、商务、工商、邮政等政府部门进行数据交换和互联互通，实现政府管理部门之间"信息互换、监管互认、执法互助"，实现通关全程无纸化，提高通关效率，降低通关成本。同时，通过链接金融、物流、电商平台、外贸综合服务企业等，为跨境电子商务企业和个人提供物流、金融等供应链商务服务 2.建立信息共享体系。统一信息标准规范、信息备案认证、信息管理服务，建立多位一体的跨境电子商务信息合作机制和共享平台，打通"关""税""汇""检""商""物""融"之间的信息壁垒，实现监管部门、地方政府、金融机构、电子商务企业、物流企业之间信息互联互通，为跨境电子商务信息流、资金流、货物流"三流合一"提供数据技术支撑

续表

序号	名称	经验
2	宁波跨境电子商务综合试验区	深化跨境电商"单一窗口"平台建设。按照"一点接入"原则，建设集海关、检验检疫、税务、外汇管理、市场监管、质量监督、邮政等于一体的跨境电商"单一窗口"平台，率先实现海关与检验检疫部门之间数据一次申报、部门联动操作、信息双向反馈
3	青岛跨境电子商务综合试验区	搭建线上综合服务平台。依托山东电子口岸"单一窗口"建设，探索建立跨境电子商务信息共享机制，统一信息的标准规范，备案认证和管理服务，加快建设集海关、出入境检验检疫、国税、外汇、商务、交通运输、工商、公安、金融、信保等部门信息于一体的跨境电子商务信息综合服务平台，实现政府管理部门之间"信息互换、监管互认、执法互助"。实现通关全程无纸化，提高通关效率，降低通关成本。建立企业和商品备案信息共享数据库，统一标准和要求，实现企业"一次备案、多主体共享、全流程使用"。外贸综合服务企业、电子商务平台企业等对接"单一窗口"，形成跨境电商线上综合服务体系
4	上海跨境电子商务综合试验区	对接国际贸易"单一窗口"。优化上海电子口岸资源，实现跨境电子商务公共服务平台和上海国际贸易"单一窗口"系统与功能对接，为本市跨境电子商务发展提供支撑
5	广州跨境电子商务综合试验区	推进国际贸易"单一窗口"建设。依托广州电子口岸，加快建设涵盖跨境电子商务经营主体和进出口全流程的国际贸易"单一窗口"平台，完善身份认证、安全交易、便利通关、质量溯源、费用支付、信用担保、全程物流等公共服务功能，为经营主体提供便捷的"一站式"平台服务，实现"一次申报、一次查验、一次放行"。建立健全数据标准、认证体系和信息共享体系，推动政府部门间、政府部门与经营主体间的标准化信息流通和互联共享。研究"单一窗口"相关基础信息和数据交换标准规范，提高通关管理和服务水平。积极争取国家部委支持，推动海关部门对"单一窗口"开放预录入系统（QP系统）申报接口；检验检疫部门对"单一窗口"开放报检申报接口、企业备案和信用等级查询接口、商品负面清单数据查询接口、认证认可系统数据接口等；公安部门对"单一窗口"开放公民身份信息核查接口等；外汇部门建立名录登记、分类管理信息与"单一窗口"数据共享机制；国税部门对"单一窗口"开放出口退税申报系统数据接口；食品药品监管部门对"单一窗口"开放食品药品许可信息、监管信息等数据接口

序号	名称	经验
6	深圳跨境电子商务综合试验区	完善跨境电子商务通关服务平台功能。提升跨境电子商务进出口的通关效率和便利化水平，实现企业一次申报、数据共享、多方监管。积极争取国家部委支持，推动海关部门对跨境电子商务通关服务平台开放预录入系统（QP系统）申报接口；检验检疫部门对跨境电子商务通关服务平台开放出入境检验检疫综合业务计算机管理系统（CIQ2000系统）的报检申报接口、企业备案和信用等级查询接口、商品负面清单数据查询接口、认证认可系统数据接口等；公安部门对跨境电子商务通关服务平台开放公民身份信息核查接口；外汇部门建立名录登记、分类管理信息与跨境电子商务通关服务平台数据共享机制；国税部门对跨境电子商务通关服务平台开放出口退税申报和审核系统数据接口；食品药品监管部门对跨境电子商务通关服务平台食品药品许可信息、监管信息等数据接口；工商部门对通关服务平台开放全国企业信息公示平台的企业公示信息
7	郑州跨境电子商务综合试验区	建设"单一窗口"综合服务平台。整合河南省商务公共服务云平台、河南电子口岸等公共服务平台资源，建立海关、税务、外汇、出入境检验检疫、商务、工商、交通、邮政、金融、信用保险多位一体的跨境电子商务"单一窗口"综合服务平台，其中河南省商务公共服务云平台承担企业注册备案、事中事后监管等功能，河南电子口岸承担企业通关业务功能。不断完善服务功能，实现跨部门、跨行业、跨地区的信息共享互换、协同作业，建立政府部门间联合监管新模式。引导外贸综合服务企业、电子商务平台企业等对接"单一窗口"综合服务平台，形成线上综合服务体系
8	厦门跨境电子商务综合试验区	建设跨境电子商务"单一窗口"。按照"一点接入、一次申报、数据共享"的原则，规划建设全省统一的福建省国际贸易"单一窗口"跨境电子商务综合公共服务平台，对接海关、检验检疫、国税、外汇管理、商务、信保等部门平台系统，推动政府部门之间"信息互换、监管互认、执法互助"，实现跨境电子商务备案、通关、结汇、退税申报全程无纸化；对接国家人口基础信息库，实时比对验证跨境购物个人身份信息
9	南京跨境电子商务综合试验区	提升公共服务平台功能。升级现有跨境电商公共服务平台系统，加强与国家标准版国际贸易"单一窗口"、国际邮快件处理系统、国际海空运系统的无缝对接。建立查验放行、物流监控、企业资信等政务数据共享平台，推动口岸监管、商务、税务、市场监管、外汇管理等相关业务一点接入、共享共用、全程在线、免费申报。优化升级B2B业务认定与处理系统，进一步简化申报流程

续表

序号	名称	经验
10	义乌跨境电子商务综合试验区	跨境电子商务线上综合服务平台。加强整体设计，整合现有资源，建设跨境电子商务线上综合服务平台，推动海关、税务、外汇管理等部门数据交换、互联互通。按照"一点接入"原则，建立统一的跨境电子商务数据标准和认证体系，为入驻综合服务平台的跨境电子商务企业、支付企业和物流企业提供一站式服务。完善综合服务平台功能，引进跨境电子商务第三方销售平台、外贸综合服务平台和网货供应平台等，探索开展跨境电子商务全程在线数字化服务。完善信息共享、智能物流、金融服务等功能，为跨境电子商务企业和个人提供信用、物流、金融等供应链服务

资料来源：杭州市、宁波市、青岛市、上海市、广州市、深圳市、郑州市、厦门市、南京市、义乌市10个跨境电子商务综合试验区建设实施方案。

根据表4-1中的内容，可以形成如图4-1所示的跨境电子商务综合试验区线上服务平台建设经验文字云图，以及如图4-2所示的词频云图和如表4-2所示的词频统计表。

图 4-1　线上服务平台建设经验文字云图

根据图4-1，可以总结出杭州市、宁波市、青岛市、上海市、广州市、深圳市、郑州市、厦门市、南京市、义乌市10个跨境电子商务综合试验区在线上服务平台建设方面的经验。其共性特征表现为："单一窗口"平台坚持"一点接入"原则，实现通关全程无纸化，降低通关成本，完善跨境电子商务通关服务平台；积极争取国家部委支持，通过链接金融、物流、电商平台、外贸综合服务企业等，建立数据标准和认证体系，实现企业一次申报、数据共享、多方监督，实现政府管理部门之间"信息互换、监督互认、执法互助"，极大地提升了跨境电子商务进出口的通关效率和便利化水平。

图 4-2　线上服务平台建设经验词频云图

　　根据图 4-2 所示的词频云图和表 4-2 所示的词频统计表，可以总结出跨境电子商务综合试验区在线上服务平台建设经验方面的核心关键词，主要包括：跨境（34 次）、信息（31 次）、电子商务（30 次）、单一（23 次）、窗口（23 次）、平台（22 次）、企业（22 次）、通关（19 次）等。因此，其主要特征可以总结为：跨境电子商务"单一窗口"平台建设，实现了信息开放、数据共享，为企业通关、检疫检验等提供了便利。

表 4-2　线上服务平台建设经验词频统计表

关键词	次数/次	关键词	次数/次	关键词	次数/次	关键词	次数/次
跨境	34	检疫	9	数据共享	5	数据交换	3
信息	31	检验	9	税务	5	互联互通	3
电子商务	30	功能	9	提供	5	政府	3
单一	23	监管	9	体系	5	互认	3
窗口	23	海关	9	金融	5	执法	3
平台	22	外汇	9	接入	5	无纸化	3
企业	22	物流	8	一点	5	信用	3
通关	19	备案	8	互换	4	提高	3
服务平台	18	认证	8	原则	4	工商	3
综合	17	公共服务	8	一体	4	出入境	3
接口	16	商务	8	统一	4	标准规范	3
部门	15	一次	7	食品药品	4	经营	3
系统	15	对接	7	主体	4	效率	3
申报	13	电商	7	外贸	4	流程	3
建立	12	线上	6	完善	4	邮政	3
数据	12	之间	6	国税	4	国家	3
实现	12	全程	6	机制	4	商品	3
服务	11	国际贸易	6	查询	4	身份	3
共享	10	口岸	6	业务	4	退税	3
开放	10	推动	6	资源	3	标准	3
建设	10	政府部门	5	互助	3	监管部门	3
管理	9	电子	5	按照	3	—	—

第二节 线上线下生态圈建设的特色分析

一、线上"单一窗口"+线下"综合园区"模式

（一）杭州跨境电子商务综合试验区

杭州跨境电子商务综合试验区先行先试，在构建线上线下深度融合的跨境电商生态圈方面，形成可供参考借鉴的先进经验。在线上环节，杭州市综合试验区重点建立了覆盖 B2C 和 B2B 业务的"单一窗口"，如图 4-3 所示；在线下环节，采取"一区多园"的方式进行整体布局。其中，跨境

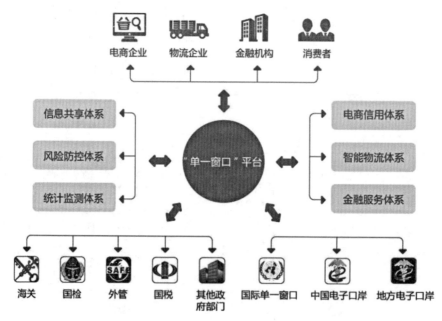

图 4-3 杭州跨境电子商务综合试验区"单一窗口"模式

电商发展"核心区"包括：上城、下城、江干、拱墅、西湖、滨江六大城区，重点是加快产业集聚；跨境电商产业应用"经济圈"，包括富阳、萧山、余杭、下沙、大江东，重点是推进传统外贸企业转向新型外贸企业类型；跨境电商产业"发展带"，包括淳安、桐庐、建德、临安四个城市，重点是推动区域特色优势与跨境电商融合发展。杭州市通过"核心区""经济圈""发展带"，打造了全域覆盖的综试区总体布局，构建了线上线下深度融合的跨境电商生态圈。

杭州跨境电子商务综合试验区的主要做法和经验包括以下三个方面。

1. 建立线上"单一窗口"平台

"单一窗口"平台坚持"一点接入"原则，建立数据标准和认证体系，与海关、检验检疫、税务、外汇管理、商务、工商、邮政等政府部门进行数据交换和互联互通，实现政府管理部门之间"信息互换、监管互认、执法互助"，实现通关全程无纸化，提高通关效率，降低通关成本。同时，通过链接金融、物流、电商平台、外贸综合服务企业等，为跨境电子商务企业和个人提供物流、金融等供应链商务服务。

2. 建立信息共享体系

统一信息标准规范、信息备案认证、信息管理服务，建立多位一体的跨境电商务信息合作机制和共享平台，打通"关""税""汇""检""商""物""融"之间的信息壁垒，实现监管部门、地方政府、金融机构、电子商务企业、物流企业之间信息互联互通，为跨境电子商务信息流、资金流、货物流"三流合一"提供数据技术支撑。

3. 建立线下"综合园区"平台

采取"一区多园"的布局方式，建设综合试验区线下"综合园区"平台，通过集聚电商平台企业、外贸综合服务企业、电商专业人才、电商专业服务等，提供通关、物流、金融、人才等"一站式"综合服务，有效承接线上"单一窗口"平台功能，优化配套服务，促进跨境电子商务线上平台和线下园区的联动发展，打造跨境电子商务完整的产业链和生态链。选择杭州（下沙）出口加工区、杭州（下城）跨境贸易电子商务产业园、杭州（萧山）保税物流中心等园区作为首批线下园区试点区域，条件成熟后逐步拓展。

（二）广州跨境电子商务综合试验区

1. 推进国际贸易"单一窗口"建设

依托广州电子口岸，加快建设涵盖跨境电子商务经营主体和进出口全流程的国际贸易"单一窗口"平台，完善身份认证、安全交易、便利通关、质量溯源、费用支付、信用担保、全程物流等公共服务功能，为经营主体提供便捷的"一站式"平台服务，实现"一次申报、一次查验、一次放行"。建立健全数据标准、认证体系和信息共享体系，推动政府部门间、政府部门与经营主体间的标准化信息流通和互联共享。研究"单一窗口"相关基础信息和数据交换标准规范，提高通关管理和服务水平。积极争取国家部委支持，推动海关部门对"单一窗口"开放预录入系统（QP系统）申报接口；检验检疫部门对"单一窗口"开放报检申报接口、企业备案和信用等级查询接口、商品负面清单数据查询接口、认证认可系统数据接口等；公安部门对"单一窗口"开放公民身份信息核查接口等；外汇部门建立名录登记、分类管理信息与"单一窗口"数据共享机制；国税部门对"单一窗口"开放出口退税申报系统数据接口；食品药品监管部门对"单一窗口"开放食品药品许可信息、监管信息等数据接口。

2. 建设跨境电子商务聚集区

发挥海关特殊监管区域的功能作用，叠加政策辐射效应，打造"海、陆、空"门类齐全的跨境电子商务集中监管园区。引导广州市各区结合产业发展情况，建设各具特色、错位发展的跨境电子商务产业园区，加快完善软、硬件设施建设，扶持和培育跨境电子商务发展新平台，推动跨境电子商务企业集聚发展。

（三）郑州跨境电子商务综合试验区

1. 建设"单一窗口"综合服务平台

整合河南省商务公共服务云平台、河南电子口岸等公共服务平台资源，建立海关、税务、外汇、出入境检验检疫、商务、工商、交通、邮政、金融、信用保险多位一体的跨境电子商务"单一窗口"综合服务平台，其中河南省商务公共服务云平台承担企业注册备案、事中事后监管等功能，河南电子口岸承担企业通关业务功能。不断完善服务功能，实现跨部门、跨行业、跨地区的信息共享互换、协同作业，建立政府部门间联合监管新模式。引导外贸综合服务企业、电子商务平台企业等对接"单一窗口"综合服务平台，形成线上综合服务体系。

2. 建设"综合园区"发展平台

结合河南省产业优势，采取一区多园、一园多点的布局方式，高起点、高标准规划建设一批跨境电子商务综合园区，延长产业链，做大产业规模，形成协同推进、良性竞争、错位发展格局，打造线下平台，集聚电商平台企业、外贸综合服务企业、电商专业服务企业、电商专业人才等要素，提供通关、物流、金融、人才等一站式综合服务，有力支撑线上"单一窗口"综合服务平台，促进跨境电子商务线上线下有机融合、互相支撑、联动发展。

（四）南京跨境电子商务综合试验区

1. 积极打造线上平台

提升公共服务平台功能。升级现有跨境电商公共服务平台系统，加强与国家标准版国际贸易"单一窗口"、国际邮快件处理系统、国际海空运系统的无缝对接。建立查验放行、物流监控、企业资信等政务数据共享平台，推动口岸监管、商务、税务、市场监管、外汇管理等相关业务一点接入、共享共用、全程在线、免费申报。优化升级B2B业务认定与处理系统，进一步简化申报流程。

2. 强化线下载体建设

（1）优化跨境电商产业园功能布局。龙潭跨境电商产业园依托海港及综保区优势，重点发展保税进口、B2B、保税集货集拼出口业务。空港跨境电商产业园重点发展B2C进出口业务，与综保区联动拓展业务领域。按照"成熟一个发展一个"的原则，支持有条件的地区建设各具特色的跨境电商产业园，形成良性竞争、错位发展的格局。

（2）提升跨境电商产业园发展层级。推动龙潭、空港跨境电商产业园打造成为现代服务业集聚区，加强产业园区基础设施建设和配套服务业发展，提升规模化、智能化运营能力。以跨境电商产业园为重点，鼓励采购、第三方平台、代运营、创意、摄影、推广、培训、邮政快递等相关专业配套服务发展，延伸产业链，做大产业规模，增强产业园对跨境电子商务企业的吸引力。

（五）上海跨境电子商务综合试验区

1. 建设跨境电商公共服务平台，提升服务能级

跨境电子商务公共服务平台是公益性的跨境电子商务一站式监管服务平台，承担数据交互与监管服务功能。

（1）完善公共服务平台功能。完善上海跨境电子商务公共服务平台监管与服务功能，保障海关、检验检疫、外汇管理、国税、工商等部门间的数据互通和共享。公共服务平台应当为各类企业提供统一明确的标准化数据接口和接入流程。

（2）对接国际贸易"单一窗口"。优化上海电子口岸资源，实现跨境电子商务公共服务平台和上海国际贸易"单一窗口"系统与功能对接，为本市跨境电子商务发展提供支撑。

（3）健全公共服务平台运营机制。成立功能性的上海跨境电子商务公共服务有限公司，负责运营上海跨境电子商务公共服务平台，初期平台运营资金由财政支持。

（4）提供配套数据服务。充分运用公共服务平台的集成数据，健全统计监测体系，完善风险防范机制，建立跨境电子商务企业信用数据库。

2. 推进跨境电商园区建设，促进线下线上协同发展

促进跨境电子商务海关监管区与产业集聚区协同发展，突出示范园区的引领带动作用，形成线上线下相互支撑的发展格局。

（1）优化园区布局。充分发挥上海综合交通枢纽优势，根据各区域贸易和产业发展特点，形成协同推进、良性竞争、错位发展格局。合理布局出口监管场所和产业园区，将保税进口业务复制推广到本市所有出口加工区（包括保税物流中心 B 型）。

（2）完善园区功能。充分发挥园区集聚效用，承接公共服务平台功能，集聚市场主体，完善配套服务，促进线上线下联动发展，支持有条件的跨境电子商务监管场所兼具进口业务和出口业务功能。

（六）青岛跨境电子商务综合试验区

1. 搭建线上综合服务平台

依托山东电子口岸"单一窗口"建设，探索建立跨境电子商务信息共享机制，统一信息的标准规范、备案认证和管理服务，加快建设集海关、

出入境检验检疫、国税、外汇、商务、交通运输、工商、公安、金融、信保等部门信息于一体的跨境电子商务信息综合服务平台。实现政府管理部门之间"信息互换、监管互认、执法互助",实现通关全程无纸化,提高通关效率,降低通关成本。建立企业和商品备案信息共享数据库,统一标准和要求,实现企业"一次备案、多主体共享、全流程使用"。外贸综合服务企业,电子商务平台企业等对接 "单一窗口"形成跨境电商线上综合服务体系。

2. 搭建线下综合支撑平台

这包括载体支撑平台和项目支撑平台。载体支撑平台采取 "一区多园"的方式,建设青岛市综合试验区线下综合园区。通过集聚电子商务平台企业、外贸综合服务企业、电子商务专业人才、电子商务专业服务等要素,提供通关、物流、金融、人才等一站式综合服务。有效承接线上 "单一窗口"+平台功能,优化配套服务,促进跨境电子商务线上平台和线下园区的联动发展。项目支撑平台是指通过建设一批在政策落实、服务创新等方面起到基础支撑作用的重点项目平台,推动青岛综合试验区建设,主要包括外贸创新服务平台、跨境电子商务云数据服应用平台、 "网上丝绸之路"贸易枢纽平台、跨境电子商务公共海外仓平台、青岛西海岸亿赞普跨境贸易结算大数据平台、 国家自贸区战略青岛口岸跨境电子商务实务应用平台等。

(七)厦门跨境电子商务综合试验区

1. 建立线上综合服务平台

(1)建设跨境电子商务"单一窗口"。按照"一点接入、一次申报、数据共享"的原则,规划建设全省统一的福建省国际贸易"单一窗口"跨境电子商务综合公共服务平台,对接海关、检验检疫、国税、外汇管理、商务、信保等部门平台系统,推动政府部门之间"信息互换、监管互认、执法互助",实现跨境电子商务备案、通关、结汇、退税申报全程无纸化;对接国家人口基础信息库,实时比对验证跨境购物个人身份信息。

(2)推进跨境电子商务数据应用与服务。推动跨境电子商务综合公共服务平台与金融、快递物流、海外仓、电商电子商务平台、外贸综合服务企业等业务系统链接,及时获取跨境电子商务各流转环节数据;制定跨境电子商务数据信息传输、开放、共享和使用规则规范,保障系统数据安全,保护平台各方合法权益；建立跨境电子商务诚信记录数据库，推进诚信分类管理，促进信用等级互认，将企业信用等级与分类监管相结合，给予诚信企业更多便利措施，实现对电商电子商务信息的"分类监管、部门共享、有序公开"；建设跨境电子商务全球质量溯源平台，针对质量信息涉及的供应、物流、交易、监管等环节提供全链条溯源服务，实现从原产地到消费者的无缝监管。

2.构建线下产业园区平台

（1）推动跨境电子商务综合试验区建设。加快推进福州、平潭海峡两岸电子商务经济合作实验区建设，支持有条件的地区结合本地产业优势，探索建设省级跨境电子商务综合试验区，着力在跨境电子商务业务流程、监管模式和信息化建设等方面取得突破，吸引电商电子商务企业集聚，形成比较完整的跨境电子商务产业链和生态圈，为全省跨境电子商务发展发挥引领和示范作用，支持发展较好的城市创建国家级跨境电子商务综合试验区。

（2）构建跨境电子商务园区体系。加强科学统筹规划，推动各设区市结合当地区位优势、产业特色，建设一批跨境电子商务产业园区；充分发挥海关特殊监管区域功能作用，叠加政策辐射优势，加快推进跨境电子商务仓储、国际快件监管中心、国际快件航空快速通道等项目建设，拓展承载空间和集散能力，完善基础配套建设，打造"海、陆、空"物流方式齐全的跨境电子商务物流园区；研究出台跨境电子商务产业园区认定管理办法，推动全省形成定位精准、优势互补、协同推进的跨境电子商务园区发展格局。

二、"通关服务平台＋产业综合服务平台"模式

深圳跨境电子商务综合试验区实践"通关服务平台"＋"产业综合服务平台"模式。

（一）完善跨境电子商务通关服务平台功能

完善跨境电子商务通关服务平台功能。提升跨境电子商务进出口的通关效率和便利化水平，实现企业一次申报、数据共享、多方监管。积极争

取国家部委支持，推动海关部门对跨境电子商务通关服务平台开放预录入系统（QP系统）申报接口；检验检疫部门对跨境电子商务通关服务平台开放出入境检验检疫综合业务计算机管理系统（CIQ2000系统）的报检申报接口、企业备案和信用等级查询接口、商品负面清单数据查询接口、认证认可系统数据接口等；公安部门对跨境电子商务通关服务平台开放公民身份信息核查接口；外汇部门建立名录登记、分类管理信息与跨境电子商务通关服务平台数据共享机制；国税部门对跨境电子商务通关服务平台开放出口退税申报和审核系统数据接口；食品药品监管部门对跨境电子商务通关服务平台食品药品许可信息、监管信息等数据接口；工商部门对通关服务平台开放全国企业信息公示平台的企业公示信息。

（二）打造产业综合服务平台

依托中国（广东）自由贸易试验区前海蛇口片区建设覆盖深圳、服务全省及全国的跨境电子商务综合服务平台。打造前海跨境电子商务产业高端综合配套服务中心与智能化管理中心，为跨境电子商务企业和政府部门提供专业化、综合性服务，实现跨境电子商务产业要素在平台上集聚、互联、融合。建立跨境电子商务数据标准和数据信息传输、开放、共享和使用的规则规范。

三、"线上综合服务+线下产业集聚+网货供应"模式

（一）义乌跨境电子商务综合试验区

义乌跨境电子商务综合试验区在"两平台"基础上，提出"线上综合服务+线下产业集聚+网货供应"的"三个平台"模式。

1.跨境电子商务线上综合服务平台

加强整体设计，整合现有资源，建设跨境电子商务线上综合服务平台，推动海关、税务、外汇管理等部门数据交换、互联互通。按照"一点接入"原则，建立统一的跨境电子商务数据标准和认证体系，为入驻综合服务平台的跨境电子商务企业、支付企业和物流企业提供一站式服务。完善综合服务平台功能，引进跨境电子商务第三方销售平台、外贸综合服务平台和网货供应平台等，探索开展跨境电子商务全程在线数字化服务。完善信息

共享、智能物流、金融服务等功能，为跨境电子商务企业和个人提供信用、物流、金融等供应链服务。

2. 线下产业集聚平台

加快推进义乌陆港电子商务小镇二期、金义跨境电子商务产业园建设，强化土地、资金、人才等要素保障，促进跨境电子商务龙头企业集聚。培育跨境电子商务专业村和孵化器，为各类中小卖家提供物流、培训等服务，实现电子商务专业村内外贸一体化发展。规划建设以进口、转口贸易为主，线上线下融合、进口业态创新叠加的捷克小镇，积极培育"展示交易＋全球中心仓""保税展示＋跨境电子商务""网购保税＋新零售"等贸易新业态。加强监管模式、商业模式创新，推进金义宝电子商务小镇建设，实现保税贸易、跨境电子商务与新零售等多种商业模式融合发展。

3. 跨境电子商务网货供应平台

推动"创意设计中心＋跨境电子商务＋制造企业"供应链模式创新，鼓励创新设计与跨境电子商务产业对接融合。立足义乌市市场行业及货源集聚优势，打造集设计、制造、采购、仓储、配送于一体的综合性供应链平台，为跨境电子商务企业及创业群体提供一站式网货供应、支付结算、融资等服务。推动跨境电子商务品质化发展，以义乌市市场重点供应商为基础，筛选一批"金华好网货"重点供应商、制造商，建立"金华好网货"供应体系。引导义乌市小商品产业集群提升产品创新研发能力，打造跨境电子商务网货供应示范基地（区域）。加大品牌培育力度，支持各类跨境电子商务经营主体打造优质出口品牌。

（二）宁波跨境电子商务综合试验区

宁波跨境电子商务综合试验区在"两平台"基础上，提出"跨境电商综合信息平台＋跨境电商区平台＋跨境电商物流平台"的"三个平台"模式。

1. 跨境电商综合信息平台

深化跨境电商"单一窗口"平台建设。按照"一点接入"原则，建设集海关、检验检疫、税务、外汇管理、市场监管、质量监督、邮政等于一体的跨境电商"单一窗口"平台，率先实现海关与检验检疫部门之间数据一次申报、部门联动操作、信息双向反馈。

扶持跨境电商商务信息平台建设。拓展跨境电商商务信息平台外贸代理、金融服务、品牌管理、知识产权、法律服务、创意设计、海外分销等功能，为跨境电子商务企业和个人提供专业化的商务服务。

推动跨境电商物流信息平台建设。以智慧物流服务平台为依托，加快制定跨境电商物流规范标准，支持网络平台型物流企业发展，推进落实国家交通运输物流公共信息平台浙江区域交换节点（宁波综合示范区），汇聚各层面物流综合信息，推动跨境电商物流信息化。

2. 跨境电商园区平台

建设跨境电子商务产业园区。优先推动宁波保税区园区、海曙园区、鄞州园区、空港园区、江北园区及梅山园区、杭州湾园区等市级跨境电商园区建设，增强跨境电子商务核心要素的集聚能力，打造完整的跨境电子商务产业生态体系。在跨境电子商务产业资源相对集中的区域，培育若干跨境电商特色小镇。

推动外贸基地转型升级。优先推动宁波市北仑区休闲装基地、鄞州区餐厨用品基地、奉化男装基地等8个国家外贸转型升级示范基地建设，引导基地拓展跨境电子商务应用广度和深度，提升跨境供应链运营能力，有效对接海外市场。

引导设立跨境电商公共服务中心。鼓励跨境电子商务龙头企业、第三方跨境电商平台、外贸综合服务企业积极参与跨境电商公共服务中心建设。探索在慈溪小家电、余姚机电、宁海文具、象山针纺织品等产业集群区域设立跨境电商公共服务中心，为企业提供跨境电子商务培训、政策宣讲、资源对接、市场拓展等公共服务。

3. 跨境电商物流平台

推进综合物流基础平台建设。加快海港、空港"两港"物流核心区以及中心区、余慈区、奉宁象区三大区域物流中心的建设，推动梅山保税港区物流中心、镇海大宗货物海铁联运物流枢纽港、宁波经济技术开发区现代国际物流园等综合物流园区智慧物流技术应用，提高综合物流基础平台服务跨境电子商务产业的能力。

建设跨境电商专业物流平台。鼓励和引导有条件的综合物流基础平台加快设置跨境电子商务海关、检验检疫监管场所。推进国际邮件互换局和交换站建设，高标准建成支持国际邮件快速处理的智能化物流设施。加快宁波公共海外仓建设，鼓励有条件的跨境电子商务出口企业发展自营海外仓、海外体验店和配送网点，融入境外分销体系。

打造国际物流通道平台。加强与国内重要干线机场和国际航空枢纽的中转联运合作，建设国际航空联运通道，增强宁波空港国际航运功能，推进国际集装箱航运快捷化，引导快速集装箱船运力投放，试点开行宁波至东盟、东北亚、俄罗斯、北美、欧洲等重点国家（地区）的集装箱直达快运航线，提升集装箱航运时效性。试点开行"甬新欧"国际铁路集装箱班列，优化国际铁路集装箱班列开行方式。

我国跨境电子商务综合试验区发展模式、经验和趋势

WOGUO KUAJING DIANZI SHANGWU

ZONGHE SHIYANQU FAZHAN MOSHI、

JINGYAN HE QUSHI

第五章　跨境电子商务技术和服务创新建设经验

第一节　建设的重要意义和经验综合分析

一、技术和服务创新的重要意义

我国跨境电子商务综合试验区积极运用大数据、人工智能、区块链、云计算等信息技术，用新技术推动服务创新、控制风险、调控跨境电子商务综合试验区的平稳运行，促进其快速发展。杭州跨境电子商务综合试验区利用云计算、大数据等技术，对跨境电商平台的各种交易数据、金融数据、物流数据等进行统计分析，建立了跨境电子商务综合指数体系，并定期向社会发布，指导和监控跨境电子商务综合试验区科学发展。郑州跨境电子商务综合试验区积极探索"大数据＋电子商务＋外贸"发展模式，逐步建成河南外贸大数据中心，为企业提供定制化的精准服务，指导和帮扶企业在世界大市场上实现精准营销，并快速提升企业产品在海外市场份额。南京跨境电子商务综合试验区提出建设大数据贸易融资平台，运用大数据等技术手段创新企业信用等级评定方法，提供不见面审批贸易融资产品和服务，为企业开展各类融资业务提供便利。宁波跨境电子商务综合试验区应用大数据技术建立了一套风险预警系统。该系统可以对市场风险、交易风险、金融风险、技术风险、公共安全风险等跨境电子商务领域的分类分级风险进行实时监测、识别和评估。大数据、人工智能等新技术的广泛应用，极大提升了跨境电子商务综合试验区服务的先进性、管理的科学性和风险预警的灵敏性。

二、技术和服务创新经验综合分析

杭州市、宁波市、青岛市、上海市、广州市、深圳市、郑州市、厦门市、南京市、义乌市 10 个跨境电子商务综合试验区在技术和服务创新建设方面的经验如表 5-1 所示。

表 5-1 技术和服务创新情况一览表

序号	名称	经验
1	杭州跨境电子商务综合试验区	1. 建立并发布"跨境电子商务指数"。利用大数据、云计算技术，对各类平台商品交易、物流通关、金融支付等海量数据进行交换汇聚和分析处理，逐步建立一套多层面、多维度反映跨境电子商务运行状况的综合指数体系，并定期发布 2. 开展跨境电子商务政策法规创新研究。通过探索建立与跨境电子商务相适应的新型政策体系，探索设定电子商务各类主体的权利和义务，探索建立信用体系、风险防控体系和知识产权保护规则等，为跨境电子商务政策法规和国际规则的研究制定提供实践案例
2	宁波跨境电子商务综合试验区	加强与块状经济联动。推进"产业集群＋中国制造2025＋跨境电商"协同创新发展模式与产业升级路径取得突破，引导产业集群企业依托跨境电子商务实现数据化、在线化，通过"产销消"对接，运用 C2B 客户驱动模式，建立柔性化的生产供应链，实现智能化生产和产业转型升级
3	青岛跨境电子商务综合试验区	建设青岛口岸外贸创新服务平台。鼓励跨境电子商务外贸创新服务企业发展，推广"海贸云商模式"，与全省优势产业资源相集成，将外贸全链条标准化、数据化，打造开放融合的外贸创新服务平台，为外贸企业提供全流程模块化、可视化的跨境电子商务企业对企业（B2B）服务。帮助中小企业解决接单困难，业务流程复杂、专业性强，能力和资源有限，服务环节多、成本高等问题，提升跨境电子商务产业服务水平
4	上海跨境电子商务综合试验区	健全配套综合服务。鼓励外贸综合服务企业和跨境电子商务综合服务企业提供全产业链服务。促进税务、咨询、财会、人力资源等专业机构为跨境电子商务提供专项服务
5	广州跨境电子商务综合试验区	1. 构建粤港澳跨境电子商务合作平台。发挥粤港、粤澳合作联席会议及穗港、穗澳合作专责小组等机制作用，深化与港澳在跨境电子商务领域的合作。开展跨境电子商务领域数字认证互认，打造网上贸易便利化平台。创新穗港澳口岸通关模式，推进建设统一高效、与港澳联动的口岸监管机制，加强穗港澳产品检验检测技术和标准研究合作。探索香港企业在穗港两地建立销售端与仓储端，开展"前店后仓""双店双仓"的特色营运模式

序号	名称	经验
5	广州跨境电子商务综合试验区	2. 强化服务保障体系。发挥行业协会商会的桥梁纽带作用，提供政策宣传、活动对接、人才培训、调查研究等服务，加强与各国行业协会商会的交流与合作。鼓励运用和推广商事制度改革成果，简化企业自建平台开展跨境进出口业务的备案登记手续。加强进出口知识产权和消费者权益保护，加大对侵权行为的处罚力度。探索研究"诚信守法便利、失信违法惩戒"的跨境电子商务的企业信用管理体系和评判标准
6	深圳跨境电子商务综合试验区	支持品牌企业和优质产品通过跨境电子商务扩大出口。扶持一批有自主品牌、较高知名度和较强市场拓展能力的跨境电子商务经营主体做大做强，重点打造细分领域跨境电子商务行业龙头，推动一批垂直类跨境电子商务交易平台规模化发展，吸引国内外知名跨境电子商务企业落户深圳。引导企业通过自建平台或与跨境电子商务企业合作，以制造商-电子商务平台-消费者（M2B2C）、B2B、企业-消费者（B2C）等多种方式拓宽外贸营销渠道。建设特色鲜明的跨境电子商务产业基地（园区）、进出口商品体验中心、展示交易中心，打造集产业集聚、仓储物流、看样订货、购物消费、休闲娱乐于一体的跨境电子商务特色载体
7	郑州跨境电子商务综合试验区	探索"大数据+电子商务+外贸"发展模式。实施双十河南专享计划，优选省内十个特色优势产业和十家外贸骨干企业，提供重点支持和定制化服务，帮助企业在全球市场精准营销，以最快速度和最低成本提升海外市场份额。逐步建成河南外贸大数据中心
8	厦门跨境电子商务综合试验区	拓展业务模式。以扩大跨境电子商务B2B出口作为主攻方向，探索跨境电子商务B2B出口业务模式；发展"平台+产业带"模式，组织跨境电子商务平台企业、物流企业和外贸综合服务企业对接福建省特色产业带，引导产业带企业通过自建平台或利用第三方平台扩大进出口；发展海外分销模式，推进"生产厂家—经销商（海外仓）—消费者"的跨境电子商务分销模式发展，提升海外仓品牌推广、市场运营、物流配送、客户管理、商品售后等服务功能，主动融入海外区域市场零售体系

序号	名称	经验
9	南京跨境电子商务综合试验区	1. 建设进口商品深度溯源体系。加强与国际品牌厂商的深度合作，建立对境外源头工厂验证机制，与中检溯源码对接，真正实现"关联 GS1 码＋溯源码＋订单＋面单信息"从源头到用户全程跟踪、一物一码、正品溯源 2. 产业与贸易联动协同。深入推进"互联网＋产业带"行动，通过与跨境电商平台、外贸综合服务企业的合作，择优培育跨境电商品类，深耕重点新兴市场，推动外贸转型升级基地做大做强跨境电商垂直平台。推进建设面向大宗商品进出口的专业化外贸交易及综合服务平台，探索大宗货物 B2B 网上交易及标准化供应链流程服务新模式
10	义乌跨境电子商务综合试验区	跨境电子商务网货供应平台。推动"创意设计中心＋跨境电子商务＋制造企业"供应链模式创新，鼓励创新设计与跨境电子商务产业对接融合。立足义乌市场行业及货源集聚优势，打造集设计、制造、采购、仓储、配送于一体的综合性供应链平台，为跨境电子商务企业及创业群体提供一站式网货供应、支付结算、融资等服务。推动跨境电子商务品质化发展，以义乌市场重点供应商为基础，筛选一批"金华好网货"重点供应商、制造商，建立"金华好网货"供应体系。引导义乌小商品产业集群提升产品创新研发能力，打造跨境电子商务网货供应示范基地（区域）。加大品牌培育力度，支持各类跨境电子商务经营主体打造优质出口品牌

资料来源：杭州市、宁波市、青岛市、上海市、广州市、深圳市、郑州市、厦门市、南京市、义乌市 10 个跨境电子商务综合试验区建设实施方案。

根据表 5-1 中的内容，可以形成如图 5-1 所示的跨境电子商务综合试验区技术和服务创新建设经验文字云图，以及如图 5-2 所示的词频云图和如表 5-2 所示的词频统计表。

根据图 5-1 所示，可以总结出杭州市、宁波市、青岛市、上海市、广州市、深圳市、郑州市、厦门市、南京市、义乌市 10 个跨境电子商务综合试验区在技术和服务创新建设方面的经验，其共性特征表现为：通过探索建立与跨境电子商务相适应的新型政策体系，吸引国内外知名跨境电子商务企业落户本地发展，推动一批垂直类跨境电子商务交易平台规模化发展；探索设定电子商务各类主体的权利和义务，支持品牌企业和优质产品通过跨境电子商务扩大出口；利用大数据、云计算技术，开展跨境电子商务领域数字认证互认，探索建立信用体系、风险防控体系和知识产权保护规则等；探索"大数据＋电子商务＋外贸"发展模式，建立并发布"跨境电子商务指数"，帮助企业在全球市场精准营销。

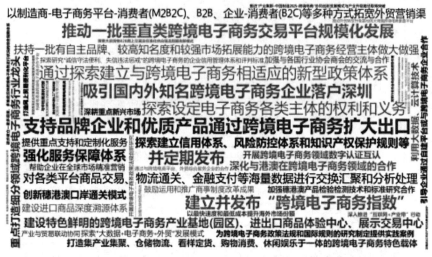

图 5-1　技术和服务创新建设经验文字云图

图 5-2　技术和服务创新建设经验词频云图

根据图 5-2 所示的词频云图和表 5-2 所示的词频统计表，可以看出跨境电子商务综合试验区在技术和服务创新建设经验方面的高词频主要包括：跨境（39 次）、电子商务（37 次）、企业（21 次）、服务（16 次）、

平台（14次）、模式（13次）、外贸（13次）、产业（9次）、创新（9次）、
合作（9次）等。

表5-2　技术和服务创新建设经验词频统计表

关键词	次数/次	关键词	次数/次	关键词	次数/次	关键词	次数/次
跨境	39	综合	7	引导	4	电商	3
电子商务	37	市场	7	供应链	4	推广	3
企业	21	通过	6	溯源	4	制造	3
服务	16	建设	5	消费者	4	业务	3
平台	14	网货	5	港澳	4	机制	3
模式	13	研究	5	供应	4	口岸	3
外贸	13	进出口	5	推动	4	联动	3
产业	9	推进	5	商品	4	服务平台	3
创新	9	加强	5	特色	4	支持	3
合作	9	对接	5	提升	4	物流	3
探索	8	重点	5	各类	3	领域	3
建立	8	海外	5	义乌	3	一批	3
打造	7	品牌	5	实现	3	出口	3
提供	7	数据	5	集群	3	主体	3
发展	7	鼓励	4	升级	3	仓储	3
体系	7	开展	4	产业带	3	能力	3

第二节　大数据技术创新应用

运用大数据、物联网、虚拟现实等信息技术，鼓励发展人工智能、区

块链、云计算等技术，在服务上优化整合，实现技术和服务创新建设。实现跨境电子商务带动产业发展，创新跨境电子商务贸易便利化的服务体系，创新跨境电子商务投资便利化的服务体系。[①]

一、充分利用大数据，建立跨境电子商务统计新模式和新制度

我国跨境电子商务综合试验区积极运用大数据、人工智能、区块链、云计算等信息技术，推动服务创新、控制风险、调控综试区经济平稳运行和发展。杭州市、深圳市、郑州市、宁波市、义乌市、青岛市等跨境电子商务综合试验区充分利用大数据等技术，建立跨境电子商务统计新模式和新制度。

（一）建立并发布"跨境电子商务指数"

利用大数据、云计算等新技术，对各类平台商品交易、物流通关、金融支付、知识产权等海量数据进行分析处理，逐步建立一套多层面、多维度反映跨境电子商务运行状况的综合指数体系，并定期向全社会发布"跨境电子商务指数"，指导和监控跨境电子商务综合试验区的经济发展和平稳运行。

（二）建立跨境电商统计新模式

建立跨境电子商务大数据服务中心，实现跨境电子商务数据的交换汇聚；探索建立以申报清单、平台数据等为依据的统计、管理新模式；建立"跨境电子商务数据监测制度"，为政府监管和企业经营提供决策咨询服务。

（三）建立跨境电子商务统计标准

探索建立交易主体信息、电子合同、电子订单等标准格式和跨境电子商务进出口商品的简化统计分类标准，探索建立跨境电子商务多方联动的统计制度，完善跨境电子商务统计方法，为全国跨境电子商务统计体制机制建设提供经验。

---

① Lixia Hu. The Innovation and Application of Big Data Technology in Cross-border E-commerce Comprehensive Test Zone in China[C]. The 2nd International Conference on Big Data Economy and Digital Management(BDEDM 2023), 2023(6).

二、应用大数据技术，建立风险预警体系

（一）基于大数据建立风险预警系统

宁波跨境电子商务综合实验区支持第三方信用服务机构通过大数据技术，为政府和企业提供信用评价服务；建立基于大数据分析的分类分级风险预警系统，实现对跨境电子商务领域市场风险、交易风险、金融风险、技术风险和公共安全风险的实时监测、识别和评估。

（二）运用大数据等技术手段创新企业信用等级评定方法

南京跨境电子商务综合试验区提出建设大数据贸易融资平台，运用大数据等技术手段创新企业信用等级评定方法，提供不见面审批贸易融资产品和服务，为企业开展各类融资业务提供便利。

（三）利用大数据实现"点对点"匹配，管控企业融资需求和风险

青岛跨境电子商务综合试验区充分挖掘跨境电子商务产生的互联网贸易大数据，通过数据信息动态和自主"点对点"匹配与对冲，实现对企业融资需求和风险管控的动态掌握和有效管控。大数据、人工智能等新技术的广泛应用，极大提升了综试区服务的先进性、管理的科学性和风险预警的灵敏性。

三、应用大数据等技术，建立智能物流体系

（一）依托大数据等，促使对外贸易由物流主导向信息流主导转变

青岛跨境电子商务综合试验区依托大数据、物联网、云计算等技术提供服务，促进对外贸易由物流主导向由信息流主导转变，以跨境电子商务信息服务引领整合结算、运输等相关服务，促进跨境电子商务货物贸易进一步实现便利化发展。

（二）利用物联网、大数据技术，构建互联互通智能物流信息系统

杭州市、郑州市、青岛市跨境电子商务综合试验区充分利用物联网、大数据等新技术，构建互通互联的智能物流信息系统，衔接和运行顺畅的物流仓储网络系统、优质且高效的物流运营服务系统等，实现跨境电子商

务物流运作流程的标准化和规范化，实现运输资源整合的高效化和运输组织之间的无缝衔接，形成布局合理、功能齐全、高效质优的跨境物流分拨配送和运营服务体系。

四、应用大数据技术，创新检验检疫流程

广州跨境电子商务综合试验区把大数据技术应用在检验检疫流程，依托"智检口岸"进行风险评估、分类管理、诚信管理和境外信息比对，实现"电子布控"。探索应用全球产品质量与标准信息库进行检验检疫大数据自动判断、自动验放。探索对跨境电子商务进口商品实施质量追溯管理，鼓励国内名牌商品企业通过市场采购方式出口。制定广州跨境电子商务综合试验区检验检疫申报和放行流程管理办法，实施出境"前期备案、提前监管、后期跟踪、质量监控"、入境"提前申报备案、入区集中检验检疫、出区分批核销、质量安全追溯"的监管模式。充分大数据技术，实现产品质量溯源管理，保证进出口产品质量，把好产品质量关。

五、应用大数据技术，实现全球贸易精准营销

（一）"大数据＋电子商务＋外贸"发展模式

郑州跨境电子商务综合试验区探索"大数据＋电子商务＋外贸"发展模式，为逐步建成河南外贸大数据中心，为企业提供定制化服务，帮助企业在全球市场精准营销并快速提升海外市场份额。

（二）大规模制造向大规模定制转型模式

青岛跨境电子商务综合试验区利用大数据技术，帮助外贸企业及时根据市场变化，把客户个性化需求转化为有价值订单，打造按需设计、按需制造、按需配送的扁平化跨境贸易体系，实现大规模制造向大规模定制的转型和产品优进优出。

（三）全球贸易精准营销大数据平台

南京跨境电子商务综合试验区在构建国际全网营销体系方面，科学谋划，成效凸显。其主要举措包括加快境外营销网络布局、实施"破零"

行动计划、推动国际市场精准营销、推进贸易展会升级、实施以质取胜战略五个方面，为开拓综试区的国际市场方面作出积极贡献。尤其是在加快引进和培育第三方海外营销服务机构，帮助企业开发海外独立站；建立全球贸易精准营销大数据平台，帮助企业精准锁定海外重点市场；引导鼓励企业开展国际电子商务相关产品及企业认证，建立国际产品标准，提升国际竞争话语权等方面，体现了政府在精心谋划和科学帮扶上的前瞻性和精准性。

第三节 构建新型合作平台

一、深圳跨境电子商务综合试验区

深圳跨境电子商务综合试验区积极支持品牌企业和优质产品通过跨境电子商务扩大出口。扶持一批有自主品牌、较高知名度和较强市场拓展能力的跨境电子商务经营主体做大做强，重点打造细分领域跨境电子商务行业龙头，推动一批垂直类跨境电子商务交易平台规模化发展，吸引国内外知名跨境电子商务企业落户深圳。引导企业通过自建平台或与跨境电子商务企业合作，以制造商－电子商务平台－消费者（M2B2C）、B2B、企业－消费者（B2C）等多种方式拓宽外贸营销渠道。建设特色鲜明的跨境电子商务产业基地（园区）、进出口商品体验中心、展示交易中心，打造集产业集聚、仓储物流、看样订货、购物消费、休闲娱乐于一体的跨境电子商务特色载体。

二、广州跨境电子商务综合试验区

广州跨境电子商务综合试验区构建粤港澳跨境电子商务合作平台。发挥粤港、粤澳合作联席会议及穗港、穗澳合作专责小组等机制作用，深化与港澳在跨境电子商务领域的合作。开展跨境电子商务领域数字认证互认，打造网上贸易便利化平台。创新穗港澳口岸通关模式，推进建设统一高效、与港澳联动的口岸监管机制，加强穗港澳产品检验检测技术和标准研究合作。探索香港企业在穗港两地建立销售端与仓储端，开展"前店后仓""双店双仓"的特色营运模式。

三、青岛跨境电子商务综合试验区

青岛跨境电子商务综合试验区建设青岛口岸外贸创新服务平台。鼓励跨境电子商务外贸创新服务企业发展，推广"海贸云商模式"，与全省优势产业资源相集成，将外贸全链条标准化、数据化，打造开放融合的外贸创新服务平台，为外贸企业提供全流程模块化、可视化的跨境电子商务企业对企业（B2B）服务。帮助中小企业解决接单困难，业务流程复杂、专业性强，能力和资源有限，服务环节多、成本高等问题，提升跨境电子商务产业服务水平。

四、义乌跨境电子商务综合试验区

义乌跨境电子商务综合试验区建设跨境电子商务网货供应平台。推动"创意设计中心＋跨境电子商务＋制造企业"供应链模式创新，鼓励创新设计与跨境电子商务产业对接融合。立足义乌市场行业及货源集聚优势，打造集设计、制造、采购、仓储、配送于一体的综合性供应链平台，为跨境电子商务企业及创业群体提供一站式网货供应、支付结算、融资等服务。推动跨境电子商务品质化发展，以义乌市场重点供应商为基础，筛选一批"金华好网货"重点供应商、制造商，建立"金华好网货"供应体系。引导义乌市小商品产业集群提升产品创新研发能力，打造跨境电子商务网货供应示范基地（区域）。加大品牌培育力度，支持各类跨境电子商务经营主体打造优质出口品牌。

第四节　产业新型联动

一、南京跨境电子商务综合试验区

南京跨境电子商务综合试验区产业与贸易联动协同。深入推进"互联网＋产业带"行动，通过与跨境电商平台、外贸综合服务企业的合作，择优培育跨境电商品类，深耕重点新兴市场，推动外贸转型升级，鼓励基地做大做强，建立跨境电商垂直平台。推进建设面向大宗商品进出口的专业化外贸交易及综合服务平台，探索大宗货物 B2B 网上交易及标准化供应链流程服务新模式。

二、宁波跨境电子商务综合试验区

宁波跨境电子商务综合试验区加强与块状经济联动。推进"产业集群＋中国制造 2025+ 跨境电商"协同创新发展模式与产业升级路径取得突破，引导产业集群企业依托跨境电子商务实现数据化、在线化，通过"产销消"对接，运用 C2B 客户驱动模式，建立柔性化的生产供应链，实现智能化生产和产业转型升级。

三、厦门跨境电子商务综合试验区

厦门跨境电子商务综合试验区拓展业务模式。以扩大跨境电子商务 B2B 出口作为主攻方向，探索跨境电子商务 B2B 出口业务模式；发展"平台＋产业带"模式，组织跨境电子商务平台企业、物流企业和外贸综合服务企业对接福建省特色产业带，引导产业带企业通过自建平台或利用第三方平台扩大进出口；发展海外分销模式，推进"生产厂家—经销商（海外仓）—消费者"的跨境电子商务分销模式发展，提升海外仓品牌推广、市场运营、物流配送、客户管理、商品售后等服务功能，主动融入海外区域市场零售体系。

我国跨境电子商务综合试验区发展模式、经验和趋势

WOGUO KUAJING DIANZI SHANGWU
ZONGHE SHIYANQU FAZHAN MOSHI、
JINGYAN HE QUSHI

第六章　跨境电子商务监管机制建设经验

第一节 建设的重要意义和经验综合分析

一、监管机制建设的重要意义

如何创新和完善我国现有的海关监管模式和制度，以实现既能实施有效监管又能促进跨境电商产业健康发展的目标，一直是我国有关政府部门的难题。本书中的 10 个跨境电子商务综合试验区均在创新海关监管模式方面做了一些积极有益的探索和实践。例如，深圳市、杭州市、广州市、郑州市、上海市、厦门市综合试验区全面推行了安全化、便利化的通关模式，积极探索并实践了涵盖跨境电子商务企业各个业务环节，包括备案、申报、征税、查验、放行、转关等环节，通关全程实现"无纸化"监管，支持B2B、B2C 等不同种类业务模式的商品便捷通关。此外，深圳跨境电子商务综合试验区积极探索建立跨境电子商务检验检疫"放、管、治"三位一体监管制度；杭州跨境电子商务综合试验区探索建立产品质量安全监控制度以及"负面清单"监管制度等；义乌跨境电子商务综合试验区实施跨境电子商务保税进口（1210）、直购进口（9610）等监管模式等。有效合理的海关监管可以确保出入境行为符合我国法律规范，促进贸易安全和便利化发展，保障国家和人民根本利益。近年来，我国跨境电商迅猛发展，给海关监管带来多重挑战，跨境电子商务综合试验区在海关监管方面的有益探索和创新，就是努力尝试在有效监管和产业健康发展之间找到一个平衡点，优化营商环境，更好地促进产业发展。

二、监管机制经验综合分析

杭州市、宁波市、青岛市、上海市、广州市、深圳市、郑州市、厦门市、南京市、义乌市 10 个跨境电子商务综合试验区，在监管机制建设方面的经验如表 6-1 所示。

表 6-1　监管机制建设情况一览表

序号	名称	经验
1	杭州跨境电子商务综合试验区	1. 创新跨境电子商务监管流程。将 B2B、B2C 等跨境电子商务交易模式全部纳入综合试验区试点范围，设计不同交易模式的监管流程，推动建立货物贸易与服务贸易、进口与出口的标准化监管流程 2. 建立负面清单监管制度。根据国家对进出境商品的有关管制措施，建立"网上交易管理"负面清单。设立各监管部门互评互认的"企业信用评价系统"和"个人信用系统"，对开展跨境电子商务业务的经营企业、支付机构实行信用评级，对相关监管场所经营人及个人进行信用评估，形成"公共信用管理"负面清单 3. 建立产品质量安全监控制度。建立和完善跨境电子商务产品检验检疫质量安全风险国家监测中心、检验检疫审批信息平台和检验检疫监管系统。对跨境电子商务企业及其产品实施信用管理及风险管理等措施。打造跨境电子商务质量安全示范区
2	宁波跨境电子商务综合试验区	创新跨境电商检验检疫监管模式。完善跨境电商入区检疫、区内监管、出区核查、后续监督的进口产品检验检疫监管模式，建立源头可追溯、过程可控制、流向可跟踪的风险监控机制。推进长三角检验检疫区域一体化，实现"出口直放、进口直通"。在"合格假定＋风险管理"的基础上，探索跨境电子商务出口产品以检疫监管为主的新模式
3	青岛跨境电子商务综合试验区	建立风险评估分析、预警及应急处置等机制。建立完善青岛市综合试验区跨境电子商务企业和商品交易风险评估分析、预警及应急处置等机制。对将执行的改革创新举措进行专业风险防控分析，有效控制防范风险。支持、鼓励构建以行业协会为中心的市场自治机制及惩处机制，防范和遏制走私、洗钱以及危害国家安全等违法行为
4	上海跨境电子商务综合试验区	创新海关监管模式。探索对跨境电子商务零售出口商品实行简化归类，推进清单申报通关模式，支持 B2B、B2C 等多种出口业务模式落地。进口按照"事前备案、集中申报、分批出区、汇总征税"实施监管。支持快件物流企业系统直接对接公共服务平台，实现"批量申报、实时传输"功能。对所有能够按照规定提供订单、支付、物流电子信息，并通过跨境电子商务公共服务平台进口符合清单要求的零售商品的，适用跨境电子商务零售进口税收政策

序号	名称	经验
5	广州跨境电子商务综合试验区	创新通关监管模式。加强通关系统信息化建设，研究推行涵盖企业备案、申报、征税、查验、放行、转关等环节的全程通关无纸化作业。探索适应B2B交易的电子信息向海关传输、申报的方式。推动落实跨境电子商务零售进口商品清单管理制度。建立适应跨境电子商务进出口的转关方式。规范跨境电子商务交易订单、支付单、物流单"三单"数据格式标准，探索"三单"电子信息的代理提供方式。推行"税款担保、集中纳税、代扣代缴"通关模式。创新退换货流程和管理制度，支持开展跨境电子商务进出口商品退换货业务。进一步完善跨境电子商务海关信息化管理的风险防控体系，研究建立与跨境电子商务相适应的企业信用管理、分类便捷通关、后续重点监管、预警监测评估等风险防控综合评判体制
6	深圳跨境电子商务综合试验区	1. 创新跨境电子商务海关监管模式。探索跨境电子商务通关全程无纸化监管，实现跨境电子商务企业-企业（B2B）以电子订单、运单、支付凭证替代传统的纸质合同与发票。推广"入区暂存"的监管措施，支持开展跨境电子商务出口货物存储、通关及退换货业务，探索跨境电子商务零售进出境商品实施批量转关操作。针对不涉证、不涉税的出口商品，探索按商品编码前四位归并申报。简化跨境电子商务进口流程，进口邮件可直航至深圳宝安国际机场，或从香港经陆路口岸进境，以直转转关和跨境快速通关模式进入深圳邮件监管场所。保税备货模式海空运输进境实施"先入区后报关"，公路运输进境实施"跨境快速通关+先入区后报关"。研究探索"直购理货进口"操作模式。探索适合跨境网购零售进出口形式的海关归类办法和清单申报通关及统计方式 2. 研究建立跨境电子商务检验检疫"放、管、治"三位一体监管制度。对跨境电子商务经营主体和商品的事前评估、入区申报、区内监管、出区核销、第三方检测、联合执法、事后追溯等实行闭环监督管理。实行口岸与保税区域一体化运作，采用"集检分出"监管模式，探索对生鲜类产品建立更为灵活便捷的进口检验检疫措施。对出入境电子商务产品实行清单管理，符合清单管理要求的产品可按跨境电子商务方式出入境。积极争取国家部委支持，在深圳综合试验区开展跨境电子商务小批量进口产品免于强制性认证检测工作，及授权开展进境动植物及其产品检疫审批等
7	郑州跨境电子商务综合试验区	创新跨境电子商务监管模式，推动建立货物贸易与服务贸易、进口与出口的标准化监管流程，支持B2B、B2C等不同种类业务模式的商品便捷通关。加快对邮政商业快件监管场所的验收，尽快批复其开办业务

续表

序号	名称	经验
8	厦门跨境电子商务综合试验区	创新通关监管模式。加快完善通关系统信息化建设，推行出口"简化申报、清单核放、汇总统计"，实现全程通关无纸化作业；简化归类在符合相关条件后，简化申报，对不涉及出口许可证管理且金额在人民币5000元以内的商品，以及HS编码不涉及出口征税、出口退税、许可证件管理，且单票价值在人民币5000元以内的跨境电子商务B2C出口商品，电子商务企业可以按照《进出口税则》4位税号申报码前4位归类，对B2C商品依据申报清单办理出口通关手续；实行"一地报关，多地放行"，缩减货物线上申报时间，简化核验手续；优化跨境电子商务B2B通关手续，推行加标"DS"标识，区分跨境电子商务B2B与一般贸易出口，形成涵盖企业备案、申报、征税、检验检疫、放行、转关、转检等各个环节的B2B监管流程，便利通关；进一步完善跨境电子商务关检信息化管理风险防控体系，研究建立与跨境电子商务相适应的企业信用管理、分类便捷通关、后续重点监管、预警监测评估、质量安全风险监控等风险防控综合评判机制
9	南京跨境电子商务综合试验区	优化B2C监管措施。推进跨境电商升级版通关系统应用，实行全程通关无纸化。对符合条件的跨境零售出口，落实"无票免税"税收政策，争取"清单核放、汇总统计"通关政策落地实施。加大第三方采信力度，对CNAS认证的境外第三方检验机构出具质量溯源证书的商品，给予进口绿色通道
10	义乌跨境电子商务综合试验区	监管模式创新。在安全监管、源头可溯、风险可控前提下，进一步优化跨境电子商务监管流程，提高跨境电子商务通关效率。推动实施跨境电子商务保税进口（1210）、直购进口（9610）等监管模式，探索开展"网购保税＋新零售""网购保税＋加工贸易""网购保税＋保税仓储""保税仓储＋跨境电子商务"等业务，实现跨境电子商务多元化发展。依托海关特殊监管区，大力发展高附加值保税加工业务。推进"义乌—迪拜"跨境电子商务直通仓建设，简化跨境电子商务食品、动植物及其产品等审批程序。开展跨境电子商务产品质量安全风险监测，建设跨境电子商务检验检疫产品质量安全风险国家监测中心金华分中心、义乌分中心

资料来源：杭州市、宁波市、青岛市、上海市、广州市、深圳市、郑州市、厦门市、南京市、义乌市10个跨境电子商务综合试验区建设实施方案。

根据表6-1中的内容，可以形成如图6-1所示的跨境电子商务综合试验区监管机制建设经验文字云图、如图6-2所示的词频云图和如表6-2所示的词频统计表。

图 6-1　监管机制建设经验文字云图

根据图 6-1 所示的文字云图，可以总结出杭州市、宁波市、青岛市、上海市、广州市、深圳市、郑州市、厦门市、南京市、义乌市 10 个跨境电子商务综合试验区在监管机制建设方面的经验。其共性特征表现为：探索跨境电子商务通关全程无纸化监管，推广"入区暂存"的监管措施，支持开展跨境电子商务出口货物存储、通关及退换货业务，探索跨境电子商务零售进出境商品实施批量转关操作，创新跨境电子商务海关监管模式。

图 6-2　监管机制建设经验词频云图

根据图 6-2 所示的词频云图和表 6-2 所示的词频统计表，可以看出跨境电子商务综合试验区在监管机制建设经验方面的核心关键词，主要包括：跨境（50 次）、电子商务（43 次）、监管（26 次）、通关（23 次）、模式（20 次）、建立（14 次）、进口（14 次）、申报（14 次）、风险（14 次）、出口（13 次）、检疫（13 次）、探索（11 次）、管理（11 次）、创新（10 次）。

表 6-2　监管机制建设经验词频统计表

关键词	次数/次	关键词	次数/次	关键词	次数/次	关键词	次数/次
跨境	50	实施	7	无纸化	4	第三方	3
电子商务	43	系统	7	网购	4	物流	3
监管	26	支持	7	全程	4	产品质量	3
通关	23	开展	7	进境	4	放行	3
模式	20	安全	6	信息化	4	符合	3
建立	14	机制	6	信用	4	备案	3
进口	14	产品	6	建设	4	及其	3
申报	14	评估	6	支付	4	审批	3
风险	14	完善	6	征税	4	按照	3
出口	13	研究	5	转关	4	分析	3
检疫	13	措施	5	推行	4	负面	3
探索	11	防控	5	预警	4	企业信用	3
管理	11	电商	5	质量	4	汇总	3
创新	10	实现	5	推进	4	平台	3
商品	10	国家	5	监测	3	统计	3
清单	10	方式	5	优化	3	报关	3
企业	9	进出口	4	出区	3	订单	3
检验	9	归类	4	后续	3	入区	3
保税	9	海关	4	体系	3	监管场所	3
流程	8	贸易	4	制度	3	退换货	3
零售	8	便捷	4	经营	3	深圳	3
业务	8	推动	4	手续	3	出口商品	3
实行	7	综合	4	进一步	3	—	—

第二节　创新海关监管模式

一、深圳跨境电子商务综合试验区

深圳跨境电子商务综合试验区创新跨境电子商务海关监管模式，主要包括：探索跨境电子商务通关全程无纸化监管，实现跨境电子商务企业－企业（B2B）以电子订单、运单、支付凭证替代传统的纸质合同与发票。推广"入区暂存"的监管措施，支持开展跨境电子商务出口货物存储、通关及退换货业务，探索跨境电子商务零售进出境商品实施批量转关操作。针对不涉证、不涉税的出口商品，探索按商品编码前四位归并申报。简化跨境电子商务进口流程，进口邮件可直航至深圳宝安国际机场，或从香港经陆路口岸进境以直转转关和跨境快速通关模式进入深圳邮件监管场所。保税备货模式海空运输进境实施"先入区后报关"，公路运输进境实施"跨境快速通关＋先入区后报关"。研究探索"直购理货进口"操作模式。探索适合跨境网购零售进出口形式的海关归类办法和清单申报通关及统计方式。

二、杭州跨境电子商务综合试验区

杭州跨境电子商务综合试验区全面推行便利化通关模式。对跨境电子商务实行"清单核放、集中纳税、代扣代缴"通关模式，并探索建立适应跨境电子商务业态发展的转关物流方式，研究推进跨境电子商务全国通关一体化。建立以检疫为主、进行基本风险分析及产品追溯的质量安全监管机制。加强关检合作，实现"一次申报、一次查验、一次放行"。

三、广州跨境电子商务综合试验区

广州跨境电子商务综合试验区创新通关监管模式。加强通关系统信息化建设，研究推行涵盖企业备案、申报、征税、查验、放行、转关等环节的全程通关无纸化作业。探索适应 B2B 交易的电子信息向海关传输、申报的方式。推动落实跨境电子商务零售进口商品清单管理制度。建立适应跨境电子商务进出口的转关方式。规范跨境电子商务交易订单、支付单、物流单"三单"数据格式标准，探索"三单"电子信息的代理提供方式。推行"税款担保、集中纳税、代扣代缴"通关模式。创新退换货流程和管理制度，支持开展跨境电子商务进出口商品退换货业务。进一步完善跨境电子商务海关信息化管理的风险防控体系，研究建立与跨境电子商务相适应的企业信用管理、分类便捷通关、后续重点监管、预警监测评估等风险防控综合评判体制。

四、郑州跨境电子商务综合试验区

郑州跨境电子商务综合试验区创新跨境电子商务监管模式，推动建立货物贸易与服务贸易、进口与出口的标准化监管流程，支持 B2B、B2C 等不同种类业务模式的商品便捷通关。加快对邮政商业快件监管场所的验收，尽快批复其开办业务。

五、上海跨境电子商务综合试验区

上海跨境电子商务综合试验区创新海关监管模式。探索对跨境电子商务零售出口商品实行简化归类，推进清单申报通关模式，支持 B2B、B2C 等多种出口业务模式落地。进口按照"事前备案、集中申报、分批出区、汇总征税"实施监管。支持快件物流企业系统直接对接公共服务平台，实现"批量申报、实时传输"功能。对所有能够按照规定提供订单、支付、物流电子信息，并通过跨境电子商务公共服务平台进口符合清单要求的零售商品的，适用跨境电子商务零售进口税收政策。

六、义乌跨境电子商务综合试验区

义乌跨境电子商务综合试验区监管模式创新主要包括：在安全监管、源头可溯、风险可控前提下，进一步优化跨境电子商务监管流程，提高跨境电子商务通关效率。推动实施跨境电子商务保税进口（1210）、直购进口（9610）等监管模式，探索开展"网购保税＋新零售""网购保税＋加工贸易""网购保税＋保税仓储""保税仓储＋跨境电子商务"等业务，实现跨境电子商务多元化发展。依托海关特殊监管区，大力发展高附加值保税加工业务。推进"义乌—迪拜"跨境电子商务直通仓建设，简化跨境电子商务食品、动植物及其产品等审批程序。开展跨境电子商务产品质量安全风险监测，建设跨境电子商务检验检疫产品质量安全风险国家监测中心金华分中心、义乌分中心。

七、厦门跨境电子商务综合试验区

厦门跨境电子商务综合试验区创新通关监管模式的主要措施有：加快完善通关系统信息化建设，推行出口"简化申报、清单核放、汇总统计"，实现全程通关无纸化作业；简化归类在符合相关条件后，简化申报，对不涉及出口许可证管理且金额在人民币 5000 元以内的商品，以及 HS 编码不涉及出口征税、出口退税、许可证件管理，且单票价值在人民币 5000 元以内的跨境电子商务 B2C 出口商品，电子商务企业可以按照《进出口税则》4 位税号申报码前 4 位归类，对 B2C 商品依据申报清单办理出口通关手续；实行"一地报关，多地放行"，缩减货物线上申报时间，简化核验手续；优化跨境电子商务 B2B 通关手续，推行加标"DS"标识，区分跨境电子商务 B2B 与一般贸易出口业务，形成涵盖企业备案、申报、征税、检验检疫、放行、转关、转检等环节的 B2B 监管流程，便利通关；进一步完善跨境电子商务关检信息化管理风险防控体系，研究建立与跨境电子商务相适应的企业信用管理、分类便捷通关、后续重点监管、预警监测评估、质量安全风险监控等风险防控综合评判机制。

第三节　创新检验检疫制度

一、深圳跨境电子商务综合试验区

深圳跨境电子商务综合试验区研究建立跨境电子商务检验检疫"放、管、治"三位一体监管制度。对跨境电子商务经营主体和商品的事前评估、入区申报、区内监管、出区核销、第三方检测、联合执法、事后追溯等实行闭环监督管理。实行口岸与保税区域一体化运作，采用"集检分出"监管模式，探索对生鲜类产品建立更为灵活便捷的进口检验检疫措施。对出入境电子商务产品实行清单管理，符合清单管理要求的产品可按跨境电子商务方式出入境。积极争取国家部委支持，在深圳综试区开展跨境电子商务小批量进口产品免于强制性认证检测工作，及授权开展进境动植物及其产品检疫审批等。

二、杭州跨境电子商务综合试验区

杭州跨境电子商务综合试验区建立产品质量安全监控制度。建立和完善跨境电子商务产品检验检疫质量安全风险国家监测中心、检验检疫审批信息平台和检验检疫监管系统。对跨境电子商务企业及其产品实施信用管理及风险管理等措施。打造跨境电子商务质量安全示范区。

第四节 创新负面清单监管和预警制度

一、杭州跨境电子商务综合试验区

杭州跨境电子商务综合试验区建立负面清单监管制度。根据国家对进出境商品的有关管制措施，建立"网上交易管理"负面清单。设立各监管部门互评互认的"企业信用评价系统"和"个人信用系统"，对开展跨境电子商务业务的经营企业、支付机构实行信用评级，对相关监管场所经营人及个人进行信用评估，形成"公共信用管理"负面清单。

二、青岛跨境电子商务综合试验区

青岛跨境电子商务综合试验区建立风险评估分析、预警及应急处置等机制。建立完善青岛综合试验区跨境电子商务企业和商品交易风险评估分析、预警及应急处置等机制。对将执行的改革创新举措进行专业风险防控分析，有效控制防范风险。支持、鼓励构建以行业协会为中心的市场自治机制及惩处机制，防范和遏制走私、洗钱以及危害国家安全等违法行为。

我国跨境电子商务
综合试验区发展模式、
经验和趋势

WOGUO KUAJING DIANZI SHANGWU
ZONGHE SHIYANQU FAZHAN MOSHI、
JINGYAN HE QUSHI

第七章　跨境电子商务税收
　　　　机制建设经验

第一节 建设的重要意义和经验综合分析

一、税收机制建设的重要意义

综合全国各地区的跨境电子商务税收机制，税收政策主要有以下内容：对综合试验区（简称综试区）电子商务出口企业出口未取得有效进货凭证的货物，电子商务出口企业在综试区注册，并在注册地跨境电子商务线上综合服务平台登记出口日期、货物名称、计量单位、数量、单价、金额，出口货物通过综试区所在地海关办理电子商务出口申报手续的，试行增值税、消费税免税政策。出口货物不属于财政部和税务总局根据国务院决定明确取消出口退（免）税的货物。海关总署定期将电子商务出口商品申报清单电子信息传输给税务总局。各综试区税务机关根据税务总局清分的出口商品申报清单电子信息加强出口货物免税管理。具体免税管理办法由省级税务部门商财政、商务部门制定。

二、税收机制建设经验综合分析

杭州市、宁波市、青岛市、上海市、广州市、深圳市、郑州市、厦门市、南京市、义乌市 10 个跨境电子商务综合试验区在税收建设方面的经验如表7-1所示。

表7-1　税收机制建设情况一览表

序号	名称	经验
1	杭州跨境电子商务综合试验区	探索税收管理规范化便利化。对纳入综合试验区"单一窗口"平台监管的跨境电子商务零售出口的货物，出口企业未取得合法有效的进货凭证，在平台登记销方名称和纳税人识别号、销售日期、货物名称、计量单位、数量、单价、总金额等进货信息的，可在2016年底以前暂执行免征增值税的政策。探索便利化退税管理模式，推行出口退税"无纸化管理"，简化流程，便利办税。发挥保税区功能，鼓励采用保税备货方式，降低运营成本
2	宁波跨境电子商务综合试验区	1. 依法认定跨境电子商务企业出口退（免）税管理类别。对纳入综合试验区"单一窗口"平台的外贸综合服务企业，被评定为一类或二类的，可先使用增值税专用发票认证系统信息审核办理出口退（免）税，之后再用稽核信息进行复核。2. 探索"无票免税"政策。对综合试验区电子商务企业通过宁波国际邮件互换局（交换站）出口零售货物，无法取得相关进货凭证的，争取适用增值税免税政策
3	青岛跨境电子商务综合试验区	对综试区企业建立绿色退税通道，在退税计划内优先退税，根据企业申请可实行一月两次以上退税。推进"退税无纸化申报"进程，减少企业申报单证资料，加快出口退税进度，降低企业税收成本。争取财政部、国家税务总局同意，对无法取得合法有效进项凭证的出口货物适用免税政策
4	上海跨境电子商务综合试验区	创新税收征管模式。推进跨境电子商务企业退税办理无纸化，实现无纸化退库。支持跨境电子商务企业通过上海"国际贸易单一窗口"开展在线数据退税申报等相关业务
5	广州跨境电子商务综合试验区	完善财税政策。加大对跨境电子商务平台建设、国内仓租、租建海外仓、通关报检、园区建设等方面的政策扶持力度。积极争取跨境电子商务零售出口免征增值税、消费税政策（国家明确不予出口退（免）税的货物除外），争取国家部委支持，对无法取得合法有效进项凭证的出口货物适用免税政策。实行出口退（免）税无纸化管理，简化退税手续。积极争取对电子商务零售出口货物试行按商品大类设置综合退税率的办法，方便跨境电子商务企业申报退税。进一步优化出口退税服务，对出口企业按出口退（免）税企业分类管理办法实行差别化管理

序号	名称	经验
6	深圳跨境电子商务综合试验区	完善跨境电子商务企业出口退税类别管理。对纳入跨境电子商务通关服务平台、且被评为一类或二类出口企业的跨境电子商务出口企业、外贸综合服务企业，可使用增值税专用发票认证系统信息审核办理退税。出口退税实行"无纸化管理"，对纳入跨境电子商务通关服务平台且注册地属于试行无纸化区域的出口企业，实现申报、证明办理、审核审批、退库等出口退（免）税业务无纸化操作。探索出口免征增值税管理措施。积极争取国家部委支持，对无法取得合法有效进项凭证的出口货物适用免税政策
7	郑州跨境电子商务综合试验区	争取税务总局支持，对纳入"单一窗口"综合服务平台监管的、无法取得合法有效进货凭证的跨境电子商务零售出口货物，适用暂免征增值税政策
8	厦门跨境电子商务综合试验区	提升出口退税效率。对被评定为一类或二类出口企业，可使用增值税专用发票认证系统信息审核办理退税；规范B2C出口企业所得税管理，对达不到查账征收的企业，可采取核定征收；积极争取市场采购政策，支持在福建省有条件地区开展市场采购贸易试点，享受市场采购出口货物免征增值税政策，不实行免税资料备查管理和备案单证管理
9	南京跨境电子商务综合试验区	优化跨境贸易营商环境。在全国率先试点海关库银横向联网和税单无纸化改革，实现从申报到提货全程无纸化和自动放行。优化作业流程，报检报关同步"并联"申报，进一步压缩口岸整体通关时间。实行区港联动、快速分拨，加强一线口岸与综保区联动，实现一线进境货物"先进区、后报关"、放行货物"先出区、后报关"。优化进口关税担保服务，扩大海关"汇总征税"受惠范围，创新"银关保"和关税保证保险等进口关税担保模式，降低关税保函融资门槛和成本。积极复制自贸试验区贸易便利化各项创新措施
10	义乌跨境电子商务综合试验区	税收管理创新。对跨境电子商务企业出口未取得有效货凭证的货物，试行增值税、消费税免税政策，并争取实施所得税无票采购部分成本所得税税前扣除政策。跨境电子商务企业出口从小规模纳税人购进的货物，凭取得的增值税专用发票，按照增值税专用发票上的税率和出口货物退税率就低的原则，办理增值税退（免）税。简化退（免）税办理流程，推动实现跨境电子商务企业退（免）税申报数字化。依托综试区线上综合服务平台，以具有真实交易背景的信息流、资金流、货物流数据为基础，创新适应跨境电子商务小金额、小批量、多批次、短周期、碎片化特点的税收管理政策

资料来源：杭州市、宁波市、青岛市、上海市、广州市、深圳市、郑州市、厦门市、南京市、义乌市10个跨境电子商务综合试验区建设实施方案。

根据表 7-1 中的内容，可以形成如图 7-1 所示的跨境电子商务综合试验区税收机制建设经验文字云图，以及如图 7-2 所示的词频云图和如表 7-2 所示的词频统计表。

图 7-1 税收机制建设经验文字云图

根据图 7-1 所示的文字云图，可以总结出杭州市、宁波市、青岛市、上海市、广州市、深圳市、郑州市、厦门市、南京市、义乌市 10 个等跨境电子商务综合试验区在税收机制建设方面的经验。其共性特征表现为：出口退税实行"无纸化管理"，简化流程，便利办税；报检报关同步"并联"申报，进一步压缩口岸整理通关时间；完善跨境电子商务企业出口退税类别管理，探索税收管理规范化便利化。

根据图 7-2 所示的词频云图和表 7-2 所示的词频统计表，可以看出跨境电子商务综合试验区在税收机制建设经验方面的核心关键词，主要包括：出口（32 次）、企业（24 次）、电子商务（18 次）、退税（18 次）、跨境（17 次）、货物（16 次）、政策（15 次）、增值税（13 次）、管理（10 次）、无纸化（10 次）等。

图 7-2　税收机制建设经验词频云图

表 7-2　税收机制建设经验词频统计表

关键词	次数/次	关键词	次数/次	关键词	次数/次	关键词	次数/次
出口	32	有效	6	通关	4	贸易	3
企业	24	实行	6	服务平台	4	进项	3
电子商务	18	适用	5	优化	4	试行	3
退税	18	争取	5	积极争取	4	一类	3
跨境	17	支持	5	成本	4	二类	3
货物	16	实现	5	审核	4	认证	3
政策	15	无法	5	探索	4	系统	3
增值税	13	免征	5	服务	4	使用	3
管理	10	合法	5	试验区	4	流程	3
无纸化	10	进货	5	单一	4	所得税	3
综合	8	平台	5	窗口	4	国家	3
取得	8	创新	5	采购	4	简化	3
申报	8	纳入	5	降低	3	市场	3
办理	7	专用发票	5	税收管理	3	—	—
免税	7	零售	5	报关	3	—	—
凭证	7	信息	5	便利化	3	—	—

第二节　完善税收政策

一、深圳跨境电子商务综合试验区

深圳跨境电子商务综合试验区积极完善跨境电子商务企业出口退税类别管理。对纳入跨境电子商务通关服务平台、且被评为一类或二类出口企业的跨境电子商务出口企业、外贸综合服务企业，可使用增值税专用发票认证系统信息审核办理退税。出口退税实行"无纸化管理"，对纳入跨境电子商务通关服务平台且注册地属于试行无纸化区域的出口企业，实现申报、证明办理、审核审批、退库等出口退（免）税业务无纸化操作。探索出口免征增值税管理措施。积极争取国家部委支持，对无法取得合法有效进项凭证的出口货物适用免税政策。

二、杭州跨境电子商务综合试验区

杭州跨境电子商务综合试验区探索税收管理规范化便利化。对纳入综合试验区"单一窗口"平台监管的跨境电子商务零售出口的货物，出口企业未取得合法有效的进货凭证，在平台登记销售方名称和纳税人识别号、销售日期、货物名称、计量单位、数量、单价、总金额等进货信息的，可在2016年底以前暂执行免征增值税的政策。探索便利化退税管理模式，推行出口退税"无纸化管理"，简化流程，便利办税。发挥保税区功能，鼓励采用保税备货方式，降低运营成本。

三、广州跨境电子商务综合试验区

广州跨境电子商务综合试验区完善财税政策，主要包括：加大对跨境电子商务平台建设、国内仓租、租建海外仓、通关报检、园区建设等方面的政策扶持力度。积极争取跨境电子商务零售出口免征增值税、消费税政策（国家明确不予出口退（免）税的货物除外），争取国家部委支持，对无法取得合法有效进项凭证的出口货物适用免税政策。实行出口退（免）税无纸化管理，简化退税手续。积极争取对电子商务零售出口货物试行按商品大类设置综合退税率的办法，方便跨境电子商务企业申报退税。进一步优化出口退税服务，对出口企业按出口退（免）税企业分类管理办法实行差别化管理。

第三节　优化营商环境

一、郑州跨境电子商务综合试验区

郑州跨境电子商务综合试验区争取税务总局支持，对纳入"单一窗口"综合服务平台监管的、无法取得合法有效进货凭证的跨境电子商务零售出口货物，适用暂免征增值税政策。

二、南京跨境电子商务综合试验区

南京跨境电子商务综合试验区优化跨境贸易营商环境。在全国率先试点财关库银横向联网和税单无纸化改革，实现从申报到提货全程无纸化和自动放行。优化作业流程，报检报关同步"并联"申报，进一步压缩口岸整体通关时间。实行区港联动、快速分拨，加强一线口岸与综保区联动，实现一线进境货物"先进区、后报关"、放行货物"先出区、后报关"。优化进口关税担保服务，扩大海关"汇总征税"受惠范围，创新"银关保"和关税保证保险等进口关税担保模式，降低关税保函融资门槛和成本。积极复制自贸试验区贸易便利化各项创新措施。

三、青岛跨境电子商务综合试验区

青岛跨境电子商务综合试验区对综试区企业建立绿色退税通道，在退税计划内优先退税，根据企业申请可实行一月两次以上退税。推进"退税无纸化申报"进程，减少企业申报单证资料，加快出口退税进度，降低企业税收成本。争取财政部、国家税务总局同意，对无法取得合法有效进项凭证的出口货物适用免税政策。

第四节 创新征收征管模式

一、上海跨境电子商务综合试验区

上海跨境电子商务综合试验区创新税收征管模式。推进跨境电子商务企业退税办理无纸化，实现无纸化退库。支持跨境电子商务企业通过上海"国际贸易单一窗口"开展在线数据退税申报等相关业务。

二、宁波跨境电子商务综合试验区

宁波跨境电子商务综合试验区依法认定跨境电子商务企业出口退（免）税管理类别。对纳入综合试验区"单一窗口"平台的外贸综合服务企业，被评定为一类或二类的，可先使用增值税专用发票认证系统信息审核办理出口退（免）税，之后再用稽核信息进行复核。

此外，宁波跨境电子商务综合试验区还积极探索"无票免税"政策。对综合试验区电子商务企业通过宁波国际邮件互换局（交换站）出口零售货物，无法取得相关进货凭证的，争取适用增值税免税政策。

三、义乌跨境电子商务综合试验区

义乌跨境电子商务综合试验区创新税收管理。对跨境电子商务企业出口未取得有效进货凭证的货物，试行增值税、消费税免税政策，并争取实施所得税无票采购部分成本所得税税前扣除政策。跨境电子商务企业出口从小规模纳税人购进的货物，凭取得的增值税专用发票，按照增值税专用发票上的税率和出口货物退税率孰低的原则，办理增值税退（免）税。简化退（免）税办理流程，推动实现跨境电子商务企业退（免）税申报数字化。依托综试区线上综合服务平台，以具有真实交易背景的信息流、资金流、货物流数据为基础，创新适应跨境电子商务小金额、小批量、多批次、短周期、碎片化特点的税收管理政策。

四、厦门跨境电子商务综合试验区

厦门跨境电子商务综合试验区提升出口退税效率。对被评定为一类或二类出口企业，可使用增值税专用发票认证系统信息审核办理退税；规范B2C出口企业所得税管理，对达不到查账征收的企业可采取核定征收；积极争取市场采购政策，支持在福建省有条件地区开展市场采购贸易试点，享受市场采购出口货物免征增值税政策，不实行免税资料备查管理和备案单证管理。

我国跨境电子商务综合试验区发展模式、经验和趋势

WOGUO KUAJING DIANZI SHANGWU
ZONGHE SHIYANQU FAZHAN MOSHI、
JINGYAN HE QUSHI

第八章　跨境电子商务金融服务机制建设经验

第一节 建设的重要意义和经验综合分析

一、金融服务机制建设的重要意义

金融服务方面的创新是我国跨境电子商务综合试验区建设中非常重要的环节，是实现跨境电子商务自由化和便利化发展的重要手段。跨境电子商务产业的蓬勃发展，对跨境支付、外贸融资、外汇管理等金融服务提出了新的要求。杭州市、广州市、郑州市、宁波市、上海市、青岛市、厦门市的跨境电子商务综合试验区等积极构建新的金融服务体系，为综试区发展提供金融便利。金融机构与跨境电商第三方支付机构、综合性服务企业之间，积极开展规范性、创新性的合作，为跨境电商交易提供"一站式"（包括在线支付结算、在线保险、在线融资等）的金融服务。此外，杭州市、义乌市、青岛市的跨境电子商务综合试验区等在简化外汇结算账户开设程序、探索发展供应链金融、创新跨境电子商务金融保险信用服务等方面，制订了非常细致的改革措施。例如，杭州市、义乌市综合试验区等规定：境内个人电商，主要指从事跨境电子商务的个体工商户以及个人对外贸易经营者，在综合服务平台进行详细备案后，可以开设一个外汇结算账户，方便其在线上银行独立办理跨境业务的收支活动，并且不会受等值5万美元的个人年度结售汇额度的限制等。这些金融利好政策极大地刺激了小微型企业以及个人网商创业的快速发展。

二、金融服务机制建设经验综合分析

杭州市、宁波市、青岛市、上海市、广州市、深圳市、郑州市、厦门市、南京市、义乌市10个跨境电子商务综合试验区在金融服务机制建设方面的经验如表8-1所示。

表8-1 金融服务机制建设情况一览表

序号	名称	经验
1	杭州跨境电子商务综合试验区	建立金融服务体系。鼓励金融机构、第三方支付机构、第三方电子商务平台、外贸综合服务企业之间规范开展合作，利用跨境电子商务信息可查寻、可追溯的特点，为具有真实交易背景的跨境电子商务交易提供在线支付结算、在线融资、在线保险等完备便捷、风险可控的"一站式"金融服务
2	宁波跨境电子商务综合试验区	1. 改善跨境电子商务融资信贷环境。鼓励政策性银行、商业银行和其他金融机构基于企业信用、货物流转、资金收付等电子资料，在风险可控的前提下，探索投贷结合、动产质押、订单授信、大数据信用融资等业务模式，拓展跨境电子商务融资渠道 2. 创新跨境电子商务金融服务产品。鼓励商业银行与跨境电子商务开展多元化金融合作，结合跨境电子商务企业的业务特点与资金需求，完善线上融资、担保、保险等金融产品和服务，提升金融服务质量和效率
3	青岛跨境电子商务综合试验区	探索创新线上金融服务。鼓励金融机构与跨境电子商务综合服务平台加强合作，规范开展现货质押、供应链和订单融资、商业保理、私募股权投资等金融服务，建立健全押品登记和管理制度。积极探索发展供应链金融，为小微企业和网商个人创业提供在线金融产品和服务。充分利用中韩金融五项合作的机遇，提升对韩跨境电子商务的金融便利性。发挥保险业避险和"护航"作用，与保险监管部门共同推动相关保险机构发挥政策性出口信用保险作用。创新跨境电子商务金融保险信用服务，扩大电子商务出口信用保险覆盖面，鼓励保险机构创新研发适应跨境电子商务的新险种，开展跨境电子商务出口信用保险保单融资。支持综试区跨境电子商务企业赴全国股转系统、齐鲁股权交易中心、蓝海股权交易中心挂牌融资
4	上海跨境电子商务综合试验区	探索综合金融服务。鼓励跨境电子商务相关金融服务创新，利用跨境电子商务信息为具有真实交易背景的跨境电子商务交易提供在线支付结算、在线融资、在线保险等金融服务

119

序号	名称	经验
5	广州跨境电子商务综合试验区	创新金融服务。支持第三方支付机构参与跨境外汇支付试点。便利第三方支付机构和银行金融机构为跨境电子商务企业和个人办理跨境外汇支付和结售汇业务。探索将第三方支付机构跨境支付、结算业务范围拓展至进出口及B2B、B2C、C2C等交易形态。借鉴货物贸易外汇管理办法，对广州综试区的跨境电子商务企业实施分类监管。便利个人贸易项下外汇资金结算，鼓励从事跨境电子商务的个人开立个人外汇结算账户，直接在银行办理跨境电子商务涉及的外汇收支。推动人民币作为广州综试区与港澳地区及国外开展跨境电子商务业务计价、结算的主要货币。研究适时允许跨境电子商务企业在一定范围内进行跨境人民币融资。鼓励第三方电子商务平台、支付机构、外贸综合服务企业、银行机构等开展多方合作。扩大跨境电子商务企业出口信用保险保单融资，积极探索供应链金融等形式。支持银行金融机构与取得互联网支付业务许可的支付机构为外贸企业和个人跨境交易提供人民币结算服务，推动技术成熟和管理完善的支付机构参与跨境外汇支付业务试点，为跨境电子商务资金结算提供支持
6	深圳跨境电子商务综合试验区	推动跨境人民币支付结算。鼓励跨境电子商务企业使用人民币计价结算，支持银行金融机构与支付机构开展业务合作，丰富电子商务跨境人民币业务产品。提高外汇资金结算效率，为跨境电子商务提供优质跨境外汇结算服务。鼓励银行主动探索"线上"结算，支持银行与电子商务交易平台和公共信息平台的互联互通，开展跨境电子商务跨境收支结算。推进跨境电子商务外汇支付业务试点，支持更多符合条件的支付机构参与试点，不断扩大试点业务范围和业务模式。允许符合条件的个人开立外汇结算账户，直接在银行办理涉及跨境电子商务的外汇收支及结售汇
7	郑州跨境电子商务综合试验区	建设跨境电子商务金融服务体系。发展跨境电子商务金融创新业务，鼓励金融机构、第三方支付机构、第三方电商平台、外贸综合服务企业之间开展合作，为跨境电子商务交易提供在线支付结算、在线融资、在线保险、在线退税等完备便捷、风险可控的一站式金融服务。鼓励在跨境电子商务活动中使用人民币计价结算，支持银行业金融机构与第三方支付机构创新电子商务跨境人民币业务产品，为跨境电子商务企业提供优质支付和跨境人民币结算服务

序号	名称	经验
8	厦门跨境电子商务综合试验区	鼓励创新金融服务产品。支持有资质的银行、支付机构、第三方电子商务平台和外贸综合服务企业，规范推出互联网支付产品和服务创新，发挥中信保、外贸公司、商业银行、综合服务平台的优势，为跨境电子商务企业提供融资、保险、本币跨境结算、结售汇等配套金融服务；鼓励福建中信保、外贸公司与eBay、Amazon等第三方交易平台开展数据对接，探索"电商卖家＋中信保＋外贸公司"合作模式，助力跨境电子商务企业做大B2B出口规模；支持专业供应链金融企业落地福建，营造金融服务创新环境，为福建省跨境电子商务企业提供金融服务；扩大"助保贷"覆盖范围，推动政府与银行合作的"助保贷"项目向跨境电子商务中小企业开放，探索形成政府、外贸公司、信用保险、金融机构共同支持的金融服务生态
9	南京跨境电子商务综合试验区	加大金融支持力度。鼓励天使投资基金、海内外风投公司等支持优质项目。引导金融机构与跨境电子商务平台合作，开展供应链金融、商业保理等服务，推进线上融资方式及担保方式创新，开展双向资金池业务。建立完善统保平台，扩大出口信用保险融资规模，支持保险机构为跨境电子商务企业提供信用保险服务，加强银保合作，创新融资服务
10	义乌跨境电子商务综合试验区	金融服务创新。支持开展跨境支付业务试点，鼓励银行与第三方支付机构合作开展跨境电子商务支付业务，支持开展货物贸易"企业—企业"（B2B）网上支付。简化外汇结算账户开设程序，境内个人电商（从事跨境电子商务交易的个人对外贸易经营者或个体工商户）在线上综合服务平台备案后可以开设外汇结算账户，允许其在银行线上办理个人贸易跨境收支结算业务，不受个人年度等值5万美元结售汇总额限制。委托外贸综合服务平台出口的跨境电子商务企业，经线上综合服务平台备案后，在银行、外贸综合服务企业、跨境电子商务企业明确权利义务基础上，允许外贸综合服务企业、跨境电子商务企业开展关联主子账户业务，拓展资金结算渠道。推进跨境电子商务结算创新，综试区线上综合服务平台与银行实现数据互联互通以后，可按"展业三原则"开展跨境电子商务支付结算业务，满足境内外企业和个人跨境电子商务支付需要。简化跨境电子商务企业和个人名录登记手续，通过线上综合服务平台进行企业名录登记。利用第三方支付机构数据集成优势，探索建立跨境电子商务结算体系。支持义乌市通过股权合作等方式争取第三方支付机构牌照、跨境支付牌照。鼓励银行针对跨境电子商务企业开发金融新产品，为跨境电子商务健康发展提供金融服务

资料来源：杭州市、宁波市、青岛市、上海市、广州市、深圳市、郑州市、厦门市、南京市、义乌市10个跨境电子商务综合试验区建设实施方案。

根据表 8-1 中的内容，可以形成如图 8-1 所示的跨境电子商务综合试验区金融服务机制建设经验文字云图，以及如图 8-2 所示的词频云图和如表 8-2 所示的词频统计表。

图 8-1　金融服务机制建设经验文字云图

根据图 8-1 所示的文字云图，可以总结出杭州市、宁波市、青岛市、上海市、广州市、深圳市、郑州市、厦门市、南京市、义乌市 10 个跨境电子商务综合试验区在金融服务机制建设方面的经验。其共性特征表现为：鼓励银行主动探索"线上"结算，推动跨境人民币支付结算，丰富电子商务跨境人民币业务产品，支持银行金融机构与支付机构开展业务合作，提高外汇资金结算效率，不断扩大试点业务范围和业务模式，创新金融服务，加大金融支持力度，建立金融服务体系。

根据图 8-2 所示的词频云图和表 8-2 所示的词频统计表，可以看出跨境电子商务综合试验区在金融服务机制建设经验方面的核心关键词，主要包括：跨境（68 次）、电子商务（51 次）、支付（32 次）、企业（28 次）、结算（26 次）、金融服务（19 次）、鼓励（17 次）、支持（17 次）、业务（17 次）、服务（16 次）、融资（16 次）、开展（16 次）、银行（16 次）、机构（16 次）等。

图 8-2　金融服务机制建设经验词频云图

表 8-2　金融服务机制建设经验词频统计表

关键词	次数/次	关键词	次数/次	关键词	次数/次	关键词	次数/次
跨境	68	合作	13	线上	6	扩大	3
电子商务	51	个人	13	出口	6	可控	3
支付	32	保险	13	试点	6	发挥	3
企业	28	外汇	12	推动	5	风险	3
结算	26	金融	12	供应链	5	完善	3
金融服务	19	提供	12	账户	5	中信	3
鼓励	17	在线	12	资金	5	发展	3
支持	17	电商	11	外贸公司	4	保险机构	3
业务	17	金融机构	10	结售汇	4	方式	3
服务	16	人民币	9	股权	4	优质	3
融资	16	信用	9	办理	4	模式	3
开展	16	探索	8	允许	4	参与	3
银行	16	交易	8	数据	4	利用	3
机构	16	产品	8	收支	4	规范	3
创新	15	服务平台	7	拓展	3	计价	3
第三方	14	平台	7	综试区	3	推进	3
综合	14	外贸	7	商业银行	3	体系	3

第二节　推动跨境人民币结算

推进跨境电子商务外汇支付业务试点，支持更多符合条件的支付机构参与试点，为跨境电子商务提供优质跨境外汇结算服务。鼓励金融机构与跨境电子商务综合服务平台加强合作，规范开展现货质押、供应链和订单融资、商业保理、私募股权投资等金融服务，建立健全押品登记和管理制度。建立跨境人民币结算大数据平台，为跨境电子商务企业提供包括全球推广、跨境支付、互联网金融服务、智能物流等在内的便利化服务，为政府的有效监管及跨境电子商务发展提供参考数据。

深圳跨境电子商务综合试验区积极推动跨境人民币支付结算。鼓励跨境电子商务企业使用人民币计价结算，支持银行金融机构与支付机构开展业务合作，丰富电子商务跨境人民币业务产品。提高外汇资金结算效率，为跨境电子商务提供优质跨境外汇结算服务。鼓励银行主动探索"线上"结算，支持银行与电子商务交易平台和公共信息平台的互联互通，开展跨境电子商务跨境收支结算。推进跨境电子商务外汇支付业务试点，支持更多符合条件的支付机构参与试点，不断扩大试点业务范围和业务模式。允许符合条件的个人开立外汇结算账户，直接在银行办理涉及跨境电子商务的外汇收支及结售汇。

第三节　建立金融服务体系

第三方支付机构能为其提供一体化服务，全程参与跨境交易的各环节，从商品展示、贸易撮合到在线签约、拟定电子单证、资金托管再到支付结算、通关交付以及出口退税。第三方支付不但实现了无纸纯电子化交易,而且缩短了交易周期,提高了支付结算效率,因而便捷促进了跨境交易。

一、杭州跨境电子商务综合试验区

杭州跨境电子商务综合试验区探索建立金融服务体系。鼓励金融机构、第三方支付机构、第三方电子商务平台、外贸综合服务企业之间规范开展合作,利用跨境电子商务信息可查寻、可追溯的特点,为具有真实交易背景的跨境电子商务交易提供在线支付结算、在线融资、在线保险等完备便捷、风险可控的"一站式"金融服务。

二、郑州跨境电子商务综合试验区

郑州跨境电子商务综合试验区建设跨境电子商务金融服务体系。发展跨境电子商务金融创新业务,鼓励金融机构、第三方支付机构、第三方电商平台、外贸综合服务企业之间开展合作,为跨境电子商务交易提供在线支付结算、在线融资、在线保险、在线退税等完备便捷、风险可控的一站式金融服务;鼓励在跨境电子商务活动中使用人民币计价结算,支持银行业金融机构与第三方支付机构创新电子商务跨境人民币业务产品,为跨境电子商务企业提供优质支付和跨境人民币结算服务。

三、上海跨境电子商务综合试验区

上海跨境电子商务综合试验区探索综合金融服务。鼓励跨境电子商务相关金融服务创新,利用跨境电子商务信息为具有真实交易背景的跨境电子商务交易提供在线支付结算、在线融资、在线保险等金融服务。

第四节　创新金融服务

　　鼓励金融机构、第三方支付机构、第三方电商平台、外贸综合服务企业之间开展合作，为跨境电子商务交易提供在线支付结算、在线融资、在线保险、在线退税等完备便捷、风险可控的一站式金融服务。

一、广州跨境电子商务综合试验区

　　广州跨境电子商务综合试验区创新金融服务。支持第三方支付机构参与跨境外汇支付试点。便利第三方支付机构和银行金融机构为跨境电子商务企业和个人办理跨境外汇支付和结售汇业务。探索将第三方支付机构跨境支付、结算业务范围拓展至进出口及 B2B、B2C、C2C 等交易形态。借鉴货物贸易外汇管理办法，对广州综试区的跨境电子商务企业实施分类监管。便利个人贸易项下外汇资金结算，鼓励从事跨境电子商务的个人开立个人外汇结算账户，直接在银行办理跨境电子商务涉及的外汇收支。推动人民币作为广州综试区与港澳地区及国外开展跨境电子商务业务计价结算的主要货币。研究适时允许跨境电子商务企业在一定范围内进行跨境人民币融资。鼓励第三方电子商务平台、支付机构、外贸综合服务企业、银行机构等开展多方合作。扩大跨境电子商务企业出口信用保险保单融资，积极探索供应链金融等形式。支持银行金融机构与取得互联网支付业务许可的支付机构为外贸企业和个人跨境交易提供人民币结算服务，推动技术成熟和管理完善的支付机构参与跨境外汇支付业务试点，为跨境电子商务资金结算提供支持。

二、青岛跨境电子商务综合试验区

青岛跨境电子商务综合试验区探索创新线上金融服务。鼓励金融机构与跨境电子商务综合服务平台加强合作，规范开展现货质押、供应链和订单融资、商业保理、私募股权投资等金融服务，建立健全押品登记和管理制度。积极探索发展供应链金融，为小微企业和网商个人创业提供在线金融产品和服务。充分利用中韩金融五项合作的机遇，提升对韩跨境电子商务的金融便利性。发挥保险业避险和"护航"作用，与保险监管部门共同推动相关保险机构发挥政策性出口信用保险作用。创新跨境电子商务金融保险信用服务，扩大电子商务出口信用保险覆盖面，鼓励保险机构创新研发适应跨境电子商务的新险种，开展跨境电子商务出口信用保险保单融资。支持综试区跨境电商企业赴全国股转系统、齐鲁股权交易中心、蓝海股权交易中心挂牌融资。

三、义乌跨境电子商务综合试验区

义乌跨境电子商务综合试验区金融服务创新。支持开展跨境支付业务试点，鼓励银行与第三方支付机构合作开展跨境电子商务支付业务，支持开展货物贸易"企业—企业"（B2B）网上支付。简化外汇结算账户开设程序，境内个人电商（从事跨境电子商务交易的个人对外贸易经营者或个体工商户）在线上综合服务平台备案后可以开设外汇结算账户，允许其在银行线上办理个人贸易跨境收支结算业务，不受个人年度等值 5 万美元结售汇总额限制。委托外贸综合服务平台出口的跨境电子商务企业，经线上综合服务平台备案后，在银行、外贸综合服务企业、跨境电子商务企业明确权利义务基础上，允许外贸综合服务企业、跨境电子商务企业开展关联主子账户业务，拓展资金结算渠道。推进跨境电子商务结算创新，综试区线上综合服务平台与银行实现数据互联互通以后，可按"展业三原则"开展跨境电子商务支付结算业务，满足境内外企业和个人跨境电子商务支付需要。简化跨境电子商务企业和个人名录登记手续，通过线上综合服务平台进行企业名录登记。利用第三方支付机构数据集成优势，探索建立跨境电子商务结算体系。支持义乌市通过股权合作等方式争取第三方支付机构牌照、跨境支付牌照。鼓励银行针对跨境电子商务企业开发金融新产品，为跨境电子商务健康发展提供金融服务。

四、厦门跨境电子商务综合试验区

厦门跨境电子商务综合试验区鼓励创新金融服务产品。主要措施包括：支持有资质的银行、支付机构、第三方电子商务平台和外贸综合服务企业，规范推出互联网支付产品和服务创新，发挥中信保、外贸公司、商业银行、综合服务平台的优势，为跨境电子商务企业提供融资、保险、本币跨境结算、结售汇等配套金融服务；鼓励福建中信保、外贸公司与 eBay、Amazon 等第三方交易平台开展数据对接，探索"电商卖家＋中信保＋外贸公司"合作模式，助力跨境电子商务企业做大 B2B 出口规模；支持专业供应链金融企业落地福建，营造金融服务创新环境，为福建省跨境电子商务企业提供金融服务；扩大"助保贷"覆盖范围，推动政府与银行合作的"助保贷"项目向跨境电子商务中小企业开放，探索形成政府、外贸公司、信用保险、金融机构共同支持的金融服务生态。

我国跨境电子商务综合试验区发展模式、经验和趋势

WOGUO KUAJING DIANZI SHANGWU

ZONGHE SHIYANQU FAZHAN MOSHI、

JINGYAN HE QUSHI

第九章　跨境电子商务智能物流体系建设经验

第一节　建设的重要意义和经验综合分析

一、智能物流体系建设重要意义

物流体系的建设和顺畅运行是跨境电子商务综合试验区发展的主动脉，物流、报关、退税等服务体系建设是制约和影响跨境电商发展的核心因素。本书所述的 10 个跨境电子商务综合试验区在建设智能物流体系方面的做法主要包括：一是充分利用大数据、云计算、物联网等新技术，构建了一套互联互通、信息共享的智能物流信息系统，使得物流仓储网络系统衔接有序、运行畅通，物流运营服务系统品质优、效率高，整个物流运作流程实现了标准化、规范化发展，保障了跨境电子商务进出口业务中，国内外运输组织合作之间的无缝衔接以及运输资源整合方面的高效化和科学化，形成了一套质优效高、功能齐全、布局合理的跨境物流智慧服务体系。代表性综合试验区包括：杭州、郑州跨境电子商务综合试验区等。二是积极推动了跨境电商与供应链的深度融合，支持供应链企业充分整合境外海外仓、境内报税功能仓的资源，探索建立外贸供应链系统标准体系，为跨境电子商务提供智能化、全方位的服务，代表性综合试验区包括：义乌、深圳、南京、广州跨境电子商务综合试验区等。

2021 年 12 月 31 日，在国新办举行的新闻发布会上，商务部对外贸易司司长李兴乾表示，海外仓是跨境电商重要的境外节点，是新型的外贸基础设施，也是带动外贸高质量发展的重要平台。近年来，商务部坚持政府引导、企业为主、市场运作，会同有关部门和地方，推动海外仓快速发展。目前，我国海外仓的数量已经超过了 2000 个，总面积超过了 1600 万平方米。2022 年，商务部将从五项政策举措入手，促进海外仓的高质量发展，主要包括：一是鼓励传统外贸企业、跨境电商企业、物流企业共同参与海外仓的建设，力争培育一批特色鲜明、功能先进的海外仓；二是加快已经立项标准的制定工作，推动新制定一批国家、行业与团体标准；三是编制重点国别海外仓建设指南，为企业建设海外仓提供指引。

二、智能物流体系建设经验综合分析

杭州市、宁波市、青岛市、上海市、广州市、深圳市、郑州市、厦门市、南京市、义乌市 10 个跨境电子商务综合试验区在智能物流服务体系建设方面的经验，如表9-1所示。

表9-1　智能物流体系建设情况一览表

序号	名称	经验
1	杭州跨境电子商务综合试验区	建立智能物流体系。运用云计算、物联网、大数据等技术，充分利用现有物流公共信息平台，构建互联互通的物流智能信息系统、衔接顺畅的物流仓储网络系统、优质高效的物流运营服务系统等，实现物流供应链全程可验可测可控，探索建立高品质、标准化、规范化的跨境电子商务物流运作流程，形成布局合理、层次分明、衔接顺畅、功能齐全的跨境物流分拨配送和运营服务体系
2	宁波跨境电子商务综合试验区	1.推进综合物流基础平台建设。加快海港、空港"两港"物流核心区以及中心区、余慈区、奉宁象区三大区域物流中心的建设，推动梅山保税港区物流中心、镇海大宗货物海铁联运物流枢纽港、宁波经济技术开发区现代国际物流园等综合物流园区智慧物流技术应用，提高综合物流基础平台服务跨境电子商务产业的能力 2.建设跨境电商专业物流平台。鼓励和引导有条件的综合物流基础平台加快设置跨境电子商务海关、检验检疫监管场所。推进国际邮件互换局和交换站建设，高标准建成支持国际邮件快速处理的智能化物流设施。加快宁波公共海外仓建设，鼓励有条件的跨境电子商务出口企业发展自营海外仓、海外体验店和配送网点，融入境外分销体系

序号	名称	经验
2	宁波跨境电子商务综合试验区	3. 打造国际物流通道平台。加强与国内重要干线机场和国际航空枢纽的中转联运合作，建设国际航空联运通道，增强宁波空港国际航运功能，推进国际集装箱航运快捷化，引导快速集装箱船运力投放，试点开行宁波至东盟、东北亚、俄罗斯、北美、欧洲等重点国家（地区）的集装箱直达快运航线，提升集装箱航运时效性。试点开行"甬新欧"国际铁路集装箱班列，优化国际铁路集装箱班列开行方式
3	青岛跨境电子商务综合试验区	建设多式联运"网上丝绸之路"贸易枢纽平台。建立集运输、储存、包装、装卸、流通、加工等于一体的信息共享的物流分拨配送和营销服务体系，提升青岛综合试验区国际物流保障水平。支持规划建设青岛跨境电商综合试验区智能物流信息服务平台。在交通运输部投资补助物流园区项目、物流重点扶持基地和示范试点项目中，优先将符合条件的综试区企业或关联物流企业向部申报，享受相关政策
4	上海跨境电子商务综合试验区	完善国际物流服务。完善口岸物流服务通道，支持传统物流资源服务跨境电子商务。提升跨境物流综合服务水平，支持物流信息化创新。鼓励发展采购物流服务、分销渠道服务等新型跨境物流业务
5	广州跨境电子商务综合试验区	加快跨境电子商务物流发展。打造智慧物流体系，支持物流供应链企业为跨境电子商务提供智能化、全方位服务，探索建立外贸供应链系统标准体系。通过引入新的国际航线、加密现有国际航班、开通货运航班等措施，增强广州白云国际机场的进出口货运能力。争取国家邮政局、中国邮政集团公司协调国外邮政加大对广州邮件中心的直邮力度。支持广州综试区物流企业向国家争取相关政策和资金扶持等
6	深圳跨境电子商务综合试验区	1. 支持外贸综合服务企业做大做强出口业务。完善外贸综合服务企业扶持措施，探索分类管理。完善境内仓储物流、报关、退税等服务体系建设，通过建设海外仓，将服务链向境外延伸，鼓励有资质的企业自建、收购并购或租赁海外仓、保税功能仓和集散中心系统，支持龙头企业整合资源建设海外联合仓，积极探索国内外仓储设施建设中的融资、风险保障机制，推动实现行业的规模化、标准化和服务链条完整化，推动传统外贸企业通过电子商务化、物流化、平台化发展，向国际供应链服务企业和外贸综合服务企业转型

续表

序号	名称	经验
6	深圳跨境电子商务综合试验区	2.推动供应链与跨境电子商务深度融合。发挥供应链管理与服务优势，提高企业信息化智能化水平，利用互联网和物联网技术，支持供应链企业充分整合境外海外仓、境内保税功能仓资源，以供应商管理库存（VMI）、及时配送（JIT）等方式为境内外跨境电子商务企业提供全方位服务。B2B出口环节，探索大宗商品的线上交易、支付和结算 3.支持大型快递企业设立清关中心和集散中心，在海外设立转运中心，在符合监管要求的前提下，实现境内外中心间的跨境电子商务商品小件集运。支持邮政快递企业跨境电子商务渠道建设。加密现有国际货运航班、开通货运航班等措施，增强深圳宝安国际机场的进出口货运能力
7	郑州跨境电子商务综合试验区	建设跨境电子商务智能物流体系。在保税物流中心、综合保税区、出口加工区、郑州新郑国际机场、郑州铁路口岸、国际邮件监管中心等特定区域内建设一批跨境电子商务仓储物流中心，推动有条件的区域建设跨境电子商务仓储物流中心。完善口岸物流服务通道，积极引进国际大型、优质物流货代企业，提升国际物流货运保障能力。支持物流快递企业与跨境电子商务仓储物流中心业务对接，支持跨境电子商务平台与国家交通运输物流公共信息平台对接。发挥"多式联运"优势，运用云计算、物联网、大数据等技术，构建互联互通的物流智能信息系统、衔接顺畅的物流仓储网络系统、优质高效的物流运营服务系统等，探索建立高品质、标准化、规范化的跨境电子商务物流运作流程，实现运输资源的高效整合和运输组织的无缝衔接，形成布局合理、层次分明、衔接顺畅、功能齐全的跨境物流分拨配送和运营服务体系。鼓励跨境电子商务企业建设海外仓、境外服务网点和公共服务平台。逐步形成深吞吐、远辐射、供应链可控、流程规范的跨境电子商务智能物流体系

序号	名称	经验
8	厦门跨境电子商务综合试验区	1. 拓展闽台海空联运通道。巩固对台直航闽台客货滚装、"小三通"、台北快轮航线，利用台湾省台北港、桃园机场及其配套公共仓及监管中心等冗余国际物流资源，发展吸引两岸（或经台）贸易货物、跨境海运快件从福州、平潭、厦门中转，打造"福建口岸—台北港—桃园机场—全球"黄金物流通道；鼓励邮政航空、顺丰等专业货运航空公司延伸、增加对台航班；支持重点目标市场货运包机专线，打造国内除北上广外的国际物流新干线，将福州市、平潭市、厦门市建设成为功能服务各具特色、海空航线互补配套、进出口业务双向贯通的集散配送中心；支持跨境电商跨境电子商务快速船运航线发展，汇集全省各地以及江西省、湖南省等腹地的邮件、快件等商品，以"包船"形式拓展闽台跨境电子商务快速通路 2. 做大经台国际物流。扩大采信台湾省第三方检测检验结果的商品政策适用范围，加快推进跨境电子商务直购进口、海运快件进口；充分利用"台闽欧国际"班列，服务福建省跨境电子商务企业拓展共建"一带一路"国家市场，促进经台国际物流平衡发展
9	南京跨境电子商务综合试验区	实施进口货物统仓统配。高标准建设公共仓储中心，完善智能化仓库管理系统，统一托盘码垛和周转箱流转规则，推进物流标准化，实现循环利用、降本增效。推进"海外仓＋国内仓"多仓联动、标准运作，打通生产企业、供货商、经销商、门店统一配送环节，形成快速响应的全球仓储物流网络
10	义乌跨境电子商务综合试验区	仓储物流体系。充分发挥综试区区位优势，整合产业链各环节优质资源，建设跨境电子商务区域转运中心、集货仓，打造跨境电子商务仓储配送一体化基地。提升铁路口岸、航空口岸、海关特殊监管区等功能，打造无缝对接、中转顺畅的跨境电子商务物流体系。加快推进国际邮件互换局场地建设，提升国际邮件集散能力，争取设立国际快件监管中心。发挥义新欧班列优势，加快共建"一带一路"国家物流专线布局，实现班列运邮常态化，探索开展国际快件运输模式。争取建设义乌航空口岸国际货站，积极开拓国际货运航线，建设区域性国际航空货运枢纽

资料来源：杭州市、宁波市、青岛市、上海市、广州市、深圳市、郑州市、厦门市、南京市、义乌市10个跨境电子商务综合试验区建设实施方案。

　　根据表9-1中的内容，可以形成如图9-1所示的跨境电子商务综合试验区智能物流体系建设经验文字云图，以及如图9-2所示的词频云图和如表9-2所示的词频统计表。

图9-1　智能物流体系建设经验文字云图

　　根据图9-1所示的文字云图，可以总结出杭州市、宁波市、青岛市、上海市、广州市、深圳市、郑州市、厦门市、南京市、义乌市10个跨境电子商务综合试验区在智能物流体系建设方面的经验。其共性特征表现为：运用云计算、物联网、大数据等技术，完善境内仓储物流、报关、退税等服务体系建设，支持外贸综合服务企业做大、做强出口业务；推动供应链与跨境电子商务深度融合，实现物流供应链全程可验、可测、可控；支持大型快递企业建立清关中心和集散中心，支持笼统企业整合资源建设海外联合仓，积极探索国内外仓储设施建设中的融资、风险保障机制，推动实现行业的规模化、标准化和服务链条完整化发展。

　　根据图9-2所示的词频云图和表9-2所示的词频统计表，可以看出跨境电子商务综合试验区在智能物流体系建设经验方面的核心关键词，主要包括：物流（63次）、跨境（37次）、国际（28次）、电子商务（27次）、建设（23次）、服务（21次）、企业（20次）、中心（16次）、支持（15次）、综合（11次）、仓储（11次）、平台（11次）、海外（10次）、货运（10次）、配送（8次）、供应链（8次）等。

图 9-2　智能物流体系建设经验词频云图

表 9-2　智能物流体系建设经验词频统计表

关键词	次数/次	关键词	次数/次	关键词	次数/次	关键词	次数/次
物流	63	航线	6	航班	4	试点	3
跨境	37	打造	6	出口	4	基础	3
国际	28	资源	6	优势	4	对接	3
电子商务	27	提升	6	争取	4	枢纽	3
建设	23	完善	6	监管	4	运作	3
服务	21	电商	6	外贸	4	流程	3
企业	20	探索	6	服务体系	4	形成	3
中心	16	鼓励	6	宁波	4	分拨	3
支持	15	功能	5	系统	4	重点	3
综合	11	班列	5	铁路	4	条件	3
仓储	11	集装箱	5	境外	4	地区	3
平台	11	顺畅	5	保税	4	国际航空	3
海外	10	国家	5	区域	4	航空	3
货运	10	快速	5	运输	4	中转	3

关键词	次数/次	关键词	次数/次	关键词	次数/次	关键词	次数/次
配送	8	推动	5	整合	4	台北	3
供应链	8	衔接	5	标准化	4	开行	3
体系	8	建立	5	政策	3	利用	3
加快	7	能力	5	货物	3	发挥	3
口岸	7	快件	5	公共	3	措施	3
推进	7	机场	5	增强	3	环节	3
邮件	7	业务	4	进出口	3	联网	3
联运	6	优质	4	国内	3	快递	3
实现	6	运营	4	现有	3	设立	3
智能	6	技术	4	邮政	3	扶持	3
通道	6	智能化	4	进口	3	通过	3
发展	6	商品	4	高效	3	—	—

第二节 建设智能物流体系

一、郑州跨境电子商务综合试验区

郑州跨境电子商务综合试验区积极建设跨境电子商务智能物流体系。在保税物流中心、综合保税区、出口加工区、郑州新郑国际机场、郑州铁路口岸、国际邮件监管中心等特定区域内建设一批跨境电子商务仓储物流中心，推动有条件的区域建设跨境电子商务仓储物流中心。完善口岸物流服务通道，积极引进国际大型、优质物流货代企业，提升国际物流货运保障能力。支持物流快递企业与跨境电子商务仓储物流中心业务对接，支持跨境电子商务平台与国家交通运输物流公共信息平台对接。发挥"多式联运"优势,运用云计算、物联网、大数据等技术,构建互联互通的物流智能信息系统、衔接顺畅的物流仓储网络系统、优质高效的物流运营服务系统等,探索建立高品质、标准化、规范化的跨境电子商务物流运作流程,实现运输资源的高效整合和运输组织的无缝衔接,形成布局合理、层次分明、衔接顺畅、功能齐全的跨境物流分拨配送和运营服务体系。鼓励跨境电子商务企业建设海外仓、境外服务网点和公共服务平台。逐步形成深吞吐、远辐射、供应链可控、流程规范的跨境电子商务智能物流体系。

二、杭州跨境电子商务综合试验区

杭州跨境电子商务综合试验区建立智能物流体系。运用云计算、物联网、大数据等技术,充分利用现有物流公共信息平台,构建互联互通的物流智能信息系统、衔接顺畅的物流仓储网络系统、优质高效的物流运营服务系统等,实现物流供应链全程可验可测可控,探索建立高品质、标准化、规范化的跨境电子商务物流运作流程,形成布局合理、层次分明、衔接顺畅、功能齐全的跨境物流分拨配送和运营服务体系。

三、义乌跨境电子商务综合试验区

义乌跨境电子商务综合试验区仓储物流体系。充分发挥综试区区位优势,整合产业链各环节优质资源,建设跨境电子商务区域转运中心、集货仓,打造跨境电子商务仓储配送一体化基地。提升铁路口岸、航空口岸、海关特殊监管区等功能,打造无缝对接、中转顺畅的跨境电子商务物流体系。加快推进国际邮件互换局场地建设,提升国际邮件集散能力,争取设立国际快件监管中心。发挥义新欧班列优势,加快共建"一带一路"国家物流专线布局,实现班列运邮常态化,探索开展国际快件运输模式。争取建设义乌航空口岸国际货站,积极开拓国际货运航线,建设区域性国际航空货运枢纽。

第三节　推动供应链与跨境电商深度融合

一、深圳跨境电子商务综合试验区

深圳跨境电子商务综合试验区在推动供应链与跨境电商深度融合方面做了以下三个方面的探索。

（一）支持外贸综合服务企业做大做强出口业务

完善外贸综合服务企业扶持措施，探索分类管理。完善境内仓储物流、报关、退税等服务体系建设，通过建设海外仓，将服务链向境外延伸，鼓励有资质的企业自建、收购并购或租赁海外仓、保税功能仓和集散中心系统，支持龙头企业整合资源建设海外联合仓，积极探索国内外仓储设施建设中的融资、风险保障机制，推动实现行业的规模化、标准化和服务链条完整化，推动传统外贸企业通过电子商务化、物流化、平台化发展，向国际供应链服务企业和外贸综合服务企业转型。

（二）推动供应链与跨境电子商务深度融合

发挥供应链管理与服务优势，提高企业信息化智能化水平，利用互联网和物联网技术，支持供应链企业充分整合境外海外仓、境内保税功能仓资源，以供应商管理库存（VMI）、及时配送（JIT）等方式为境内外跨境电子商务企业提供全方位服务。在B2B出口环节，探索大宗商品的线上交易、支付和结算。

（三）支持大型快递企业设立清关中心和集散中心

在海外设立转运中心，在符合监管要求的前提下，实现境内外中心间的跨境电子商务商品小件集运。支持邮政快递企业跨境电子商务渠道建设。通过加密现有国际货运航班、开通货运航班等措施，增强深圳宝安国际机场的进出口货运能力。

二、广州跨境电子商务综合试验区

广州跨境电子商务综合试验区加快跨境电子商务物流发展。打造智慧物流体系，支持物流供应链企业为跨境电子商务提供智能化、全方位服务，探索建立外贸供应链系统标准体系。通过引入新的国际航线、加密现有国际航班、开通货运航班等措施，增强广州白云国际机场的进出口货运能力。争取国家邮政局、中国邮政集团公司协调国外邮政加大对广州邮件中心的直邮力度。支持广州综试区物流企业向国家争取相关政策和资金扶持等。

第四节 打造国际物流通道

一、宁波跨境电子商务综合试验区

宁波跨境电子商务综合试验区致力于打造国际物流通道，主要举措包括以下三个方面。

（一）推进综合物流基础平台建设

加快海港、空港"两港"物流核心区以及中心区、余慈区、奉宁象区三大区域物流中心的建设，推动梅山保税港区物流中心、镇海大宗货物海铁联运物流枢纽港、宁波经济技术开发区现代国际物流园等综合物流园区智慧物流技术应用，提高综合物流基础平台服务跨境电子商务产业的能力。

（二）建设跨境电商专业物流平台

鼓励和引导有条件的综合物流基础平台加快设置跨境电子商务海关、检验检疫监管场所。推进国际邮件互换局和交换站建设，高标准建成支持国际邮件快速处理的智能化物流设施。加快宁波公共海外仓建设，鼓励有条件的跨境电子商务出口企业发展自营海外仓、海外体验店和配送网点，融入境外分销体系。

（三）打造国际物流通道平台

加强与国内重要干线机场和国际航空枢纽的中转联运合作，建设国际航空联运通道，增强宁波空港国际航运功能，推进国际集装箱航运快捷化，引导快速集装箱船运力投放，试点开行宁波至东盟、东北亚、俄罗斯、北美、欧洲等重点国家（地区）的集装箱直达快运航线，提升集装箱航运时效性。试点开行"甬新欧"国际铁路集装箱班列，优化国际铁路集装箱班列开行方式。

二、青岛跨境电子商务综合试验区

青岛跨境电子商务综合试验区建设多式联运"网上丝绸之路"贸易枢纽平台。建立集运输、储存、包装、装卸、流通、加工等于一体的信息共享的物流分拨配送和营销服务体系，提升青岛综合试验区国际物流保障水平。支持规划建设青岛跨境电商综合试验区智能物流信息服务平台。在交通运输部投资补助物流园区项目、物流重点扶持基地及示范试点项目中，优先将符合条件的综试区企业或关联物流企业向部申报，享受相关政策。

三、厦门跨境电子商务综合试验区

厦门跨境电子商务综合试验区根据自己的区域特点，积极拓展和做大国际物流通道，主要举措包括以下两个方面。

（一）拓展闽台海空联运通道

巩固对台直航闽台客货滚装、"小三通"、台北快轮航线，利用台湾省台北港、桃园机场及其配套公共仓及监管中心等冗余国际物流资源，发展吸引两岸（或经台）贸易货物、跨境海运快件从福州、平潭、厦门中转，打造"福建口岸—台北港—桃园机场—全球"黄金物流通道；鼓励邮政航空、顺丰等专业货运航空公司延伸、增加对台航班；支持重点目标市场货运包机专线，打造国内除北上广外的国际物流新干线，将福州市、平潭市、厦门市建设成为功能服务各具特色、海空航线互补配套、进出口业务双向贯通的集散配送中心；支持跨境电子商务快速船运航线发展，汇集全省各地以及江西省、湖南省等腹地的邮件、快件等商品，以"包船"形式拓展闽台跨境电子商务快速通路。

（二）做大经台国际物流

扩大采信台湾省第三方检测检验结果的商品政策适用范围，加快推进跨境电商跨境电子商务直购进口、海运快件进口；充分利用"台闽欧国际"班列，服务福建省跨境电子商务企业拓展共建"一带一路"国家市场，促进经台国际物流平衡发展。

我国跨境电子商务综合试验区发展模式、经验和趋势

WOGUO KUAJING DIANZI SHANGWU
ZONGHE SHIYANQU FAZHAN MOSHI、
JINGYAN HE QUSHI

第十章 跨境电子商务信用保障体系建设经验

第一节 建设的重要意义和经验综合分析

一、信用保障体系建设重要意义

完善质量与信用保障体系。利用互联网、物联网等技术搭建质量安全公共服务平台，推进跨境电子商务商品质量信息的公开、公正和透明。探索制定跨境电子商务相关商品标准，开展标准明示和鉴证活动，促进电子商务企业规范化发展。实现相关监管部门企业信用等级信息的共享共用，探索企业信用清单管理制度，逐步整合相关监管信息，探索对跨境电子商务企业的信用分类监管。探索试点制定电子商务信用标准，建设信用评价体系。

二、信用保障体系建设经验综合分析

杭州市、宁波市、青岛市、上海市、广州市、深圳市、郑州市、厦门市、南京市、义乌市 10 个跨境电子商务综合试验区在信用保障建设方面的经验如表 10-1 所示。

表 10-1 信用保障体系建设情况一览表

序号	名称	经验
1	深圳跨境电子商务综合试验区	1. 建立跨境电子商务商品信息备案、质量监控服务体系。研究各国技术性贸易措施权威资讯、最新动态、应对方案，以及电子商务相关政策、标准、市场热点与准入规则等，建立相应的资讯础数据库，加强跨境电子商务国际市场开拓辅导。研究制定跨境电子商务商品基本信息备案管理标准及管理办法，完善跨境电子商务商品备案查验、质量检验检测与监管、质量追溯等服务体系，提升跨境电子商务商品质量

序号	名称	经验
1	杭州跨境电子商务综合试验区	建立电商信用体系。综合多方信用基础数据，建立跨境电子商务信用数据库和信用评价系统、信用监管系统、信用负面清单系统等"一库三系统"，记录和积累跨境电子商务企业、平台企业、物流企业及其他综合服务企业基础数据，重点建立监管部门的信用认证体系和信用服务企业的信用评价体系，实现对电商信用的"分类监管、部门共享、有序公开"
2	宁波跨境电子商务综合试验区	主体诚信评价服务。积极推行跨境电子商务企业信用评价标准，建立以真实交易为基础的电子商务诚信体系。支持第三方信用服务机构通过大数据技术，为政府和企业提供信用评价服务。加强跨境电商信用评价体系与海关、检验检疫、税务、外汇等部门的信息共享，探索建立跨部门的信用激励和惩戒机制
3	青岛跨境电子商务综合试验区	1.建立跨境电子商务信用信息服务平台。提供主体身份识别、信用记录查询、商品信息查询、货物运输以及贸易信息查询等服务。争取将跨境电子商务信用信息服务平台列为国家重点建设项目，探索制定电子商务信用标准、建设信用评价体系，授权青岛综合试验区的第三方机构开展《良好电子商务规范》认证试点工作 2.建立公共信用管理负面清单。建设监管部门的信用认证和第三方信用服务评价相结合的综合评价体系，对开展跨境电子商务的企业、支付企业、相关监管场所经营人及境内居民进行信用评级，制订"跨境电子商务信用负面清单"，发布禁止或限制开展跨境电子商务业务的法人和自然人清单
4	上海跨境电子商务综合试验区	推进认证认可制度。推出针对跨境电子商务特点的新型认证技术标准和实施规则，开展跨境电子商务企业认证试点。鼓励跨境电子商务销售企业通过引入合格评定机制建立和完善内部管理体系，增强自身的质量管控能力，提高产品及服务质量，鼓励跨境电子商务平台企业和相关机构采信跨境电子商务认证结果

序号	名称	经验
5	广州跨境电子商务综合试验区	完善质量与信用保障体系。利用互联网、物联网等技术搭建质量安全公共服务平台，推进跨境电子商务商品质量信息的公开、公正和透明。争取国家部委支持，设立跨境电子商务产品检验检疫质量安全风险国家监测分中心、国家电子商务产品质量风险监测中心等。推进组织机构代码和物品编码在电子商务产品质量监管领域应用。探索制定跨境电子商务相关商品标准，开展标准明示和鉴证活动，促进电子商务企业规范化发展。实现相关监管部门企业信用等级信息的共享共用，探索企业信用清单管理制度，逐步整合相关监管信息，探索对跨境电子商务企业的信用分类监管。探索试点制定电商信用标准，建设信用评价体系
6	深圳跨境电子商务综合试验区	2.建立跨境电子商务信用信息服务体系。研究制定跨境电子商务信用标准，建立信用信息标准体系。依托静态与动态企业经营信息和部门监管信息的跨境电子商务企业信用信息数据，探索对跨境电子商务企业进行信用分类监管
7	郑州跨境电子商务综合试验区	建设跨境电子商务信用管理体系。建设跨境电子商务信用信息数据库，提供电商主体身份识别、信用记录查询、商品信息查询、货物运输以及贸易信息查询等信用服务。建立监管部门信用认证和第三方信用服务评价相结合的综合评价体系，记录和积累跨境电子商务综合服务、交易平台、物流仓储企业及其他企业基础数据。海关、出入境检验检疫、税务、外汇、工商等监管部门根据各自信用认证标准对企业和个人作出信用认证，作为分类分级监管的主要依据；培育、引进一批第三方信用服务机构，通过数据提取采集和加工分析，为政府、企业提供信息评价服务。实施信用负面清单管理，分类监管、部门共享、有序公开，通过事前准入禁止和事中全面查验、严密监管，维护跨境电子商务良好的发展环境
8	厦门跨境电子商务综合试验区	推进跨境电子商务数据应用与服务。推动跨境电子商务综合公共服务平台与金融、快递物流、海外仓、电商电子商务平台、外贸综合服务企业等业务系统链接，及时获取跨境电子商务各流转环节数据；制定跨境电子商务数据信息传输、开放、共享和使用规则规范，保障系统数据安全，保护平台各方合法权益；建立跨境电子商务诚信记录数据库，推进诚信分类管理，促进信用等级互认，将企业信用等级与分类监管相结合，给予诚信企业更多便利措施，实现对电商电子商务信息的"分类监管、部门共享、有序公开"；建设跨境电子商务全球质量溯源平台，对质量信息涉及的供应、物流、交易、监管等环节提供全链条溯源服务，实现从原产地到消费者的无缝监管

续表

序号	名称	经验
9	南京跨境电子商务综合试验区	建设进口商品深度溯源体系。加强与国际品牌厂商的深度合作，建立对境外源头工厂验证机制，与中检溯源码对接，真正实现"关联GS1码＋溯源码＋订单＋面单信息"从源头到用户全程跟踪、一物一码、正品溯源
10	义乌跨境电子商务综合试验区	信用服务体系。依托跨境电子商务线上综合服务平台，归集各类跨境电子商务主体身份、交易、物流、资金、结汇、监管等信息，结合社会信用平台数据，建立跨境电子商务主体信用档案。鼓励各监管部门建立跨境电子商务主体信用评价体系。完善信用联合奖惩机制，根据跨境电子商务主体信用评价结果，对信用好的主体采取减少监管频次、优先评优评先、通关绿色通道等激励措施；对列入严重失信名单的主体，采取增加监管频次、禁入（退出）市场或行业等惩戒措施，使守信者受益、失信者受限

资料来源：杭州市、宁波市、青岛市、上海市、广州市、深圳市、郑州市、厦门市、南京市、义乌市10个跨境电子商务综合试验区建设实施方案。

根据表10-1中的内容，可以形成如图10-1所示的跨境电子商务综合试验区信用保障建设经验文字云图，以及如图10-2所示的词频云图和如表10-2所示的词频统计表。

图10-1　信用保障建设经验文字云图

根据图 10-1 所示的文字云图，可以总结出杭州市、宁波市、青岛市、上海市、广州市、深圳市、郑州市、厦门市、南京市、义乌市 10 个跨境电子商务综合试验区在信用保障建设方面的经验。其共性特征表现为：通过事前准入禁止和事中全面查验、严密监管，提升跨境电子商务商品质量；探索对跨境电子商务企业进行信用分类监管、建立信用信息标准体系，推行跨境电子商务商品质量信息的公开、公正和透明；建立信用评价体系，综合多方信用基础数据，分类监管、部门共享、有序公开。

图 10-2　信用保障建设经验文字云图

根据图 10-2 所示的词频云图和表 10-2 所示的词频统计表，可以看出跨境电子商务综合试验区在信用保障建设经验方面的核心关键词，主要包括：电子商务（50 次）、信用（49 次）、跨境（47 次）、企业（23 次）、信息（21 次）、监管（18 次）、建立（17 次）、评价（15 次）、服务（15 次）、体系（12 次）、电商（12 次）、数据（10 次）、标准（10 次）、认证（10 次）、等。

表 10-2　信用保障建设经验词频统计表

关键词	次数/次	关键词	次数/次	关键词	次数/次	关键词	次数/次
电子商务	50	质量	8	机构	5	信用等级	3
信用	49	制定	7	提供	5	有序	3

续表

关键词	次数/次	关键词	次数/次	关键词	次数/次	关键词	次数/次
跨境	47	分类	7	部门	5	商品信息	3
企业	23	建设	7	物流	5	企业信用	3
信息	21	探索	7	系统	5	商品	3
监管	18	清单	6	措施	4	交易	3
建立	17	监管部门	6	国家	4	鼓励	3
评价	15	查询	6	机制	4	贸易	3
服务	15	相关	6	bc	4	服务平台	3
体系	12	共享	6	基础	4	以及	3
电商	12	溯源	6	负面	4	市场	3
数据	10	实现	5	管理	4	研究	3
标准	10	记录	5	公开	4	加强	3
认证	10	诚信	5	通过	4	规则	3
主体	9	推进	5	数据库	4	检疫	3
综合	9	第三方	5	服务体系	4	备案	3
平台	8	开展	5	身份	3	相结合	3

第二节 建立信用保障制度

一、杭州跨境电子商务综合试验区

杭州跨境电子商务综合试验区建立电商信用体系。综合多方信用基础数据，建立跨境电子商务信用数据库和信用评价系统、信用监管系统、信用负面清单系统等"一库三系统"，记录和积累跨境电子商务企业、平台企业、物流企业及其他综合服务企业基础数据，重点建立监管部门的信用认证体系和信用服务企业的信用评价体系，实现对电商信用的"分类监管、部门共享、有序公开"。

二、广州跨境电子商务综合试验区

广州跨境电子商务综合试验区完善质量与信用保障体系。利用互联网、物联网等技术搭建质量安全公共服务平台，推进跨境电子商务商品质量信息的公开、公正和透明。争取国家部委支持，设立跨境电子商务产品检验检疫质量安全风险国家监测分中心、国家电子商务产品质量风险监测中心等。推进组织机构代码和物品编码在电子商务产品质量监管领域应用。探索制定跨境电子商务相关商品标准，开展标准明示和鉴证活动，促进电子商务企业规范化发展。实现相关监管部门企业信用等级信息的共享共用，探索企业信用清单管理制度，逐步整合相关监管信息，探索对跨境电子商务企业的信用分类监管。探索试点制定电商信用标准，建设信用评价体系。

三、郑州跨境电子商务综合试验区

郑州跨境电子商务综合试验区建设跨境电子商务信用管理体系。建设跨境电子商务信用信息数据库，提供电商主体身份识别、信用记录查询、商品信息查询、货物运输以及贸易信息查询等信用服务。建立监管部门信用认证和第三方信用服务评价相结合的综合评价体系，记录和积累跨境电子商务综合服务、交易平台、物流仓储企业及其他企业基础数据。海关、出入境检验检疫、税务、外汇、工商等监管部门根据各自信用认证标准对企业和个人作出信用认证，作为分类分级监管的主要依据；培育、引进一批第三方信用服务机构，通过数据提取采集和加工分析，为政府、企业提供信息评价服务。实施信用负面清单管理，分类监管、部门共享、有序公开，通过事前准入禁止和事中全面查验、严密监管，维护跨境电子商务良好的发展环境。

四、青岛跨境电子商务综合试验区

青岛跨境电子商务综合试验区建立跨境电子商务信用信息服务平台。提供主体身份识别、信用记录查询、商品信息查询、货物运输以及贸易信息查询等服务。争取将跨境电子商务信用信息服务平台列为国家重点建设项目，探索制定电子商务信用标准、建设信用评价体系，授权青岛市综合试验区的第三方机构开展《良好电子商务规范》认证试点工作。

第三节 建立诚信评价机制

一、宁波跨境电子商务综合试验区

宁波跨境电子商务综合试验区主要开展主体诚信评价服务。积极推行跨境电子商务企业信用评价标准，建立以真实交易为基础的电子商务诚信体系。支持第三方信用服务机构通过大数据技术为政府和企业提供信用评价服务。加强跨境电商信用评价体系与海关、检验检疫、税务、外汇等部门的信息共享，探索建立跨部门的信用激励和惩戒机制。

二、厦门跨境电子商务综合试验区

厦门跨境电子商务综合试验区推广应用跨境电子商务数据应用与服务。推动跨境电子商务综合公共服务平台与金融、快递物流、海外仓、电商电子商务平台、外贸综合服务企业等业务系统链接，及时获取跨境电子商务各流转环节数据；制定跨境电子商务数据信息传输、开放、共享和使用规则规范，保障系统数据安全，保护平台各方合法权益；建立跨境电子商务诚信记录数据库，推进诚信分类管理，促进信用等级互认，将企业信用等级与分类监管相结合，给予诚信企业更多便利措施，实现对电商电子商务信息的"分类监管、部门共享、有序公开"；建设跨境电子商务全球质量溯源平台，对质量信息涉及的供应、物流、交易、监管等环节提供全链条溯源服务，实现从原产地到消费者的无缝监管。

三、青岛跨境电子商务综合试验区

青岛跨境电子商务综合试验区建立公共信用管理负面清单。建设监管部门的信用认证和第三方信用服务评价相结合的综合评价体系，对开展跨境电子商务的企业、支付企业、相关监管场所经营人及境内居民进行信用评级，制定"跨境电子商务信用负面清单"，发布禁止或限制开展跨境电子商务业务的法人和自然人清单。

我国跨境电子商务综合试验区发展模式、经验和趋势

WOGUO KUAJING DIANZI SHANGWU

ZONGHE SHIYANQU FAZHAN MOSHI、

JINGYAN HE QUSHI

第十一章　跨境电子商务统计监测体系建设经验

第一节　建设的重要意义和经验综合分析

一、统计监测体系建设重要意义

完善跨境电子商务进出口统计方式方法。探索完善适合网络零售形式的海关归类办法和清单申报通关及统计方式。建立跨境电子商务监测体系。依托"单一窗口"平台数据库，探索以申报清单、平台数据等为依据进行统计、管理的新模式，共同制定跨境电子商务综合试验区数据监测制度，建立跨境电子商务统计标准。建立科学的跨境电子商务统计监测体系，实现跨境电子商务通关服务平台与综合服务平台之间的数据互补。

二、统计监测体系建设经验综合分析

杭州市、宁波市、青岛市、上海市、广州市、深圳市、郑州市、厦门市、南京市、义乌市 10 个跨境电子商务综合试验区在统计监测体系建设方面的经验如表 11-1 所示。

表 11-1　统计监测体系建设情况一览表

序号	名称	经验
1	杭州跨境电子商务综合试验区	建立统计监测体系。利用大数据、云计算技术对各类平台商品交易、物流通关、金融支付等海量数据进行分析处理运用，建立跨境电子商务大数据中心，实现跨境电子商务数据的交换汇聚；发布"跨境电子商务指数"，建立健全跨境电子商务统计监测体系，完善跨境电子商务统计方法，为政府监管和企业经营提供决策咨询服务

序号	名称	经验
2	宁波跨境电子商务综合试验区	建立统计监测系统。建立跨境电子商务数据分类统计标准，统合"单一窗口"业务数据、电商平台交易数据、电商园区统计数据和物流仓储流转数据，推动大数据中心建设，确保统计数据真实可信
3	青岛跨境电子商务综合试验区	完善跨境电子商务进出口统计方式方法。探索完善适合网络零售形式的海关归类办法和清单申报通关及统计方式。通过"单一窗口"、公共服务平台对接相关部门监管系统，逐步将跨境电商经营主体、贸易量、商品信息、质量信息、物流信息以及退税等数据纳入统计系统，建立完善跨境电商进出口统计体系。建立海关、出入境检验检疫、外汇、商务等定期交换监管核查和异常违规企业信息机制。探索采用双口径统计方式，将现行海关以申报主体所在地的统计口径与以货源法人所在地的统计口径相结合，将跨境电子商务外贸服务平台企业名下的进出口数据还原给货源法人所在地政府部门。开展跨境电子商务统计试点工作，指导建立中国（青岛）跨境电子商务数据监测制度
4	上海跨境电子商务综合试验区	提供配套数据服务。充分运用公共服务平台的集成数据，健全统计监测体系，完善风险防范机制，建立跨境电子商务企业信用数据库
5	广州跨境电子商务综合试验区	做好统计监测。开展跨境电子商务数据监测，建立广州综试区数据监测制度。完善跨境电子商务统计方法，研究跨境电子商务B2B的统计标准、口径和方法，进一步做好跨境电子商务零售出口、直购进口的统计工作
6	深圳跨境电子商务综合试验区	完善跨境电子商务统计体系。建立科学的跨境电子商务统计监测体系，实现跨境电子商务通关服务平台与综合服务平台之间的数据互补。建立跨境电子商务大数据服务中心，利用大数据、云计算技术，对各类平台商品、物流、金融服务、知识产权、风险防控等数据进行分析处理运用，实现跨境电子商务数据的交换汇聚，为政府监管和企业经营提供决策咨询服务

序号	名称	经验
7	郑州跨境电子商务综合试验区	建设跨境电子商务统计监测体系。以申报清单、平台数据等为基本依据，完善跨境电子商务交易主体信息、电子合同、电子订单等标准格式及跨境电子商务进出口商品和物品的简化分类标准，建立规范、全面的跨境电子商务统计制度和监测制度；利用大数据、云计算技术，对各类平台商品交易、物流通关、金融支付、税收征管等数据进行交换汇聚和分析处理，逐步建立多层面、多维度反映跨境电子商务运行状况的综合指数体系并定期发布
8	厦门跨境电子商务综合试验区	打造资源对接服务平台。支持举办制造企业、外贸企业、电子商务卖家和电子商务平台的资源对接会，打造有影响力的福建跨境电子商务资源对接展会品牌，利用新媒体资源同步形成线上展会平台，提升福建跨境电子商务影响力；建立完善跨境电子商务统计方法，出台福建省跨境电子商务B2B出口统计办法，确立订单、物流单、支付单"三单比对"认定标准，形成以样本抽取、企业调查为主的统计方法；探索建立跨境电子商务邮包、快件进出口统计方式。
9	南京跨境电子商务综合试验区	促进大数据开发应用。以公共服务平台为依托，探索制定共性对接技术标准和数据开放标准，建立各类平台非核心业务数据资源共享、优势互补、良性竞争的合作机制，推进信息共享、金融服务、智能物流、电商诚信、统计监测、风险防控六大体系建设，重点探索完善全口径跨境电商统计监测体系
10	义乌跨境电子商务综合试验区	统计模式创新。深化电子商务大数据应用统计试点工作，不断完善跨境电子商务统计方法，丰富数据采集途径，建立适应跨境电子商务发展的统计监测体系。探索以报关单、申报清单、平台数据等为依托的跨境电子商务统计监测新模式

资料来源：杭州市、宁波市、青岛市、上海市、广州市、深圳市、郑州市、厦门市、南京市、义乌市10个跨境电子商务综合试验区建设实施方案。

根据表11-1中的内容，可以形成如图11-1所示的跨境电子商务综合试验区统计监测体系建设经验文字云图，以及如图11-2所示的词频云图和如表11-2所示的词频统计表。

图 11-1　统计监测体系建设经验文字云图

根据图 11-1 所示的文字云图，可以总结出杭州市、宁波市、青岛市、上海市、广州市、深圳市、郑州市、厦门市、南京市、义乌市 10 个跨境电子商务综合试验区在统计监测体系建设方面的经验。其共性特征表现为：完善跨境电子商务统计体系，促进统计模式创新，建立科学的跨境电子商务统计监测体系；利用大数据、云计算技术等，促进大数据开发应用，实现跨境电子商务数据的交换汇聚，实现跨境电子商务通关服务平台与综合服务平托之间的数据互补；建立跨境电子商务大数据服务中心，发布"跨境电子商务指数"，为政府监管和企业经营提供决策咨询服务等。

根据图 11-2 所示的词频云图和表 11-2 所示的词频统计表，可以看出跨境电子商务综合试验区在统计监测体系建设经验方面的核心关键词，主要包括：跨境（40 次）、电子商务（36 次）、统计（33 次）、数据（27 次）、建立（17 次）、监测（15 次）、平台（12 次）、体系（11 次）、完善（10 次）、电商（10 次）、方法（7 次）、物流（7 次）、企业（6 次）、探索（6 次）、标准（6 次）、对接（5 次）、口径（5 次）、进出口（5 次）、信息（5 次）等。

图 11-2　统计监测体系建设经验词频云图

表 11-2　统计监测体系建设经验词频统计表

关键词	次数/次	关键词	次数/次	关键词	次数/次	关键词	次数/次
跨境	40	企业	6	通关	4	计算技术	3
电子商务	36	探索	6	各类	4	支付	3
统计	33	标准	6	服务平台	4	公共服务	3
数据	27	对接	5	方式	4	主体	3
建立	17	口径	5	利用	4	汇聚	3
监测	15	进出口	5	风险	3	机制	3
平台	12	信息	5	清单	3	提供	3
体系	11	开展	5	海关	3	经营	3
完善	10	资源	4	建设	3	进行	3
电商	10	制度	4	实现	3	分析	3
方法	7	申报	4	所在地	3	处理	3
物流	7	交换	4	系统	3	—	—
—	—	监管	4	身份	3	相结合	3

第二节　建立统计监测体系

一、杭州跨境电子商务综合试验区

杭州跨境电子商务综合试验区建立统计监测体系。利用大数据、云计算技术对各类平台商品交易、物流通关、金融支付等海量数据进行分析处理运用,建立跨境电子商务大数据中心,实现跨境电子商务数据的交换汇聚;发布"跨境电子商务指数",建立健全跨境电子商务统计监测体系,完善跨境电子商务统计方法,为政府监管和企业经营提供决策咨询服务。

二、广州跨境电子商务综合试验区

广州跨境电子商务综合试验区做好统计监测。开展跨境电子商务数据监测,建立广州综试区数据监测制度。完善跨境电子商务统计方法,研究跨境电子商务 B2B 的统计标准、口径和方法,进一步做好跨境电子商务零售出口、直购进口的统计工作。

三、郑州跨境电子商务综合试验区

郑州跨境电子商务综合试验区建设跨境电子商务统计监测体系。以申报清单、平台数据等为基本依据,完善跨境电子商务交易主体信息、电子合同、电子订单等标准格式及跨境电子商务进出口商品和物品的简化分类标准,建立规范、全面的跨境电子商务统计制度和监测制度;利用大数据、云计算技术对各类平台商品交易、物流通关、金融支付、税收征管等数据进行交换汇聚和分析处理,逐步建立多层面、多维度反映跨境电子商务运行状况的综合指数体系并定期发布。

四、宁波跨境电子商务综合试验区

宁波跨境电子商务综合试验区建立统计监测系统。建立跨境电子商务数据分类统计标准，统合"单一窗口"业务数据、电商平台交易数据、电商园区统计数据和物流仓储流转数据，推动大数据中心建设，确保统计数据真实可信。

第三节 完善统计方式方法

一、深圳跨境电子商务综合试验区

深圳跨境电子商务综合试验区完善跨境电子商务统计体系。建立科学的跨境电子商务统计监测体系，实现跨境电子商务通关服务平台与综合服务平台之间的数据互补。建立跨境电子商务大数据服务中心，利用大数据、云计算技术对各类平台商品、物流、金融服务、知识产权、风险防控等数据进行分析处理运用，实现跨境电子商务数据的交换汇聚，为政府监管和企业经营提供决策咨询服务。

二、青岛跨境电子商务综合试验区

青岛跨境电子商务综合试验区完善跨境电子商务进出口统计方式方法。探索完善适合网络零售形式的海关归类办法和清单申报通关及统计方式。通过"单一窗口"、公共服务平台对接相关部门监管系统，逐步将跨境电商经营主体、贸易量、商品信息、质量信息、物流信息以及退税等数据纳入统计系统，建立完善跨境电商进出口统计体系。建立海关、出入境检验检疫、外汇、商务等定期交换监管核查和异常违规企业信息机制。探索采用双口径统计方式，将现行海关以申报主体所在地的统计口径与以货源法人所在地的统计口径相结合，将跨境电子商务外贸服务平台企业名下的进出口数据还原给货源法人所在地政府部门。开展跨境电子商务统计试点工作，指导建立中国（青岛）跨境电子商务数据监测制度。

三、南京跨境电子商务综合试验区

南京跨境电子商务综合试验区促进大数据开发应用。以公共服务平台为依托，探索制定共性对接技术标准和数据开放标准，建立各类平台非核心业务数据资源共享、优势互补、良性竞争的合作机制，推进信息共享、金融服务、智能物流、电商诚信、统计监测、风险防控六大体系建设，重点探索完善全口径跨境电商统计监测体系。

四、义乌跨境电子商务综合试验区

义乌跨境电子商务综合试验区推动统计模式创新。深化电子商务大数据应用统计试点工作，不断完善跨境电子商务统计方法，丰富数据采集途径，建立适应跨境电子商务发展的统计监测体系。探索以报关单、申报清单、平台数据等为依托的跨境电子商务统计监测新模式。

五、厦门跨境电子商务综合试验区

厦门跨境电子商务综合试验区打造资源对接服务平台。支持举办制造企业、外贸企业、电子商务卖家和电子商务平台的资源对接会，打造有影响力的福建跨境电子商务资源对接展会品牌，利用新媒体资源同步形成线上展会平台，提升福建境电子商务影响力；建立完善跨境电子商务统计方法，出台福建省跨境电子商务B2B出口统计办法，确立订单、物流单、支付单"三单比对"认定标准，形成以样本抽取、企业调查为主的统计方法；探索建立跨境电子商务邮包、快件进出口统计方式。

六、上海跨境电子商务综合试验区

上海跨境电子商务综合试验区提供配套数据服务。充分运用公共服务平台的集成数据，健全统计监测体系，完善风险防范机制，建立跨境电子商务企业信用数据库。

我国跨境电子商务综合试验区发展模式、经验和趋势

WOGUO KUAJING DIANZI SHANGWU

ZONGHE SHIYANQU FAZHAN MOSHI、

JINGYAN HE QUSHI

第十二章　跨境电子商务国际合作体系建设经验

第一节　建设的重要意义和经验综合分析

一、国际合作体系建设重要意义

发展数字经济，建立多边关系，与世界电子贸易平台合作。我国的跨境电子商务综合试验区建设国际电子商务体系的做法是发展数字经济，建立多边关系，与世界贸易电子平台合作，要在未来的几年内建设数字口岸建设、数字应用、数字监管等方面，继续创新发展；探索建立双边自由贸易机制，探索双边关检互认互信，推动资源对接和共享。同时，综试区加强与境外国际机构的合作交流，积极引进跨境电子商务相关国际机构在国内设立促进机构或常驻代表机构；加强跨境电子商务国际认证和监管合作，建立良好的沟通渠道，畅通对外交涉渠道，避免或减少国际贸易摩擦；紧抓"一带一路"机遇，结合沿途各国及地区的货运优势，就跨境电子商务基础设施建设、企业间技术合作、通关便利等各方面，积极组织研究跨境电子商务贸易新规则，主动与国际城市或贸易机构进行友好磋商。

发挥自身特点，与国内外企业一起达成战略合作。我国的跨境电子商务综合试验区利用自身的优势，发挥自身的特点，建立自己的品牌，然后与国内外的企业合作，达成战略共识。其中就包括杭州跨境电子商务综合试验区、大连跨境电子商务综合试验区、苏州跨境电子商务综合试验区、广州跨境电子商务综合试验区，都是运用了这种合作。综试区加强与中国进出口银行、中国出口信用保险公司等金融机构的战略合作，积极与阿里巴巴国际站、eBay、Amazon、环球市场、敦煌网等平台对接合作，推动本土品牌走向世界。

综试区利用现有的互联网技术，推动中国与海外企业的合作，建设自己的电商机构与体系。我国的跨境电子商务综合试验区，有一些是利用现有的互联网技术来推动中国与海外的合作，建设自己的跨境电商机构与体系。其中包括重庆市，广州市，宁波市，青岛市等地的电子商务综合试验区，利用现有的互联网技术，推动中国与海外企业的合作，建设自己的电商机构与体系，建成地域性的港口物流服务平台，以及我国沿海和亚太地区国际贸易物流服务中心。综试区采取线上线下结合方式，链接全球产业带城市和贸易中心城市；通过开发全天候多语种自动翻译支持软件、对接目的地在线支付工具等方式，为跨境电子商务出口提供便利；采用整合网站联盟、搜索引擎、海外媒体、社交网络、电子邮件等营销方式，对跨境电子商务出口商品进行多方位宣传，帮助更多中国企业和商品走向海外。

二、国际合作体系建设经验综合分析

杭州市、宁波市、青岛市、上海市、广州市、深圳市、郑州市、厦门市、南京市、义乌市 10 个跨境电子商务综合试验区在国际合作建设方面的经验，如表 12-1 所示。

表 12-1　国际合作体系建设情况一览表

序号	名称	经验
1	杭州跨境电子商务综合试验区	1. 探索建立跨境电子商务国际规则。加强与全球各类经济组织和司法机构的合作，探索建立适合跨境电子商务发展的国际通用规则，逐步建立良好的跨境电子商务国际营商环境 2. 加强行业国际协作。推动成立"中国跨境电子商务行业商会（协会）"，发挥其在行业规则制定、境内外合作等方面的作用，建立与境外有关商会（协会）紧密合作交流关系，加强国际协作
2	宁波跨境电子商务综合试验区	加大海外营销推广服务力度。支持文化传媒、品牌推广、路演传播、公关策划、网络营销、广告策划等服务企业拓展海外业务，加强与境外知名网络平台、传播推广企业的合作，为跨境电子商务企业开展海外营销推广提供服务支持

序号	名称	经验
3	青岛跨境电子商务综合试验区	加强国内跨境电子商务行业协会与境外有关商（协）会的合作，加强跨境电子商务国际认证和监管合作，加强行业国际协作，发挥行业协会在行业规则制定、境内外合作等方面的作用，借鉴引用"UN/CEFACT"（联合国贸易便利化与电子业务中心）国际标准，围绕跨境电子商务基础、信息、业务、支撑、管理等方面，构建涵盖跨境电子商务全过程的综合标准体系，为综试区与行业国际协会在规则、标准方面的沟通与合作提供技术支持
4	上海跨境电子商务综合试验区	1.推动建立跨国标准。加强理论研究与经验总结，以国内成熟规则体系为基础，共同探讨建立跨境电子商务国际监管标准体系 2.推动国际交流合作。发挥行业协会、学术机构等社会组织作用，加强与境外国际机构的合作交流，积极引进跨境电子商务相关国际机构在沪设立促进机构或常驻代表机构
5	广州跨境电子商务综合试验区	打造参与"一带一路"建设服务平台。将跨境电子商务作为与共建"一带一路"国家深化经贸合作的重要内容，在经贸推介、投资洽谈等方面加强跨境电子商务领域合作。对符合条件的跨境电子商务企业"走出去"重点项目予以资金支持。扩大企业和个人对外投资，完善"走出去"政策促进、服务保障和风险防控体系
6	深圳跨境电子商务综合试验区	研究建设深港跨境电子商务合作示范区，打造深港跨境电子商务综合服务生态圈。发挥香港连接全球市场网络的优势，共同建设面向共建"一带一路"国家的商品展示、销售采购中心和跨境电子商务海外仓储配送基地。鼓励跨境电子商务企业通过在港设立离岸公司开展跨境支付、结算业务。实施深港陆路口岸与特殊监管区域、保税物流中心之间跨境电子商务货物的"跨境快速通关"。在供港商品和港产食品"前店后仓"模式基础上，支持香港企业在深港两地同时建立销售端与仓储端，探索"双店双仓"的特色营运模式

续表

序号	名称	经验
7	郑州跨境电子商务综合试验区	研究制定符合跨境电子商务发展的国际通用规则,并列入国际贸易谈判内容。建立河南省跨境电子商务技术规则研究中心,并依托该中心争取中国WTO/TBT—SPS国家通报咨询中心在河南省设立跨境电子商务技术性贸易措施研究基地,加强跨境电子商务国际技术规则和国外目标市场技术性贸易措施应对研究。加强跨境电子商务国际认证和监管合作,建立良好的沟通渠道,畅通对外交涉渠道,避免或减少国际贸易摩擦
8	厦门跨境电子商务综合试验区	引导"福建品牌"卖全球。支持"重点培育和发展的国际知名品牌"及优特闽货拓展国际市场,引导企业在注册海外注册商标,培育自主互联网品牌;鼓励优质外贸品牌企业立足自身特色,通过海外分销等模式,多渠道拓展国际市场,提升福建制造、福建品牌的市场占有率
9	南京跨境电子商务综合试验区	加快境外营销网络布局。推动优势跨境电子商务平台及供应链企业与传统外贸企业合作,重点面向共建"一带一路"国家,加快建设海外仓和精品商品体验馆,推动境外"O2O"展示、前展后仓等营销模式发展
10	义乌跨境电子商务综合试验区	生态优化体系。办好浙江国际电子商务博览会等跨境电子商务展会活动,集聚跨境电子商务企业、人才、资源、项目。探索在境外举办浙江国际电子商务博览会,将其打造成为集信息交流、形象展示、贸易洽谈、商品交易于一体的全球电子商务品牌展会。发挥跨境电子商务行业协会桥梁纽带作用,加强与境外商协会交流合作,积极参与跨境电子商务国际标准制定

资料来源:杭州市、宁波市、青岛市、上海市、广州市、深圳市、郑州市、厦门市、南京市、义乌市10个跨境电子商务综合试验区建设实施方案。

　　根据表12-1中的内容,可以形成如图12-1所示的跨境电子商务综合试验区国际合作建设经验文字云图,以及如图12-2所示的词频云图和如表12-2所示的词频统计表。

图 12-1　国际合作建设经验文字云图

图 12-2　国际合作建设经验词频云图

根据图 12-1 所示的文字云图，可以总结出杭州市、宁波市、青岛市、上海市、广州市、深圳市、郑州市、厦门市、南京市、义乌市 10 个跨境电子商务综合试验区，国际合作建设方面的经验。其共性特征表现为：推动建立跨国标准，加强行业国际协作，探索建立适合跨境电子商务发展的国际通用规则，完善"走出去"政策促进、服务保障和风险防控体系；加强跨境电子商务国际认证和监管合作，避免或减少国际贸易摩擦，重点面向共建"一带一路"国家，在经贸推介、投资洽谈等方面加强跨境电子商务领域合作；加大海外营销推广服务力度，加强与全球各类经济组织和司法机构和合作，逐步建立良好的跨境电子商务国际营商环境等。

根据图 12-2 所示的词频云图和表 12-2 所示的词频统计表，可以看出跨境电子商务综合试验区在国际合作建设经验方面的核心关键词，主要包括：电子商务（32 次）、跨境（31 次）、国际（19 次）、合作（15 次）、加强（13 次）、企业（11 次）、规则（9 次）、建立（8 次）、境外（7 次）、海外（7 次）、研究（6 次）、行业（6 次）、品牌（6 次）、行业协会（4 次）、探索（4 次）、贸易（4 次）、标准（4 次）、营销（4 次）等。

表 12-2　国际合作建设经验词频统计表

关键词	次数/次	关键词	次数/次	关键词	次数/次	关键词	次数/次
电子商务	32	机构	6	行业协会	4	市场	4
跨境	31	中心	5	探索	4	国家	4
国际	19	支持	5	贸易	4	打造	3
合作	15	推动	5	标准	4	设立	3
加强	13	方面	5	营销	4	展示	3
企业	11	制定	5	模式	4	福建	3
规则	9	体系	5	监管	4	商品	3
建立	8	发挥	5	业务	4	基础	3
境外	7	服务	5	推广	4	协会	3
海外	7	作用	4	一带	4	沿线	3
研究	6	交流	4	深港	4	拓展	3
行业	6	发展	4	全球	4	协作	3
品牌	6	建设	4	一路	4	—	—

第二节　参与"一带一路"建设

一、深圳跨境电子商务综合试验区

深圳跨境电子商务综合试验区研究建设深港跨境电子商务合作示范区，打造深港跨境电子商务综合服务生态圈。发挥香港连接全球市场网络的优势，共同建设面向共建"一带一路"国家的商品展示、销售采购中心和跨境电子商务海外仓储配送基地。鼓励跨境电子商务企业通过在港设立离岸公司开展跨境支付、结算业务。实施深港陆路口岸与特殊监管区域、保税物流中心之间跨境电子商务货物的"跨境快速通关"。在供港商品和港产食品"前店后仓"模式基础上，支持香港企业在深港两地同时建立销售端与仓储端，探索"双店双仓"的特色营运模式。

二、广州跨境电子商务综合试验区

广州跨境电子商务综合试验区积极把试验区的发展融入国家经济圈战略，为试验区的发展提供了更高的平台和更大的空间。重点举措包括：一是打造跨境电子商务综合试验区参与"一带一路"建设服务平台，将跨境电子商务作为与共建"一带一路"国家深化经贸合作的重要内容，在经贸推介和投资洽谈等方面加强跨境电子商务领域合作。对符合条件的跨境电子商务企业"走出去"重点项目予以资金支持。扩大企业和个人对外投资，完善"走出去"政策促进、服务保障和风险防控体系。二是构建粤港澳跨境电子商务合作平台，充分发挥粤港、粤澳合作联席会议工作机制，穗港、穗澳合作专责小组工作机制，深化与港澳在跨境电子商务领域的合作，为跨境电子商务综合试验区的发展拓展空间。

三、南京跨境电子商务综合试验区

南京跨境电子商务综合试验区加快境外营销网络布局。推动优势跨境电子商务平台及供应链企业与传统外贸企业合作，重点面向共建"一带一路"国家，加快建设海外仓和精品商品体验馆，推动境外"O2O"展示、前展后仓等营销模式发展。

第三节　建立跨境电商国际规则

一、杭州跨境电子商务综合试验区

杭州跨境电子商务综合试验区在探索建立跨境电商国际规则方面作出贡献，主要包括以下两个方面。

（一）探索建立跨境电子商务国际规则

杭州跨境电子商务综合试验区加强与全球各类经济组织和司法机构的合作，探索建立适合跨境电子商务发展的国际通用规则，逐步建立良好的跨境电子商务国际营商环境。

（二）加强行业国际协作

杭州跨境电子商务综合试验区推动成立中国跨境电子商务行业商会（协会），发挥其在行业规则制定、境内外合作等方面的作用，建立与境外有关商会（协会）紧密合作交流关系，加强国际协作。

二、郑州跨境电子商务综合试验区

郑州跨境电子商务综合试验区研究制定符合跨境电子商务发展的国际

通用规则，并列入国际贸易谈判内容。建立河南省跨境电子商务技术规则研究中心，并依托该中心争取中国 WTO/TBT—SPS 国家通报咨询中心在河南省设立跨境电子商务技术性贸易措施研究基地，加强跨境电子商务国际技术规则和国外目标市场技术性贸易措施应对研究。加强跨境电子商务国际认证和监管合作，建立良好的沟通渠道，畅通对外交涉渠道，避免或减少国际贸易摩擦。

三、上海跨境电子商务综合试验区

上海跨境电子商务综合试验区在探索建立跨境电商国际规则方面的措施主要包括以下两个方面。

（一）推动建立跨国标准

上海跨境电子商务综合试验区加强理论研究与经验总结，以国内成熟规则体系为基础，共同探讨建立跨境电子商务国际监管标准体系。

（二）推动国际交流合作

上海跨境电子商务综合试验区发挥行业协会、学术机构等社会组织作用，加强与境外国际机构的合作交流，积极引进跨境电子商务相关国际机构在沪设立促进机构或常驻代表机构。

第四节　国际生态优化体系建设

一、青岛跨境电子商务综合试验区

青岛跨境电子商务综合试验区加强国内跨境电子商务行业协会与境外有关商（协）会的合作，加强跨境电子商务国际认证和监管合作，加强行业国际协作，发挥行业协会在行业规则制定、境内外合作等方面的作用，借鉴引用"UN/CEFACT"（联合国贸易便利化与电子业务中心）国际标准，围绕跨境电子商务基础、信息、业务、支撑、管理等方面，构建涵盖跨境电子商务全过程的综合标准体系，为综试区与行业国际协会在规则、标准方面的沟通与合作提供技术支持。

二、杭州跨境电子商务综合试验区

杭州跨境电子商务综合试验区建立生态优化体系。办好浙江国际电子商务博览会等跨境电子商务展会活动，集聚跨境电子商务企业、人才、资源、项目。探索在境外举办浙江国际电子商务博览会，将其打造成为集信息交流、形象展示、贸易洽谈、商品交易于一体的全球电子商务品牌展会。发挥跨境电子商务行业协会桥梁纽带作用，加强与境外商协会交流合作，积极参与跨境电子商务国际标准制定。

我国跨境电子商务
综合试验区发展模式、
经验和趋势

WOGUO KUAJING DIANZI SHANGWU
ZONGHE SHIYANQU FAZHAN MOSHI、
JINGYAN HE QUSHI

第十三章　跨境电子商务人才
　　　　　培养体系建设经验

第一节 建设的重要意义和经验综合分析

一、人才培养体系建设重要意义

建立创新型电子商务人才培养体系，支持教育培训机构开展创业培训。我国的跨境电子商务综合试验区创建了创新型人才培养的体系，支持院校和社会培训机构开展创业培训，使跨境电子商务成为创新驱动发展的重要引擎和"大众创业、万众创新"的重要渠道。

依托高校培养技术型人才，引入国际人才资源。全国的跨境电商综合试验区都提出以职业学院为龙头，开展跨境电子商务应用型、技术技能型人才培养，引入国际职业人才资质和资源，对接国际标准，开展国际育人合作，建立服务跨境电子商务综合试验区的中、高端现代职业教育人才培养体系。采取定向培养的方式，加强政府、高校、协会、企业合作，建设一批实用型人才培训基地。鼓励社会培训机构开展跨境电子商务人才培训，引进一批国内外知名培训机构。推动校企合作，建立实践理论相结合的开放式人才培养机制。

与相关人才培训机构、国外的教育机构合作办学，鼓励高校开设跨境电子商务专业，实现人才培养、人才对接。推动校企合作，建立实践相结合的开放式人才培养机制。建立跨境电子商务产业联盟与人才发展联盟，推进人才与企业、项目、资本的对接，建设开放共享的合作平台。引进的跨境电子商务人才按照国家和所在地区人才引进的相关规定享受优惠政策。鼓励社会培训机构开展跨境电子商务人才培训，构建跨境电子商务专业化、社会化、国际化的人才培养体系。

二、人才培养体系建设经验综合分析

杭州市、宁波市、青岛市、上海市、广州市、深圳市、郑州市、厦门市、南京市、义乌市 10 个跨境电子商务综合试验区在人才培养体系建设方面的经验，如表 13-1 所示。

表 13-1　人才培养体系建设情况一览表

序号	名称	经验
1	杭州跨境电子商务综合试验区	1. 建立电子商务人才培养体系。以市场需求为导向，加强政府、高校与企业合作，建立一批适应跨境电子商务企业需求的创业型和实用技能型人才培训基地，形成跨境电子商务人才定制化培养的校企合作机制；引进国内外知名培训机构，鼓励社会培训机构开展跨境电子商务人才培训，构建跨境电子商务专业化、社会化、国际化的人才培养体系 2. 建立电子商务人才创业创新支持体系。探索建立知识、技术、管理等人力资本产权激励机制，引进和汇聚创新人才，开展跨境电子商务商业模式创新和技术创新；建立跨境电子商务创业孵化平台和机制，制定专项扶持政策，发展跨境电子商务在线信贷、股权投资等金融服务，为中小微电子商务企业创业发展提供条件 3. 建立电子商务人才服务体系。健全完善人才吸引、培养、使用、流动和激励机制，以及发展人才的公共服务体系。吸引集聚一批知名的人才中介机构，健全专业化、国际化的人才市场服务体系。建立跨境电子商务产业联盟与人才发展联盟，推进人才与企业、项目、资本的对接，建设开放共享的合作平台
2	宁波跨境电子商务综合试验区	1. 构建人才培育体系。引导高等院校加强跨境电子商务学科建设和人才培养，加强政府、高校和企业合作，分类推进技能型、创业型、管理型、领军型跨境电子商务人才培训基地建设，形成人才联合培养机制。引进国内外知名培训机构，开展跨境电子商务人才培训，构建跨境电商专业化、社会化、国际化的人才培养体系 2. 完善人才服务体系。健全人才吸引、培养、使用、流动和激励机制，面向海内外引进并重点支持一批跨境电子商务高层次人才和高端创业创新团队，推进人才与企业、项目、资本的对接，建设开放共享的跨境电子商务人才服务平台

序号	名称	经验
3	青岛跨境电子商务综合试验区	1. 创新建立人才培训和定制化服务体系。鼓励高校开设跨境电子商务专业、增设课程,研究制定青岛综试区跨境电商人才引进与培养的中长期规划。引进一批国内外知名培训机构,鼓励社会培训机构开展跨境电子商务人才培训,构建跨境电子商务专业化、社会化、国际化的人才培养体系 2. 针对市场需求,采取定向培养的方式,开展政府、高校、协会、企业合作,建立跨境电子商务人才培训基地。推进实施国家电子商务专业技术人才知识更新工程,鼓励社会培训机构和企业面向优势产业、骨干企业、名优产品开展专项培训
4	上海跨境电子商务综合试验区	培育集聚行业人才。鼓励成立跨境电子商务研究机构,积极开展行业相关研究。构建多层次人才培养体系,培育一批实用技能型人才,建立人才引进和激励机制
5	广州跨境电子商务综合试验区	加强人才培养。支持高等院校、中职院校和社会培训机构开设跨境电子商务相关专业和课程。加强院校、培训机构与企业间合作,鼓励有实力的跨境电子商务企业举办各类技能大赛或创新、创业活动。建立电子商务人才创业创新支持平台,支持创新人才开展跨境电子商务商业模式创新和技术创新。建立跨境电子商务创业孵化机制
6	深圳跨境电子商务综合试验区	打造跨境电子商务人才高地。鼓励行业组织和专业机构、国内外专家和专业人士参与跨境电子商务规划、重点方案制订和项目对接等。鼓励发展电子商务职业教育,开展电子商务学历教育。鼓励合作办学,建立实训式电子商务职业技能培训体系,加强学科建设和实用型人才的培养。支持各类教育、培训机构、企业开展电子商务技能培训、岗前培训并按规定落实相关扶持政策。鼓励借助互联网技术开展电子商务远程教育培训。支持人才市场、人才网站加强电子商务专业用工服务,完善电子商务人才供求信息对接机制
7	郑州跨境电子商务综合试验区	建设人才培养和企业孵化平台。开展政府、高校、协会、企业合作,建设一批跨境电子商务实用型人才培训基地。健全跨境电子商务人才公共服务体系,引进一批知名跨境电子商务人才中介服务机构,形成专业化、国际化的跨境电子商务人才服务市场。组建跨境电子商务产业联盟、人才发展联盟,支持众创空间发展,推进人才与企业、项目、资本无缝对接。鼓励跨境电子商务领域的创业创新,为创业人员提供场地、人才、技术、资金支持和创业平台孵化服务,推动"大众创业、万众创新"

序号	名称	经验
8	厦门跨境电子商务综合试验区	培育新型服务业态。鼓励跨境电子商务人才培养和培训市场化运作,支持企业、第三方平台与院校合作,开设各类跨境电子商务课程,推行订定制式、公司式等孵化模式,完善"政、校、协、企"四位一体跨境电子商务人才培训机制,打通"人才培养+企业招聘"通道;支持成立不同形式的行业组织,引导跨境电子商务企业、人才、资本、服务等要素向跨境电子商务园区集聚,形成运营、客服、物流、金融、供应链、软件、大数据、翻译、人力资源、知识产权等服务生态链
9	南京跨境电子商务综合试验区	人才培养联动协同。建立政府、高校、企业、社会四方联动的跨境电商人才培养体系,打造人才培养示范高地。推动知名跨境电商平台与高校、职业教育院校等合作办学,建设培训学院,建立一批跨境电商企业人才培训基地,形成跨境电商人才定制化培养的校企合作机制。建立跨境电子商务人才创业创新支持体系,将跨境电子商务人才列入南京市人才安居办法支持范围。开展跨境电商创业创新大赛,甄选优秀项目予以重点扶持
10	义乌跨境电子商务综合试验区	人才建设体系。引导金华市高校加强跨境电子商务相关专业建设,加大跨境电子商务人才培养力度。加强与全国各大高校合作,建设大学生跨境电子商务实训基地。引进各类人才培训和服务机构,加大创业型和实用型人才培养力度。完善跨境电子商务人才交流和服务机制,搭建跨境电子商务人才学习交流平台。建设商贸人才公寓,优先解决跨境电子商务人才住房、子女入学等问题,为跨境电子商务人才提供良好的生活环境

资料来源:杭州市、宁波市、青岛市、上海市、广州市、深圳市、郑州市、厦门市、南京市、义乌市10个跨境电子商务综合试验区建设实施方案。

根据表13-1中的内容,可以形成如图12-1所示的跨境电子商务综合试验区人才培养体系建设经验文字云图,以及如图13-2所示的词频云图和如表13-2所示的词频统计表。

图 13-1　人才培养体系建设经验文字云图

根据图 13-1 所示的文字云图，可以总结出杭州市、宁波市、青岛市、上海市、广州市、深圳市、郑州市、厦门市、南京市、义乌市 10 个跨境电子商务综合试验区在人才培养体系建设方面的经验。其共性特征表现为：以市场需求为导向，开展电子商务学历教育，鼓励发展电子商务职业教育，打造跨境电子商务人才高地；鼓励借助互联网技术，引进国内外知名培训机构，开展电子商务远程培训；鼓励行业组织和专业机构、国内外专家和专业人士参与跨境电商规划、重点方案制订和项目对接，引进和汇聚创新人才，建立跨境电子商务创业孵化平台和机制，健全专业化、国际化的人才市场服务体系等。

图 13-2　人才培养体系建设经验文字云图

根据图 13-2 所示的词频云图和表 13-2 所示的词频统计表，可以看出跨境电子商务综合试验区在人才培养体系建设经验方面的核心关键词，主要包括：电子商务（55 次）、人才（55 次）、跨境（54 次）、培训（22 次）、企业（19 次）、建立（16 次）、创业（16 次）、机构（14 次）、人才培养（14 次）、创新（13 次）、体系（13 次）、支持（13 次）、电商（12 次）、开展（12 次）、合作（12 次）、鼓励（12 次）、建设（10 次）、服务（9 次）、高校（9 次）等。

表 13-2　人才培养体系建设词频统计表

关键词	次数/次	关键词	次数/次	关键词	次数/次	关键词	次数/次
电子商务	55	服务	9	社会	5	联盟	4
人才	55	高校	9	孵化	5	集聚	3
跨境	54	加强	9	形成	5	技能型	3
培训	22	引进	9	国际化	5	研究	3
企业	19	一批	8	专业化	5	教育	3
建立	16	机制	8	项目	5	提供	3
创业	16	培养	7	对接	5	重点	3
机构	14	平台	7	各类	4	吸引	3
人才培养	14	发展	7	激励机制	4	社会化	3
创新	13	专业	6	国内外	4	市场	3
体系	13	知名	6	技术	4	引导	3
支持	13	培育	5	院校	4	定制	3
电商	12	构建	5	服务体系	4	实用型	3
开展	12	培训基地	5	健全	4	扶持	3
合作	12	政府	5	行业	4	开设	3
鼓励	12	推进	5	相关	4	课程	3
建设	10	完善	5	资本	4	制定	3

第二节 建立跨境电子商务人才培养体系

一、杭州跨境电子商务综合试验区

杭州跨境电子商务综合试验区建立电子商务人才培养体系。以市场需求为导向，加强政府、高校与企业合作，建立一批适应跨境电子商务企业需求的创业型和实用技能型人才培训基地，形成跨境电子商务人才定制化培养的校企合作机制；引进国内外知名培训机构，鼓励社会培训机构开展跨境电子商务人才培训，构建跨境电子商务专业化、社会化、国际化的人才培养体系。

二、广州跨境电子商务综合试验区

广州跨境电子商务综合试验区加强人才培养。支持高等院校、中职院校和社会培训机构开设跨境电子商务相关专业和课程。加强院校、培训机构与企业间合作，鼓励有实力的跨境电子商务企业举办各类技能大赛或创新、创业活动。建立电子商务人才创业创新支持平台，支持创新人才开展跨境电子商务商业模式创新和技术创新。建立跨境电子商务创业孵化机制。

三、宁波跨境电子商务综合试验区

宁波跨境电子商务综合试验区构建人才培育体系。引导高等院校加强跨境电子商务学科建设和人才培养，加强政府、高校和企业合作，分类推进技能型、创业型、管理型、领军型跨境电子商务人才培训基地建设，形成人才联合培养机制。引进国内外知名培训机构，开展跨境电子商务人才培训，构建跨境电商专业化、社会化、国际化的人才培养体系。

第三节　建立跨境电子商务人才服务体系

一、杭州跨境电子商务综合试验区

杭州跨境电子商务综合试验区建立电子商务人才服务体系。健全完善人才吸引、培养、使用、流动和激励机制，以及发展人才的公共服务体系。吸引集聚一批知名的人才中介机构，健全专业化、国际化的人才市场服务体系。建立跨境电子商务产业联盟与人才发展联盟，推进人才与企业、项目、资本的对接，建设开放共享的合作平台。

二、宁波跨境电子商务综合试验区

宁波跨境电子商务综合试验区完善人才服务体系。健全人才吸引、培养、使用、流动和激励机制，面向海内外引进并重点支持一批跨境电子商务高层次人才和高端创业创新团队，推进人才与企业、项目、资本的对接，建设开放共享的跨境电子商务人才服务平台。

三、厦门跨境电子商务综合试验区

厦门跨境电子商务综合试验区积极培育新型服务业态。鼓励跨境电子商务人才培养和培训市场化运作，支持企业、第三方平台与院校合作，开设各类跨境电子商务课程，推行订定制式、公司式等孵化模式，完善"政、校、协、企"四位一体跨境电子商务人才培训机制，打通"人才培养＋企业招聘"

通道；支持成立不同形式的行业组织，引导跨境电子商务企业、人才、资本、服务等要素向跨境电子商务园区集聚，形成运营、客服、物流、金融、供应链、软件、大数据、翻译、人力资源、知识产权等服务生态链。

我国跨境电子商务综合试验区发展模式、经验和趋势

WOGUO KUAJING DIANZI SHANGWU
ZONGHE SHIYANQU FAZHAN MOSHI、
JINGYAN HE QUSHI

第十四章　我国跨境电子商务综合试验区发展趋势

我国商务部印发的《"十四五"对外贸易高质量发展规划》明确指出："扎实推进跨境电子商务综合试验区建设。优化跨境电商零售进口监管，引导行业规范发展。探索跨境电商交易全流程创新。支持跨境电商企业打造要素集聚、反应快速的柔性供应链。建立线上线下融合、境内境外联动的营销体系，推进跨境电商线上综合服务平台等基础设施建设。巩固壮大一批跨境电商龙头企业和优势产业园区。加强行业组织建设，深化国际合作，与其他发展中国家共同加强跨境电商能力建设。"

在加快发展贸易新业态的重点举措中，包括：一是跨境电子商务综合试验区。开展跨境电商"十百千万"专项行动、规则和标准建设专项行动、出海专项行动、创新专项行动。培育一批全球领先的跨境电商企业和产业园区、一批高质量交流载体、一大批复合型人才。加强国际合作，积极参与跨境电商国际规则探索和标准建设。发挥跨境电商优势，有效激活数据要素潜能，打造数字化外贸供应链，为企业出海、产品出海、品牌出海提供便利，推动生产、服务、营销、业态模式等创新。二是海外仓。实施海外仓高质量发展专项行动，推广经验做法，强化主体培育，推进标准建设，加强人才培训，鼓励引导多元化建设海外仓。支持海外仓对接各跨境电子商务综合试验区线上综合服务平台和国内外电商平台，推动数字化发展。优化物流协作，深化国际合作，完善覆盖全球、布局合理的海外仓服务网络，探索创立海外智慧物流平台。深化与境外上下游企业互利合作。

我国跨境电子商务综合试验区呈现出蓬勃的发展活力和强劲的发展势头。我国跨境电子商务综合试验区发展总目标是：力争把综合试验区建设成以"线上集成＋跨境贸易＋综合服务"为主要特征，以"物流通关渠道＋单一窗口信息系统＋金融增值服务"为核心竞争力，"关""税""汇""检""商""物""融"一体化，线上"单一窗口"平台和线下"综合园区"平台相结合，投资贸易便利、监管高效便捷、法制环境规范的全国跨境电子商务创业创新中心、跨境电子商务服务中心和跨境电子商务大数据中心。

第一节　跨境电子商务进出口市场规模不断扩大

一、跨境电子商务进出口市场规模逐年递增

跨境电子商务是目前发展速度最快、潜力最大、带动作用最强的一种外贸新业态，仍处于高速发展期。据相关统计数据显示，2013—2021年，我国跨境电子商务交易规模分别为 2.9 万亿、3.9 万亿、5.1 万亿、6.3 万亿、8.1 万亿、9.0 万亿、10.5 万亿、12.5 万亿、14.2 万亿元，平均增长速度为 22.2%，远超同期我国进出口总额的增长速度，具体数据如表 14-1 和图 14-1 所示。

表 14-1　我国跨境电子商务交易规模和增长速度统计表

年份	2013	2014	2015	2016	2017	2018	2019	2020	2021
交易规模 / 万亿元	2.9	3.9	5.1	6.3	8.1	9.0	10.5	12.5	14.2
增长速度 /%	—	34.5	30.8	23.5	28.6	11.1	16.7	19.0	13.6

企查查数据显示，我国现存跨境电子商务相关企业 3.39 万家。近 5 年来，我国跨境电子商务相关企业注册量逐年上升。2021 年新增 1.09 万家，同比增长 72.20%。从区域分布来看，广东以 9291 家跨境电子商务相关企业数量排名第一，浙江、山东分别有 3836 家、3207 家，排名第二、三。

2021 年中国跨境电子商务交易额占我国货物贸易进出口总值 39.1 万亿元的 36.32%。2017—2021 年，跨境电子商务行业渗透率分别为 29%、29.5%、33.29%、38.86%、36.32%，如图 14-2 所示。2021 年受诸多跨境电

子商务企业经营受损，以及中国货物贸易进出口增长 21.4% 的背景下，跨境电子商务行业渗透率占比依然超过 35%。预计未来随着行业规模不断增长，跨境电子商务行业的渗透率也将不断提升。

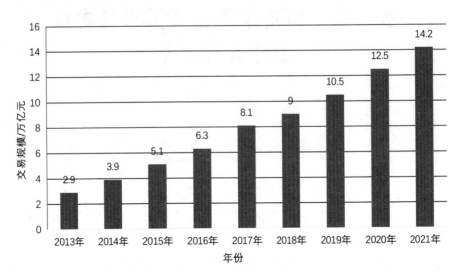

图 14-1　我国跨境电子商务交易规模柱状图

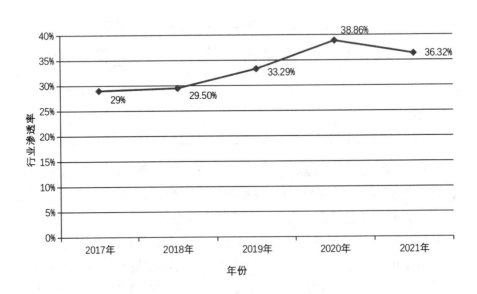

图 14-2　跨境电子商务行业渗透率

二、跨境电子商务进出口市场结构更加丰富

跨境电子商务进出口结构方面，2021 年中国跨境电子商务的进出口结构，出口占比达到 77.46%，进口占比为 22.54%。目前进口与出口跨境电子商务市场在政策鼓励、税收优惠等助推下已初步成熟，市场核心驱动力是需求及领先于海外的生产端。

（一）我国出口电子商务市场规模

报告显示，2017—2021 年，我国出口跨境电子商务市场规模（增速）分别为 6.3 万亿元（14.54%）、7.1 万亿元（12.69%）、8.0 万亿元（13.09%）、9.7 万亿元（20.79%）、11 万亿元（13.40%），如表 14-2 和图 14-3 所示。

表 14-2　我国出口跨境电子商务市场规模和增速

年份	2017	2018	2019	2020	2021
出口规模 /万亿元	6.3	7.1	8.0	9.7	11
出口增速 /%	14.54	12.69	13.09	20.79	13.40

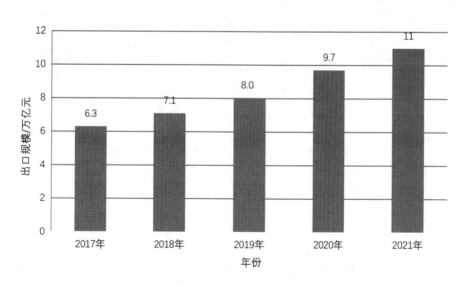

图 14-3　我国出口跨境电子商务市场规模

（二）我国进口跨境电子商务市场规模

报告显示，2017—2021 年，我国进口跨境电子商务市场规模（增速）分别为 1.8 万亿元（125.00%）、1.9 万亿元（5.56%）、2.5 万亿元（30.00%）、2.8 万亿元（13.36%）、3.2 万亿元（14.29%），如表 14-3 和图 14-4 所示。

表 14-3　我国进口跨境电子商务市场规模和增速

年份	2017	2018	2019	2020	2021
出口规模 / 万亿元	1.8	1.9	2.5	2.8	3.2
出口增速 /%	125.00	5.56	30.00	13.36	14.29

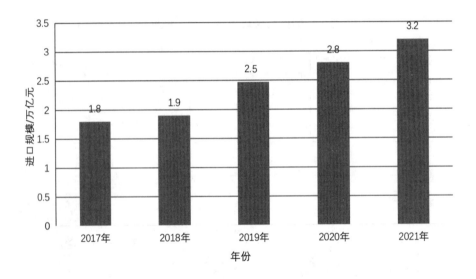

图 14-4　我国进口跨境电子商务市场规模

（三）我国跨境电子商务市场 B2B 和 B2C 结构

跨境电子商务模式结构方面，2021 年中国跨境电子商务的交易模式中，跨境电子商务 B2B 交易占比达 77%，跨境电子商务 B2C 交易占比为 23%。目前出口 B2B 在线采购已逐步成为全球采购主流趋势，对贸易经济带动面较大，同时出口 B2C 销售正往更多国家渗透，从欧美日韩发达市场逐步渗透到东南亚新兴市场。出口跨境电子商务 B2C 的销售渠道主要分为大型多国电子商务平台、海外本土电子商务平台、独立站三类。

三、跨境电子商务融资总额呈上升趋势

根据艾瑞咨询的数据，2021 年我国在跨境电子商务领域投融资总额是 2016 年的 3.8 倍，2020 年是全球疫情暴发的第一年，我国跨境电子商务发展严重受阻，整体来看，2016—2021 年，我国在跨境电子商务领域的投融资总额呈现不断上升的态势。具体数据如表 14-4 和图 14-5 所示。

表 14-4 2016—2021 年跨境电子商务领域投融资统计表

年份	2016	2017	2018	2019	2020	2021
投融资数量 / 起	114	58	45	34	33	76
投融资规模 / 亿元	54	23	101	231	71	207

资料来源：根据艾瑞咨询数据整理。

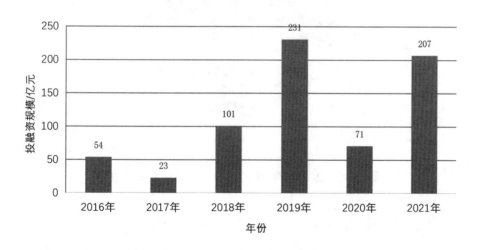

图 14-5 我国跨境电子商务市场融资额度柱状图

在融资轮次上，2021 年，中国跨境电子商务共发生 76 起融资。其中，天使轮 9 起、Pre 轮 6 起、A 轮 24 起、B 轮 14 起、C 轮 5 起、D 轮 5 起、E 轮 2 起、战略投资 8 起、并购 1 起、种子轮 2 起，如表 14–5 和图 14–6 所示。

表 14–5　2021 年我国跨境电子商务融资轮次统计表

类型	天使轮	Pre 轮	A 轮	B 轮	C 轮	D 轮	E 轮	战略投资	并购	种子轮	合计
次数/起	9	6	24	14	5	5	2	8	1	2	76
占比/%	12	8	31	18	7	7	3	10	1	3	100

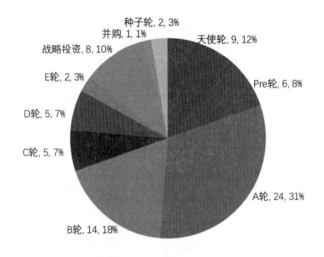

图 14-6　2021 年我国跨境电子商务融资统计饼图

2021 年，中国跨境电子商务融资事件数在省域分布上，排名前三的分别是：广东省 33 起、上海市 16 起、浙江省 10 起。跨境电子商务融资事件数在省域分布上，大部分集中在长三角、珠三角经济发达地区。特别是广东省跨境电子商务平台集聚，这与政府政策和广东省靠近香港口岸有一定关系。

第二节 积极推进跨境电子商务 产业的国际标准

一、跨境电子商务国际合作加速推进

目前，我国"丝路电商"的朋友圈范围持续扩大，金砖国家、上合组织、中国—东欧、中国—中亚五国等多边及区域电子商务合作机制建设持续推进。同时，我国积极推动世贸组织电子商务谈判，正式申请加入数字经济伙伴关系协定（DEPA）和全面与进步跨太平洋伙伴关系协定（CPTPP），积极探索和推动同欧洲、非洲、拉美各国的贸易投资自由化和便利化合作，进一步提升我国电子商务国际合作的广度和深度。

二、跨境电子商务国际标准积极推进

传统的国际贸易模式主要是将商品作为消费品在各国家或地区之间进行交换。新型的国际贸易模式则体现为整个生产过程的国际化发展，即商品、投资、服务、知识、人员都会在全球的生产网络中进行跨境流动。新的国际贸易模式，要求世界各国的市场规则具有一致性、产品标准具有相融性等特征。目前，我国跨境电子商务的发展已经走到世界的前列。未来，我国在新一轮的全球治理结构调整变化中，既能主动谋求与自身相当的地位，又能积极平衡各国的利益诉求，推进跨境电子商务产业发展规则和人才培养的国际标准，以引领和推动全球跨境电子商务产业的健康快速发展。

第三节　积极推进跨境电子商务综合试验区与国家重大战略（倡议）对接

一、积极推进综试区与"一带一路"倡议对接

从经济和政治战略角度来看，跨境电子商务综合试验区是经济任务，更是政治任务。积极对接"一带一路"倡议是跨境电子商务综合试验区对外开放、开展国际合作的重要战略。从对外开放和提升地方竞争优势的角度来看，积极对接"一带一路"倡议对于进一步提高我国国际竞争力，带动资源配置的全球化拓展，为本地跨境电子商务产业寻找新的经济需求和增长，打造新的区域增长都具有非常重要的意义。通过逐步建立与"一带一路"倡议适应的产业链网服务平台、多式联运基础设施、合格布局海外仓等，打通跨境电子商务在"一带一路"倡议发展的瓶颈，实现货物、服务的互通互联互享。跨境电子商务已经成"一带一路"建设重要的落脚点，成为连接"一带一路"国家的纽带，以渠道和供给的增加引领贸易和投资的发展，促进国家之间的生产分工协作，实现共建"一带一路"国家的资源共享、产品共享，并成为打开供给侧结构性改革的新通道。

推动数字领域国际合作走深走实。深化共建"一带一路"国家电子商务合作，积极发展"丝路电商"，推动各国中小企业参与全球贸易，支持数字产业链全球布局，促进全球电子商务供应链一体化发展。加快电子商务技术、平台、供应链及配套服务的国际合作步伐，推动电子商务经验分享及人才合作，积极开展多层次国际交流活动。促进数字经济领域贸易投资，落实《数字经济对外投资合作工作指引》，鼓励电子商务企业积极参与东道国数字惠民、数字金融、数字治理等民生项目，帮助发展中国家缩小数

字鸿沟。建立开放共享、普惠高效、安全可靠、环境友好的全球电子商务发展格局。

推进数字领域国际规则构建。积极参与以电子商务为核心的数字领域国际规则制定，推动形成以货物贸易数字化为核心、以服务贸易数字化为延伸、以数字基础设施互通和安全为保障的国际规则体系。推进多边、双边电子商务规则谈判和数字领域机制建设，加快跨境交付、个人隐私保护、跨境数据流动、消费者权益等领域国内国际规则衔接。积极参与电子商务国际标准体系建设，推动探索我国数据确权、交易、输、安全保护等方面标准规范建设，提升标准适用性，探索开展数字领域开放压力测试。支持行业组织、企业等在国际规则体系建设中发挥积极作用，以双边和区域合作促规则制定，按照互利共赢、公开透明的原则，加强数字领域规则协同，积极探索全球电子商务市场新规则、新治理的形成路径和最佳实践。

加快贸易通道建设。完善贸易畅通网络，构建内外联通、安全高效的贸易大通道。支持中欧班列发展，加快构建以中欧班列、陆海新通道等大通道和信息高速路为骨架，以铁路、港口、管网等为依托的互联互通网络，打造国际陆海贸易新通道。拓展中欧班列回程货源。高水平推进中新（重庆）战略性互联互通示范项目。支持地方建设"一带一路"进出口商品集散中心。推动国际陆运贸易规则制定，推进铁路多式联运运单物权化。

积极发展丝路电商。拓展丝路电商全球布局，建设"一带一路"电子商务大市场。创新发展丝路电商合作框架，推进合作机制建设，丰富合作层次，促进产业对接，扩大产品进出口，支持地方和企业与伙伴国深度合作，培育地方合作集群，推动电商企业加强海外网络建设，加强模式创新和治理经验分享。推进电子商务领域规则谈判，构建电子商务国际 则体系。

升级贸易畅通平台。创新发展中国—东盟博览会、中国—东北亚博览会、中国—南亚博览会、中国—亚欧博览会、中国—中东欧国家博览会、中国—非洲经贸博览会、中国—阿拉伯国家博览会、中国—俄罗斯博览会等展会，发挥好中国—加勒比经贸合作论坛、中国—太平洋岛国经济发展合作 论坛、中拉基础设施合作论坛等平台作用，打造多元化、多层次、多渠道合作平台。

加强合作机制建设。强化经贸政策沟通，推动商建更多贸易畅通工作组、投资合作工作组、服务贸易国际合作机制和电子商务合作机制。支持建设中国—上海合作组织地方经贸合作示范区以及中国—印尼、中国—马来西亚"两国双园"等合作示范区。深化与联合国等国际机构合作，高质量执行"一带一路"国际合作项目，推动更多公共卫生和社会民生项目落地。

二、积极推进综试区与"双循环"战略对接

以构建新发展格局为"纲"，推进市场相通、产业相融、创新相促、规则相联，强化国内大循环主导作用，以国际循环提升国内大循环效率和水平，推动实现国内国际双循环互促共进。

畅通国内大循环有利于更好吸引全球要素资源，提升贸产融合水平；促进国内国际双循环有利于优进优出，提升贸易自由化便利化水平。在全国范围内培育约500家首批贸易双循环企业。以国内国际市场协同相促、创新驱动突出、竞争实力强劲、带动作用明显等方面为重点，总结成熟经验做法，引领更多外贸企业成为促进国内国际双循环的主体。

扎实推进跨境电子商务综合试验区建设。优化跨境电子商务零售进口监管，引导行业规范发展。探索跨境电子商务交易全流程创新。支持跨境电子商务企业打造要素集聚、反应快速的柔性供应链。建立线上线下融合、境内境外联动的营销体系，推进跨境电子商务线上综合服务平台等基础设施建设。巩固壮大一批跨境电子商务龙头企业和优势产业园区。加强行业组织建设，深化国际合作，与其他发展中国家共同加强跨境电子商务能力建设。

完善内外贸一体化调控体系。促进内外贸法律法规、监管体制、经营资质、质量标准、检验检疫、认证认可等相衔接。进一步健全内外贸一体化的政策体系。积极推动国内国际标准转化，提升国内国际标准一致性，推动国内标准走出去。完善强制性产品认证制度，推动国内国际质量认证结果互认，鼓励第三方认证机构国际化发展。

培育内外贸一体化平台。推动外贸企业多渠道拓展内销市场，引导更多国内采购商积极采购出口转内销优质产品。培育一批运营模式与国际接轨的国内商品交易市场。引导外贸企业与物流企业加强业务协同和资源整合，共建共享物流中心等物流基础设施网络，支持国内物流企业发展国际

业务。建立健全内外贸企业交流合作机制。发挥国家电子商务示范基地作用，打造更多更好的内外贸一体化线上平台。

增强内外贸一体化发展动能。支持发展同线同标同质产品，扩大适用范围至一般消费品、工业品等领域，强化"三同"公共服务。推进商产融合，推动商贸流通业与一、二产业跨界融合，实现"以销定产"，促进内外贸产业链供应链融合发展。鼓励内外贸资源整合，推动行业组织、企业联合体与国际采购联盟加强对接。

三、积极推进综试区与"数字贸易"强国战略对接

2020 年，我国货物与服务贸易总额跃升至全球首位，贸易伙伴扩展至230 多个国家和地区。我国要紧紧抓住全球数字经济快速发展机遇，依托我国丰富的应用场景优势，激活数据要素潜能，促进数字技术与贸易发展深度融合，不断壮大外贸发展新引擎。[①]

"十四五"时期，我国要加快数字技术与贸易发展深度融合，提升发展贸易新业态，拓展贸易发展新空间。提升贸易数字化水平，加快贸易全链条数字化赋能，推进服务贸易数字化进程，推动贸易主体数字化转型，营造贸易数字化良好政策环境，推动数字强贸。促进跨境电子商务健康持续创新发展，推进跨境电子商务综合试验区建设，优化跨境电子商务零售进口监管，探索跨境电子商务交易全流程创新，巩固壮大一批跨境电子商务龙头企业和优秀产业园区。

建立健全数字贸易促进政策体系，探索发展数字贸易多元化业态模式。加快建立数据资源产权、交易流通、跨境传输、安全保护等基础制度和标准规范。在国家数据跨境传输安全管理制度框架下，开展数据跨境传输安全管理试点。建设国家数字服务出口基地，培育数字贸易示范区。完善数字贸易公共服务平台，加快研究相关统计方法。加强数字贸易国际合作。

构建贸易数字化"点、线、面、区"立体发展格局。培育贸易数字化先行企业，在全国遴选创新潜力大、竞争力强的贸易数字化转型企业，打

---

① 中华人民共和国商务部．"十四五"对外贸易高质量发展规划，2021.

标杆示范。实施贸易数字化"牵手"计划，加强贸易数字化服务商与外贸企业对接，帮助广大外贸企业，尤其是中小外贸企业数字化转型。开展国家外贸转型升级基地"+数"行动，提升基地数字化水平。打造贸易数字化领航区，鼓励地方先行先试，创新政策、完善规则、营造环境。

开展跨境电子商务"十百千万"专项行动、规则和标准建设专项行动、出海专项行动、创新专项行动。培育一批具有国际影响力的跨境电子商务企业和产业园区、一批高质量交流载体、一大批复合型人才。积极参与跨境电子商务国际规则探索和标准建设。打造数字化外贸供应链，推动生产、服务、营销、业态模式等创新。

第四节　积极推进大数据等新技术在跨境电子商务综试区的应用

一、大数据技术在综试区的创新运用

数字技术的发展为跨境电子商务行业带来革新。一是可以极大提升跨境电子商务综合试验区的统计信息准确性，利用大数据对各类信用数据进行分类和分析，可以构建企业分级评价和服务模式，再结合监管部门的信用认证和第三方信用服务评价，可以构建信用评级指标体系。二是可以在跨境电子商务营销方面起到非常大的助推作用。例如，通过大数据画像，可以更加精准地描述消费者的需求特征，帮助跨境电子商务企业更精准地寻找目标消费对象、潜在的消费对象和消费产品，从而刺激企业从生产制造环节进行提升和优化。大数据技术、云计算技术将使营销更精准化、个性化，并提高供应链运转速度。

二、区块链技术在综试区的创新运用

区块链技术的可追溯性、不可篡改性，以文点对点传输技术、智能合约技术，将帮助解决跨境电子商务物流检测难题、跨境支付和跨境电子商务产品质量追溯难题。利用区块链技术，可以将商品赋予资产化的属性，采取这种记录方式，可以让所有被记录的商品在进行真伪验证和货源追查时，不用担心相关数据被恶意修改，保证了商品、物流、资金等信息的安全性。

三、元宇宙技术在综试区的创新运用

元宇宙（Metaverse）是利用科技手段进行链接与创造的、与现实世界映射与交互的虚拟世界，具备新型社会体系的数字生活空间。元宇宙本质上是对现实世界的虚拟化、数字化过程，需要对内容生产、经济系统、用户体验以及实体世界内容等进行大量改造。但元宇宙的发展是循序渐进的，是在共享的基础设施、标准及协议的支撑下，由众多工具、平台不断融合、进化而最终成形的。它基于扩展现实技术提供沉浸式体验，基于数字孪生技术生成现实世界的镜像，基于区块链技术搭建经济体系，将虚拟世界与现实世界在经济系统、社交系统、身份系统上密切融合，并且允许每个用户进行内容生产和世界编辑。元宇宙或将推动跨境电子商务生态链出现新业态模式。2021年，数字人民币已经开始应用到跨境电子商务支付场景。随着数字技术与跨境电子商务场景的深度融合，未来将形成智能、绿色的跨境电子商务生态链。①

---

① 中华人民共和国商务部.中国电子商务报告2021[R].北京：中国商务出版社，2022.

第五节 积极推进跨境电子商务人才的创新培养

一、教育部专业目录调整为跨境电子商务人才创新培养带来机遇

自 2013 年以来，我国跨境电子商务产业进入快速发展阶段。快速增长的产业规模背后是对专业跨境电子商务人才的巨大需求。但是目前从事跨境电商相关行业的人才多数是电子商务专业、国际商务专业、国际贸易专业等领域背景的人才。2019 年 6 月，教育部《中等职业学校专业目录（2010）》首次将跨境电子商务作为财经商贸大类专业中的一个正式专业。2019 年 10 月，教育部《普通高等学校高等职业教育（专科）专业目录》把跨境电子商务作为财经商贸大类中的一个正式专业。随着跨境电子商务专业的正式设立，中职、高职甚至本科院校将培养符合企业实际需求的高端应用型和学科型人才，引领和促进行业发展。如表 14-6 所示为教育部电子商务专业目录。

表 14-6　教育部电子商务专业目录

序号	中职		高职		本科	
	专业代码	专业名称	专业代码	专业名称	专业代码	专业名称
1	730701	电子商务	530701	电子商务	330701	电子商务
2	730702	跨境电子商务	530702	跨境电子商务	330702	跨境电子商务
3	730703	移动商务	530703	移动商务	330703	全媒体电商运营

续表

序号	中职		高职		本科	
	专业代码	专业名称	专业代码	专业名称	专业代码	专业名称
4	730704	网络营销	530704	网络营销与直播电商	-	-
5	730705	直播电商服务	530705	农村电子商务	-	-
6	-	-	530706	商务数据分析与应用	-	-

二、跨境电商领域 1+X 证书为跨境电子商务人才创新培养指明方向

跨境电子商务相关 1+X 证书有阿里巴巴（中国）教育科技有限公司开发的《跨境电商 B2B 数据运营职业技能等级证书》，阿里巴巴（中国）网络技术有限公司开发的《跨境电商 B2C 数据运营职业技能等级证书》，厦门优优汇联信息科技有限公司开发的《跨境电子商务多平台运营职业技能等级证书》、北京中清研信息技术研究院有限公司开发的《跨境电商海外营销职业技能等级证书》，如表 14-7 所示。

表 14-7　跨境电子商务相关 1+X 证书

序号	证书名称	发证单位	批次
1	电子商务数据分析职业技能等级证书	北京博导前程信息技术股份有限公司	第二批
2	网店运营推广职业技能等级证书	北京鸿科经纬科技有限公司	第二批
3	跨境电商 B2B 数据运营职业技能等级证书	阿里巴巴（中国）教育科技有限公司	第三批
4	社交电商运营职业技能等级证书	中联集团教育科技有限公司	第四批
5	跨境电子商务多平台运营职业技能等级证书	厦门优优汇联信息科技有限公司	第四批

序号	证书名称	发证单位	批次
6	农产品电商运营职业技能等级证书	北京博导前程信息技术股份有限公司	第四批
7	移动互联网运营职业技能等级证书	联创新世纪（北京）品牌管理股份有限公司	第四批
8	跨境电商海外营销职业技能等级证书	北京中清研信息技术研究院有限公司	第四批
9	汽车电商服务平台运营与管理职业技能等级证书	北京运华科技发展有限公司	第四批
10	跨境电商 B2C 数据运营职业技能等级证书	阿里巴巴（中国）网络技术有限公司	第四批
11	电子商务客户服务职业技能等级证书	江苏京东信息技术有限公司	第四批
12	直播电商职业技能等级证书	南京奥派信息产业股份公司	第四批

跨境电子商务综合试验区是我国政府为了破解跨境电子商务产业发展中的桎梏和难题，在一些具有发展跨境电子商务优势的城市率先设立的改革先行区。综试区实现了体制机制的创新，突破部门界限，形成商品、物流、商户、电商平台、口岸管理部门的信息共享平台和监管协同机制。跨境电子商务综合试验区政策红利也给企业发展带来了利好，节省了企业成本，同时试点城市通过政策的先行先试，提升了整个城市的创新活力，加大了政府招商引资的资本，也带动我国跨境贸易整体环境的改善。据世界银行最新评估，我国营商环境总体排名第 46 位，跨境贸易排名第 65 位，均比上年提升了 32 位（张周平，2019）。我国的跨境电子商务综合试验区在 8 年多的运行过程中，已经取得一些显著的成绩，同时也存在一些发展中的难题，在新的技术变革和国际经济形势中，也面临一些新的挑战和机遇。所以，相关政府和企业部门应该认真梳理现有的经验和难题，全面准确地评判未来发展的趋势，以促进我国跨境电子商务行业更好的发展。

我国跨境电子商务综合试验区发展模式、经验和趋势

WOGUO KUAJING DIANZI SHANGWU
ZONGHE SHIYANQU FAZHAN MOSHI、
JINGYAN HE QUSHI

第十五章 专题性研究成果

研究成果一

我国跨境电子商务综合试验区发展研究系统性分析

一、我国跨境电子商务综合试验区发展历程分析

　　我国跨境电子商务综合试验区自 2012 年开始起步，历经试点阶段、第一批、第二批、第三批、第四批、第五批、第六批、第七批等发展阶段。目前，我国共有 165 个跨境电子商务综合试验区，覆盖全国 31 个省（直辖市、自治区），可以说在获批的数量、规模和区域分布上，都进入一个新的历史阶段。我国跨境电子商务综合试验区获批批次分布情况如表 15–1 所示。

表 15–1　我国跨境电子商务综合试验区获批批次分布表

分类	第一批	第二批	第三批	第四批	第五批	第六批	第七批	合计
获批数量/个	1	12	22	24	46	27	33	165
获批时间	2015 年	2016 年	2018 年	2019 年	2020 年	2022 年	2022 年	–

二、我国跨境电子商务综合试验区研究总体特点分析

　　伴随着我国跨境电子商务综合试验区获批数量的不断发展，相关研究成果的数量和质量也在不断提升。以"跨境电商综合试验区"或者"跨境电子商务综合试验区"为篇名关键词检索，可以在 CNKI 检索到 2015—2022 年以来的 250 篇研究成果，具体如表 15–2 和图 15–1 所示。

表 15-2　研究成果年度分布表

时间	2015 年	2016 年	2017 年	2018 年	2019 年	2020 年	2021 年	2022 年	合计
数量/篇	8	28	16	22	35	66	35	40	250

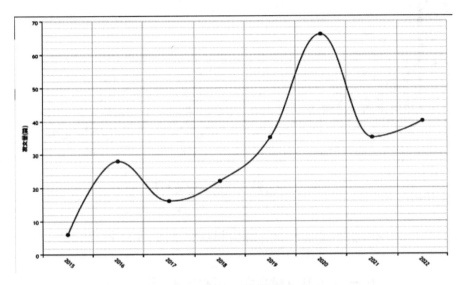

图 15-1　研究成果年度分布图

　　2015 年，作为我国首个跨境电子商务综合试验区，杭州跨境电子商务综合试验区正式获批成立，同年出现相关主题的研究成果。2015—2022 年 8 年，研究成果总体数量呈上升趋势，最高峰出现在 2020 年，2021—2022 年略有回落。这些研究成果主要集中在：政府政策（74 篇）、杭州（广东、河南、山东）等城市的建设经验（30 余篇）、发展对策（10 篇）、税收政策（6 篇）、产业竞争力评价（6 篇）、出口货物（4 篇）、大数据（3 篇）、知识产权（3 篇）等方面，如图 15-2 所示。

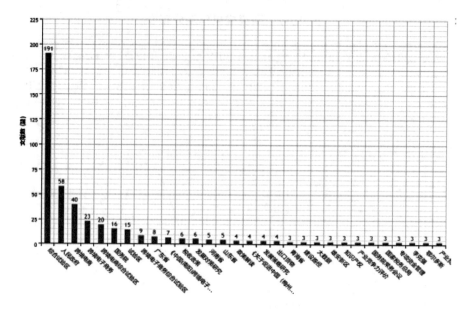

图 15-2　研究成果主题分析图

三、我国跨境电子商务综合试验区研究年度特点分析

（一）2015—2016 年文献特点：前两批综试区经验总结

2015 年杭州跨境电子商务综合试验区正式获批成立，成为跨境电子商务产业界里程碑式的改革大事件，同年的研究都是围绕杭州跨境电子商务综合试验区建设的模式、经验和优劣势问题开展。代表性研究成果包括：《M2B2C 跨境电商出口模式的产业功能及实现——以中国（杭州）跨境电子商务综合试验区为例》（李金芳、陈夏林等，2015），《标准化助推杭州跨境电子商务综合试验区发展》（张鑫、郑伏，2015），《中国（杭州）建立跨境电商综合试验区 SWOT 分析》（尹伊梦芝、王诗玮，2015）等。杭州跨境电子商务综合试验区在建设过程中，虽然有宏观政策环境好、产业配套齐全等优势，但是也面临跨境物流风险大、技术不成熟等方面的劣势。在未来的发展中，需要在加强法制和信用方面的管制、建立完善智慧物流体系、培养跨境电商国际化人才等领域，不断加大力度并出台相应的政策。

随着第一批综试区的发展以及第二批 12 个城市跨境电子商务综合试验区的获批，2016 年度的研究，继续围绕第一批杭州跨境电子商务综合试验区的建设经验和发展效应，以及陆续围绕第二批试点城市的建设经验开展。代表性研究成果包括：《跨境电商发展的现状、机遇与挑战——以杭州跨境电子商务综合试验区发展为例》（杨夏悦，2016），《积极对接"一带一路"战略加快推进中国（大连）跨境电商综合试验区建设》（杨晓猛、侯东岳，2016），《合肥跨境电子商务综合试验区的发展对策研究》（范敏、毕诗琪，2016），《推进天津跨境电子商务综合试验区建设的路径选择》（邵长青，2016）等。杭州跨境电子商务综合试验区一年多的发展，促使杭州市跨境电子商务进出口总额突破 200 亿元，再创历史新高；同时，综试区"六体系两平台"的建设经验，也逐渐得到政府部门和各试点城市的认可。天津市、大连市、合肥市等第二批试点城市，在借鉴"六体系两平台"杭州经验的基础上，结合各自城市的特点，寻找新的突破。大连跨境电子商务综合试验区由于其独特的港口优势以及在"海上丝绸之路"的地理位置，提出要把跨境电子商务综合试验区的发展与"一带一路"倡议相结合。合肥跨境电子商务综合试验区制定了培育具有区域特色的电商产业链、建立智能跨境物流体系、引进培养跨境电商综合性人才等发展策略。天津跨境电子商务综合试验区科学谋划发展道路，提出从供给侧改革开创跨境电子商务发展新格局，打造"天津元素、中国特色"的跨境电商品牌。

（二）2017—2019 年文献特点：前四批综试区经验总结和新的研究方法融入

2017 年度的研究，继续围绕第一批和第二批试点城市的建设经验开展，但是在选题上和研究的侧重点上，开始有了新的方向。在跨境电子商务知识产权侵权风险及防范、各园区发展的影响因子分析等具体问题上有了深入研究。代表性研究成果包括：《中国跨境电商试验区发展现状与经验——以广州跨境电商综合试验区为例》（王香怡、杨莳，2017），《中国（重庆）跨境电子商务综合试验区的机遇与挑战》（秦娟，2017），《跨境电子商务知识产权侵权风险及防范对策——以中国（杭州）跨境电子商务综合试验区为研究背景》（韩旭，2017），《杭州跨境电子商务综合试验区各园区发展的影响因子分析》（冯芳、万建群，2017）等。跨境电子商务综合试验区的线下产业园区一般会根据地理位置再分为多个核心产业区域，这些核心区域要整合资源实现联动发展，才能突显整个线下产业园的优势。因此，通过建立指标体系进行测评，找出影响园区发展的关键因素，然后按照因素重要程度从高到低排名依次是：政策支持力度、产业聚集程度、地理位置环境、服务水平和基础设施等，根据以上因素制定指导园区健康发展的发展对策。

2018 年伴随着我国第三批跨境电子商务综合试验区的设立，相关研究的深度和广度都有了新的变化。新型贸易模式、大数据、产业竞争力评价等，一些新的研究方法、模型、技术等逐步与跨境电子商务综合试验区的发展相结合，从更多的角度和方面认知跨境电子商务综合试验区发展中的利和弊、经验和教训等问题。代表性研究成果包括：《简析新型贸易模式在我国的发展——以跨境电商综合试验区为例》（孙颖，2018），《大数据助力中国（郑州）跨境电子商务综合试验区发展》（越琳，2018），《跨境电商综合试验区的产业竞争力评价研究》（郝彬凯，2018）等。大数据、区块链等新技术在跨境电子商务综合试验区的创新应用，一直是综试区改革和突破的重点。大数据技术可以充分挖掘消费者的消费习惯，研发新的商品，实现智慧生产。大数据在郑州跨境电子商务综合试验区的创新应用包括：优化了监管措施；帮助企业扩展了新的市场；建立了商品全球溯源体系，创新了跨境物流模式；帮助企业开展海外精准分销等。

2019 年的研究主要是对前四批跨境电子商务综合试验区的建设成果进行总结和展望，对其运行绩效以及与经济系统的耦合性进行评价，找到其现阶段发展的瓶颈，为其未来创新发展找到对策和路径。代表性研究成果包括：《中国跨境电商综合试验区建设成果与展望》（韦大宇、张建民，2019），《跨境电商与经济系统耦合协调发展——基于 35 个跨境电商综合试验区的实证研究》（张晓东，2019），《中国跨境电商综合试验区运行绩效评价》（张夏恒、陈怡顾，2019），《跨境电子商务综合试验区创新实践与推进策略》（朱贤强、王庆，2019）等。张晓东博士创新地用耦合度指标评价跨境电商系统与经济系统之间的协同程度，测算结果分为优质、良好、中级、初级、勉强耦合协调五个档次。该项研究不仅在研究方法上有了新的突破，也为科学评价我国跨境电子商务综合试验区的发展成效提供了思路。

（三）2020—2022 年文献特点：对综试区的定性和定量分析形成高质量成果

2020 年研究成果数量呈现高峰，研究成果质量有很大的提升，研究成果发表的期刊质量也有很大提升：在对跨境电子商务综合试验区发展政策分析方面形成了系统性成果，在对跨境电子商务综合试验区样本数据的定性和定量分析方面也形成了高质量的研究成果；同时，逐步总结出我国跨境电子商务综合试验区的模式、绩效、供应链发展潜力等重要领域或环节的问题及经验，形成非常有借鉴性和参考价值的结论。代表性研究成果包括：《跨境电商综合试验区的设立模式与推广问题——基于 70 个城市的定性比较分析》（张正荣等，2020），《我国跨境电商运行绩效评价与提升策略——基于跨境电商综合试验区样本数据的分析》（裴东霞，2020），《跨境电商综合试验区演化动力与创新实现机制研究》（肖亮、柯彤萍，2020）等。肖亮教授构建了跨境电子商务综合试验区多阶段创新演化模型，并从动力作用机制角度分析了在不同创新发展阶段政府的各项政策对综试区起到的积极作用，为制度创新找到突破和方向。

2021 年，相关研究成果的数量在 2020 年形成一个小高峰后略有回落，基本与 2019 年持平，但是研究成果的质量继续提升。在运用知识图谱分析研究文献、运用双重差分法分析综合试验区政策等方面有了新的突破。同时在"双循环"背景下如何让跨境电子商务综合试验区发挥更大作用等方面，有了新的构思和策略。代表性研究成果包括：《中国跨境电子商务综合试验区研究能量分布、热点与趋势——基于科学知识图谱的文献计量分析》（张丽丽，2021），《跨境电商综合试验区政策推动居民消费升级了吗？——基于双重差分法的实证检验》（唐红涛、成凯，2021），《江苏跨境电商综合试验区产业竞争力评价研究——基于生态位视阈下》（李海菊，2021）等。

截至 2022 年 10 月，相关研究成果数量已经超越 2021 年，研究成果质量继续提升。一些新的方法如双重差分模型、引力模型等应用于相关研究。同时，一些研究从一些新的视角，如"反事实"视角、海关出口新政下、准自然实验等，审视目前我国跨境电子商务综合试验区的发展，反馈新的问题，并找到解决的出路和办法。代表性研究成果包括：《跨境电商综合试验区对地区经济的影响及差异性分析——基于"反事实"视角》(王利荣、芮莉莉，2022)，《跨境电商综合试验区对进出口贸易的影响——基于双重差分模型的实证分析》(王小琴，2022)，《数字贸易赋能制造业质量变革机制与效应——来自跨境电子商务综合试验区的准自然实验》(袁其刚、王敏哲，2022)等。这些研究从新的研究方法和新的研究视角反映了目前我国跨境电子商务综合试验区发展中存在的核心问题，如第一批综试区对地区的经济增长和外贸水平的提升有明显的促进作用，而第二批综试区对地区外贸水平提升的促进作用明显，但对经济增长的促进作用效果不明显。设立跨境电子商务综合试验区对于提升企业全要素的生产效率效果明显，数字贸易在赋能我国制造业提升出口方面效果明显等。

四、我国跨境电子商务综合试验区研究展望

可以说，自 2015 年杭州跨境电子商务综合试验区获批设立以来，我国跨境电子商务综合试验区在数量和规模上有了较大发展，相关研究性成果也在一定程度上起到了总结经验和引领其创新发展的作用。在新的历史时期，尤其是国家"十四五"发展的关键时刻，在"一带一路"发展倡议、"双循环"发展格局等宏观背景下，相关研究还要往纵深发展。一是对现有 165 个跨境电子商务综合试验区发展经验和特点进行及时总结和问题分析。二是研究在全球视域、国家宏观战略下，跨境电子商务综合试验区发展的战略定位和发挥作用问题。三是将一些优化的定量方法和定性分析相结合，全面评价综合试验区发展效果、差距，以及与其他产业的相互促进问题。四是研究跨境电子商务综合试验区作为创新的高地，在监管创新、模式创新、税收创新、金融创新、物流创新、技术和人才培养创新等方面的突破问题。此外，笔者呼吁国家统计局、商务部等相关政府部门，能够特辟专栏，公开一些跨境电子商务综合试验区发展的数据，供相关研究部门或高校研究，以理论创新引领实践创新，以实践改革促进理论革新，起到相辅相成的作用，促进我国跨境电子商务综合试验区高质量地发展。

——胡丽霞发表于《全国流通经济》(2023 年第 10 期)

促进我国跨境电子商务综合试验区
发展政策阶段性特征分析

一、我国跨境电子商务综合试验区发展阶段分析

2012 年以来，我国跨境电子商务交易规模一直处于不断上升状态。据相关统计数据显示，2013—2021 年 9 年，我国跨境电子商务交易规模从 2.9 万亿元增长到 14.2 万亿元，总规模增长近 5 倍，平均年增长速度为 22.2%，远超同时期我国进出口总额的增长速度。2013—2021 年，我国跨境电子商务交易规模和年增长速度具体数据如表 15-3 所示。

表 15-3　我国跨境电子商务交易规模和年增长速度统计表

年份	2013	2014	2015	2016	2017	2018	2019	2020	2021
交易规模 / 万亿元	2.9	3.9	5.1	6.3	8.1	9.0	10.5	12.5	14.2
增长速度 /%	—	34.5	30.8	23.5	28.6	11.1	16.7	19.0	13.6

在我国跨境电子商务产业蓬勃发展的同时，在一些关键性产业环节，如海关监管、税收、金融、跨境物流、数据统计等方面,遇到一些难题和瓶颈。为了破解我国跨境电子商务产业发展中的桎梏和遇到的难题，我国政府部门在一些具有发展跨境电子商务产业明显优势的城市，如杭州市、深圳市、上海市、宁波市等若干城市或区域设立先行改革示范区，即跨境电子商务综合试验区（简称综试区）。通过在跨境电商平台交易、国际物流、跨境支付、统计监测、通关商检等一系列环节，开展技术的创新、标准的研制、流程的优化、服务和监管的创新等，打造一个完整的跨境电子商务产业发

展生态体系,进一步激活我国跨境电子商务产业发展活力、促进其健康发展,进而带动区域经济快速和高质量发展。

我国跨境电子商务综合试验区自 2012 年开始起步,历经试点阶段、第一批、第二批、第三批、第四批、第五批、第六批、第七批等发展阶段,如图 15-3 所示。截至 2022 年 12 月,我国共建设了 165 个跨境电子商务综合试验区,覆盖全国 31 个省市自治区,综试区获批数量合计数分年度统计情况如图 15-4 所示。

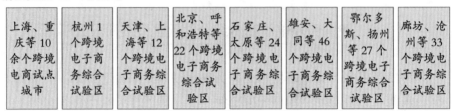

上海、重庆等10余个跨境电商试点城市	杭州1个跨境电子商务综合试验区	天津、上海等12个跨境电子商务综合试验区	北京、呼和浩特等22个跨境电子商务综合试验区	石家庄、太原等24个跨境电子商务综合试验区	雄安、大同等46个跨境电子商务综合试验区	鄂尔多斯、扬州等27个跨境电子商务综合试验区	廊坊、沧州等33个跨境电子商务综合试验区
试点阶段 2012—2014 年	第一批 2015 年	第二批 2016 年	第三批 2018 年	第四批 2019 年	第五批 2020 年	第六批 2022 年	第七批 2022 年

图 15-3 我国跨境电子商务综合试验区发展历程

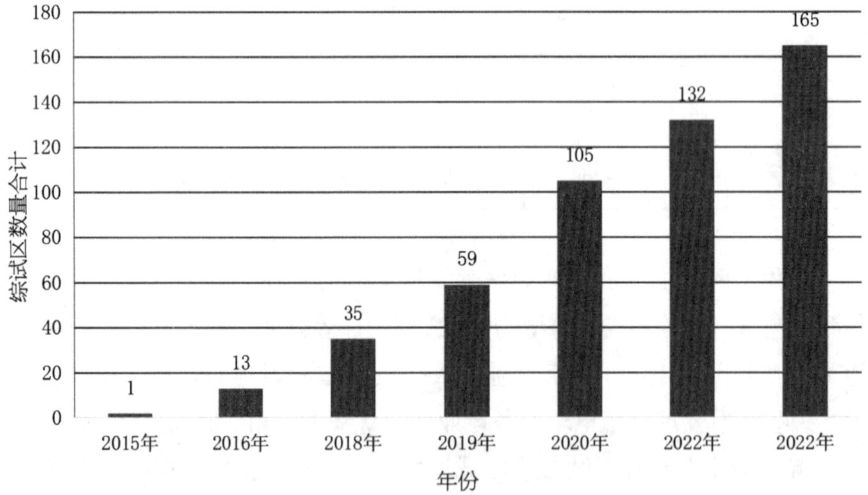

图 15-4 我国跨境电子商务综合试验区获批数量合计数分年度统计

经过多年的创新和发展,跨境电子商务综合试验区已经成为我国最有活力的经济改革区域，尤其是在三年新冠疫情期间，综试区在稳外贸、稳外资、促发展等方面发挥了强有力的作用，提升了我国外贸发展的质量，助力国内国际"双循环"经济市场的发展。秦阳（中国贸促会专家委员会委员，2022年）在接受《中国贸易报》记者的采访时，充分肯定了我国跨境电子商务综合试验区的发展所取得的巨大成绩。他认为在受到全球疫情冲击，传统外贸遭遇危机的形势下，我国跨境电子商务综合试验区在稳外贸、稳外资等方面起到了积极的补充作用并发挥了独特优势。我国跨境电子商务综合试验区再次扩围，增加数量，有助于进一步鼓励和帮扶我国更多的传统外贸企业转型升级，新模式、新业态赢得新发展、新优势，从而稳定我国外贸发展的规模，提升我国外贸发展的质量。

二、促进我国跨境电子商务综合试验区发展政策阶段性特征

国务院原总理李克强强调，我国跨境电子商务综合试验区的创新发展，不是政府政策和制度的"洼地"，而是制度和创新的"高地"。综合试验区的"试验核心"，是我国监管模式的创新、服务和管理发展模式的创新。进一步积极且稳妥地扩大我国跨境电子商务综合试验区的试点数量和规模，是我国深化简政放权、开展放管结合、提升优化服务等改革的重要举措。2022年10月，在第十次全国深化"放管服"改革电视电话会议上，国务院原总理李克强表示："要进一步推进政府职能深刻转变，加快打造市场化、法治化、国际化营商环境，加大对跨境电商、海外仓等外贸新业态支持力度，帮助解决生产、融资、用工、物流等问题，支持企业在公平竞争中实现互利共赢。"我国跨境电子商务综合试验区相关政策和规范的建立以及对其开放程度的规定等，是我国跨境电子商务综合试验区健康发展的重要保障。2012—2022年，我国促进跨境电子商务综合试验区发展的政策呈现以下特点。

（一）培育期政策（2012—2014年）

2012年8月，国家发改委办公厅发布《关于开展国家电子商务试点工作的通知》（发改办高技〔2012〕2218号），批复了我国首批跨境电子商务服务试点城市，包括上海市、重庆市、宁波市、郑州市、杭州市等5个城市。这个文件的发布，标志着我国政府开始探索形成保障和促进我国跨

境电子商务（出口）发展的制度环境。2013年，跨境电子商务服务试点区域逐步推广至广州市、深圳市、青岛市、平潭市等10余个城市。2013年8月，由商务部、发展改革委、财政部、人民银行、海关总署等9个部门共同研制、国务院办公厅转发《关于实施支持跨境电子商务零售出口有关政策的意见》（国办发〔2013〕89号）进一步优化跨境电子商务（出口）制度环境，推出建立电子商务出口新型海关监管模式等六大支持政策。2014年7月，海关总署发布《关于跨境贸易电子商务进出境货物、物品有关监管事宜的公告》（海关总署公告〔2014〕56号）和《关于增列海关监管方式代码的公告》（海关总署公告〔2014〕57号），认可了保税进口模式，同时为跨境电子商务的发展提供合法性确认。

2012—2014年是我国跨境电商试点城市发展时期，初步探索了发展中存在的问题、摸索了发展经验，为之后我国跨境电子商务综合试验区起步和大规模发展奠定了基础。在这个阶段，我国相关部门出台的政策，重点解决了跨境电子商务产业发展在快速通关、海关监管等方面遇到的难题。此外，这些试点城市制定了跨境电子商务通关、结汇、退税等方面的管理办法和标准规范，初步探索了监管、制度和服务方面的创新模式，为跨境电子商务产业发展和跨境电子商务综合试验区起步培育了良好的政策和市场环境。培育期政策（2012—2014年）如表15-4所示。

表15-4 培育期政策

序号	政策文件	发布文号	发布单位	时间
1	关于开展国家电子商务试点工作的通知	发改办高技〔2012〕2218号	国家发改委办公厅	2012-08-11
2	关于实施支持跨境电子商务零售出口有关政策的意见	国办发〔2013〕89号	中华人民共和国国务院办公厅	2013-08-21
3	关于跨境电子商务零售出口税收政策的通知	财税〔2013〕96号	财政部国家税务总局	2013-12-30
4	关于印发中国（上海）自由贸易试验区总体方案的通知	国发〔2013〕38号	中华人民共和国国务院	2013-09-27

续表

序号	政策文件	发布文号	发布单位	时间
5	关于支持外贸稳定增长的若干意见	国办〔2014〕19号	中华人民共和国国务院办公厅	2014-05-04
6	关于促进商贸物流发展的实施意见	商流通函〔2014〕790号	中华人民共和国商务部	2014-09-22
7	关于加强进口的若干意见	国办发〔2014〕49号	中华人民共和国国务院办公厅	2014-10-23

（二）起步期政策（2015年）

2015年3月，国务院向社会正式发布《关于同意设立中国（杭州）跨境电子商务综合试验区的批复》（国函〔2015〕44号），标志着我国具有国家战略层面意义的跨境电子商务综合试验区建设正式拉开序幕。杭州跨境电子商务综合试验区以"两平台、六体系"为核心的建设方案的实施来推动创新试点。2015年5月，国务院印发《关于大力发展电子商务加快培育经济新动力的意见》（国发〔2015〕24号）。同年6月，国务院印发《关于促进跨境电子商务健康快速发展的指导意见》（国办发〔2015〕46号），进一步明确要提升跨境电子商务通关效率、优化配套的海关监管措施、完善检验检疫监管政策、制定进出口税收、稳妥推进支付机构跨境外汇支付业务试点等，极大地提升了跨境电商业务环节的便利化和规范化，对跨境电商的发展进行了合法性确认和指导性帮扶。此外，国务院《关于改进口岸工作支持外贸发展的若干意见》（国发〔2015〕16号）、《关于进一步发挥检验检疫职能作用促进跨境电子商务发展的意见》（国质检通〔2015〕202号）等文件在改进口岸通关服务、清理规范收费、推进通关作业无纸化、推进国际贸易"单一窗口"建设，以及建立跨境电子商务清单管理制度、构建跨境电子商务风险监控和质量追溯体系等具体操作方面，进行了详细规定和有益探索。

2015年，作为我国首个跨境电子商务综合试验区，杭州跨境电子商务综合试验区正式成立了，这是我国跨境电子商务发展历史上具有里程碑意义的事件。同年，为了积极扶持杭州跨境电子商务综合试验区健康发展，国家从宏观环境优化和具体实施方面给出了正向引导和有力帮扶。同时期，国家印发了天津、广东等系列自由贸易试验区总体方案，为第二批跨境电子商务综合试验区的成立积极铺垫，进一步扩大其开放程度，提升自由贸易度。起步期政策（2015 年）如表 15-5 所示。

表 15-5 起步期政策

序号	政策文件	发布文号	发布单位	时间
1	关于加快发展服务贸易的若干意见	国发〔2015〕8 号	中华人民共和国国务院	2015-01-28
2	关于同意设立中国（杭州）跨境电子商务综合试验区的批复	国函〔2015〕44 号	中华人民共和国国务院	2015-03-12
3	关于改进口岸工作支持外贸发展的若干意见	国发〔2015〕16 号	中华人民共和国国务院	2015-04-01
4	关于印发中国（广东）自由贸易试验区总体方案的通知	国发〔2015〕18 号	中华人民共和国国务院	2015-04-08
5	关于印发中国（天津）自由贸易试验区总体方案的通知	国发〔2015〕19 号	中华人民共和国国务院	2015-04-08
6	关于印发中国（福建）自由贸易试验区总体方案的通知	国发〔2015〕20 号	中华人民共和国国务院	2015-04-08
7	关于印发进一步深化中国（上海）自由贸易试验区改革开放方案的通知	国发〔2015〕21 号	中华人民共和国国务院	2015-04-08
8	关于大力发展电子商务加快培育经济新动力的意见	国发〔2015〕24 号	中华人民共和国国务院	2015-05-04
9	关于进一步发挥检验检疫职能作用促进跨境电子商务发展的意见	国质检通〔2015〕202 号	中华人民共和国质检总局	2015-05-14
10	关于促进跨境电子商务健康快速发展的指导意见	国办发〔2015〕46 号	中华人民共和国国务院办公厅	2015-06-20
11	关于支持自由贸易试验区创新发展的意见	商资发〔2015〕313 号	中华人民共和国商务部	2015-08-25
12	关于推进线上线下互动加快商贸流通创新发展转型升级的意见	国办发〔2015〕72 号	中华人民共和国国务院办公厅	2015-09-29

（三）扩展期政策（2016—2019 年）

2016—2019 年，国务院连续印发三个文件：《关于同意在天津等 12 个城市设立跨境电子商务综合试验区的批复》（国函〔2016〕17 号）、《关于在北京等 22 个城市设立跨境电子商务综合试验区的批复》（国函〔2018〕93 号）、《关于同意在石家庄等 24 个城市设立跨境电子商务综合试验区的批复》（国函〔2019〕137 号），标志着我国跨境电子商务综合试验区分为三个批次，从杭州 1 个城市试点扩展到全国 59 个城市试点，实现了数量上的扩展和突破。2016 年 3 月，财政部、海关总署、国家税务总局联合发布《关于跨境电子商务零售进口税收政策的通知》（财关税〔2016〕18）。2018 年 10 月，国务院发布《关于印发优化口岸营商环境促进跨境贸易便利化工作方案的通知》（国发〔2018〕37 号）。2019 年 1 月，国务院发布《关于促进综合保税区高水平开放高质量发展的若干意见》（国发〔2019〕3 号）。这些重要文件进一步促进我国跨境电子商务发展的管理创新、服务创新、技术创新，为我国跨境电子商务产业的发展营造了良好的营商环境。各个试点城市，在借鉴杭州跨境电子商务综合试验区"两平台、六体系"的基础上，因地制宜谋发展，逐渐探索出特色化发展道路。

2016—2019 年，我国跨境电子商务综合试验区获批数量和城市覆盖都有了明显提升，实现了从 1 家示范引领到 59 家齐头并进发展的连锁反应。这个时期的政策，一方面是积极稳定前期探索的良好政策成效，另一方面是进一步开放北京、重庆等城市的自由贸易程度，为跨境电子商务综合试验区在新时期的发展奠定基础。扩展期政策（2016—2019 年）如表 15-6 所示。

表 15-6　扩展期政策

序号	政策文件	发布文号	发布单位	时间
1	关于同意在天津等 12 个城市设立跨境电子商务综合试验区的批复	国函〔2016〕17 号	中华人民共和国国务院	2016-01-15
2	关于跨境电子商务零售进口税收政策的通知	财关税〔2016〕18	财政部、海关总署、国家税务总局	2016-03-24

续表

序号	政策文件	发布文号	发布单位	时间
3	关于做好自由贸易试验区新一批改革试点经验复制推广工作的通知	国发〔2016〕63号	中华人民共和国国务院	2016-11-10
4	关于印发中国（辽宁）自由贸易试验区总体方案的通知	国发〔2017〕15号	中华人民共和国国务院	2017-03-31
5	关于印发中国（浙江）自由贸易试验区总体方案的通知	国发〔2017〕16号	中华人民共和国国务院	2017-03-31
6	关于印发中国（河南）自由贸易试验区总体方案的通知	国发〔2017〕17号	中华人民共和国国务院	2017-03-31
7	关于印发中国（湖北）自由贸易试验区总体方案的通知	国发〔2017〕18号	中华人民共和国国务院	2017-03-31
8	关于印发中国（重庆）自由贸易试验区总体方案的通知	国发〔2017〕19号	中华人民共和国国务院	2017-03-31
9	关于印发中国（四川）自由贸易试验区总体方案的通知	国发〔2017〕20号	中华人民共和国国务院	2017-03-31
10	关于印发中国（陕西）自由贸易试验区总体方案的通知	国发〔2017〕21号	中华人民共和国国务院	2017-03-31
11	关于同意在北京等22个城市设立跨境电子商务综合试验区的批复	国函〔2018〕93号	中华人民共和国国务院	2018-08-07
12	关于印发优化口岸营商环境促进跨境贸易便利化工作方案的通知	国发〔2018〕37号	中华人民共和国国务院	2018-10-19
13	关于支持自由贸易试验区深化改革创新若干措施的通知	国发〔2018〕38号	中华人民共和国国务院	2018-11-23
14	关于促进综合保税区高水平开放高质量发展的若干意见	国发〔2019〕3号	中华人民共和国国务院	2019-01-25
15	关于全面推进北京市服务业扩大开放综合试点工作方案的批复	国函〔2019〕16号	中华人民共和国国务院	2019-02-22
16	关于印发6个新设自由贸易试验区总体方案的通知	国发〔2019〕16号	中华人民共和国国务院	2019-08-02
17	关于同意在石家庄等24个城市设立跨境电子商务综合试验区的批复	国函〔2019〕137号	中华人民共和国国务院	2019-12-24

（四）创新期政策（2020—2022 年）

2020 年受新冠疫情影响，跨境电子商务成为我国推动外贸转型升级、打造新经济增长点的重要突破口，政策也不断加持跨境电子商务的发展规模和质量。2020—2022 年，国务院印发三个文件：《关于同意在雄安新区等 46 个城市和地区设立跨境电子商务综合试验区的批复》（国函〔2020〕47 号）、《关于同意鄂尔多斯等 27 个城市和地区设立跨境电子商务综合试验区的批复》（国函〔2022〕8 号）、《关于同意在廊坊等 33 个城市和地区设立跨境电子商务综合试验区的批复》（国函〔2022〕126 号），这也标志着我国跨境电子商务综合试验区扩容至 165 个，覆盖了全国 31 个省（直辖市、自治区），不仅在数量上再次取得突破，同时从规模发展时期进入质量提升和创新突破时期。2020 年，国务院办公厅发布《关于进一步做好稳外贸稳外资工作的意见》（国办发〔2020〕28 号）、《关于推进对外贸易创新发展的实施意见》（国办发〔2020〕40 号），突出强调了跨境电子商务在疫情期间发挥的重要作用，跨境电子商务全价值链逐渐形成，对国际贸易规则的重构产生重要影响。2021 年国务院印发《关于"十四五"对外贸易高质量发展规划的批复》（国函〔2021〕112 号），商务部、中央网信办、发展改革委三部门联合发布《"十四五"电子商务发展规划》（商电发〔2021〕191 号），则重点强调，未来在一个更长时期内，要进一步发挥跨境电子商务的产业优势，有效激活其在数据要素方面的潜能，打造数字化外贸供应链，推动生产、服务、营销、业态模式等创新，为跨境电子商务综合试验区的发展营造良好的政策环境，提升我国对外贸易质量，助力"一带一路"倡议的实施。

2020—2022 年，一方面是全球新冠疫情给世界经济带来的多重机遇和挑战，另一方面是我国全面开启"十四五"规划发展以及深入贯彻落实党的二十大精神，进入我国经济发展的新纪元。因此，如何在更大的舞台和历史背景下，发展和繁荣我国跨境电子商务产业，如何更精准地定义跨境电子商务综合试验区的发展意义、定位其发展的功能、提升其在国内外的影响力和在国家战略中的作用，成为这个时期政策的显著特点。创新期政策（2020—2022 年）如表 15-7 所示。

表 15-7   创新期政策

序号	政策文件	发布文号	发布单位	时间
1	关于同意在雄安新区等 46 个城市和地区设立跨境电子商务综合试验区的批复	国函〔2020〕47 号	中华人民共和国国务院	2020-05-06
2	关于进一步做好稳外贸稳外资工作的意见	国办发〔2020〕28 号	中华人民共和国国务院办公厅	2020-08-12
3	关于推进对外贸易创新发展的实施意见	国办发〔2020〕40 号	中华人民共和国国务院办公厅	2020-11-09
4	关于加快发展外贸新业态新模式的意见	国办发〔2021〕24 号	中华人民共和国国务院办公厅	2021-07-02
5	"十四五"电子商务发展规划	商电发 2021]191 号	商务部、中央网信办、发展改革委	2021-10-26
6	关于开展营商环境创新试点工作的意见	国发〔2021〕24 号	中华人民共和国国务院	2021-10-31
7	关于"十四五"对外贸易高质量发展规划的批复	国函〔2021〕112 号	中华人民共和国国务院	2021-11-02
8	关于同意鄂尔多斯等 27 个城市和地区设立跨境电子商务综合试验区的批复	国函〔2022〕8 号	中华人民共和国国务院	2022-02-08
9	关于同意在廊坊等 33 个城市和地区设立跨境电子商务综合试验区的批复	国函〔2022〕126 号	中华人民共和国国务院	2022-11-24

三、促进跨境电子商务综合试验区发展政策效应与发展分析

在跨境电子商务综合试验区发展的各个阶段,良好的政策环境,从制度、管理、服务、技术等各个方面,既对综试区的发展起到了导向作用,又提供了坚实保障。结合《"十四五"对外贸易高质量发展规划》等文件精神,未来各相关部门的政策应该注重优化跨境电子商务零售进口的监管制度,引导行业规范合法发展;探索和实践跨境电子商务交易全流程的创新;支持跨境电子商务企业实现要素集聚,壮大和发展一批跨境电商龙头企业和优势产业园区;建立线上线下融合、境内境外联动的营销体系;不断加强

国内国际行业组织的建设，不断深化国际间的合作，积极参与跨境电子商务国际规则以及行业企业、教育教学等领域的标准研制工作，具有适当导向作用并提供基本保障。现阶段仍然是我国跨境电子商务行业升级的重要时期，需要政府积极引导，有效地减少市场和营销环境带来的制约，努力实现资源配置的最优化处理，实现传统贸易和跨境电商的相互促进和转型升级，继续推动跨境电商生产、服务、营销、业态模式等领域创新，助推我国跨境电子商务综合试验区的高质量发展。

——胡丽霞发表于《全国流通经济》（2023 年第 10 期）

研究成果三

我国跨境电子商务综合试验区发展创新性研究
——以 2021 年十家评估一档综试区为样本

一、引言

我国跨境电子商务综合试验区自 2012 年开始起步，历经试点阶段（2012—2014 年）、第一批（2015 年 3 月）、第二批（2016 年 1 月）、第三批（2018 年 7 月）、第四批（2019 年 12 月）、第五批（2020 年 5 月）、第六批（2022 年 2 月）、第七批（2022 年 11 月）等发展阶段。截至 2022 年 12 月，我国共建设了 165 个跨境电子商务综合试验区，覆盖全国 31 个省（直辖市、自治区），跨境电子商务综合试验区的获批数量、发展规模、区域分布等都上了一个新台阶。以获批城市数量为标准，可以把我国跨境电商综合试验区分布，划分为三大梯队。第一梯队：获批城市数量大于或等于 10 个城市，前四名分别为广东省、山东省、江苏省、浙江省。第二梯队：获批城市数量大于或等于 5 个城市并且小于 10 个城市，按照数量从多到少排序，包括：江西省、福建省、四川省、安徽省、辽宁省、湖南省、河北省、河南省、内蒙古自治区。第三梯队为：获批城市数量小于 5 个城市，按照数量从多到少排序，包括：湖北省、黑龙江省、吉林省、新疆维吾尔自治区、云南省、广西壮族自治区等。具体情况如表 15-8 所示。

表 15-8　我国跨境电子商务综合试验区获批批次和梯队分布表

梯队	区域	第一批	第二批	第三批	第四批	第五批	第六批	第七批	合计
第一梯队：≥ 10 个城市	广东省		2	2	2	7	8		21
	山东省		1	1	2	3	2	7	16
	江苏省		1	2	2	5	3		13
	浙江省	1	1	1	2	5	2		12

续表

梯队	区域	第一批	第二批	第三批	第四批	第五批	第六批	第七批	合计
第二梯队：≥5个城市<10个城市	江西省			1	1	1	2	4	9
	福建省			1	2	3		2	8
	四川省		1		1	2	2	2	8
	安徽省		1		1	1	2	1	6
	辽宁省		1	1	1	2		1	6
	湖南省			1	1	2		2	6
	河北省			1	1	1		2	5
	河南省		1		1	1		2	5
	内蒙古自治区			1	1	1	1	1	5
第三梯队：<5个城市	湖北省			1	1	1	1		4
	黑龙江省			1	1	1		1	4
	广西壮族自治区			1		1		2	4
	吉林省			1	1	1		1	4
	云南省			1		1	1	1	4
	新疆维吾尔自治区					1	2	1	4
	山西省				1	1		1	3
	陕西省			1		1	1		3
	贵州省			1		1		1	3
	甘肃省			1		1			2
	海南省			1		1			2
	青海省				1	1			2
	北京市			1					1
	重庆市		1						1
	宁夏回族自治区				1				1
	上海市		1						1
	天津市		1						1
	西藏自治区							1	1
合计		1	12	22	24	46	27	33	165

2022 年 3 月，我国商务部对全国前五批共计 105 个跨境电子商务综合试验区进行评估，并向全社会公布了"2021 年我国跨境电子商务综合试验区评估"的最终结果。这是我国首次对跨境电子商务综合试验区的建设成效进行评估，评估设定了四十多项具体的评价指标，包括综试区总体建设情况、海外仓建设情况、主体培育的力度、探索创新的程度等内容，全面、客观、公平地评价跨境电子商务综合试验区发展绩效和存在问题，以指导其更加健康和规范发展。考核评估结果分为"成效明显""成效较好""成效初显""尚在起步阶段"四个档次。在这次评估中，杭州市、宁波市、青岛市、上海市、广州市、深圳市、郑州市、厦门市、南京市、义乌市 10 个跨境电子商务综合试验区"成效明显"，位列评估排行"第一档"，是全国跨境电子商务综合试验区发展的先进试点和标杆城市。经过对比分析，发现这 10 个综试区在发展的创新性方面，有"共性"和"特性"两个方面的特征，通过分析这些特征总结其发展的先进经验，以示范引领我国现阶段已经批准建立的 165 个跨境电子商务综合试验区不断创新发展，尤其是在管理和服务方面、制度方面、技术方面等形成"创新高地"，进而促进我国对外贸易和经济更高质量发展。

二、我国跨境电子商务综合试验区创新发展"共性"分析

（一）构建线上线下深度融合生态圈

作为我国首批设立的跨境电子商务综合试验区，杭州跨境电子商务综合试验区在实践改革中取得突破发展，尤其是在构建线上线下深度融合的跨境电商生态圈方面，形成了推广至全国的先进经验。杭州跨境电子商务综合试验区在线上环节，重点建立了覆盖 B2C 和 B2B 业务的"单一窗口"，实现了"一点接入"，海关、检验检疫等政府部门之间数据互联互通；在线下环节，采取"一区多园"的方式进行整体布局，既能有效承接线上环节"单一窗口"的功能，同时又极大地提升了配套的综合服务功能。借鉴杭州跨境电子商务综合试验区先行示范的经验，其他跨境电子商务综合试验区结合自身特点，相继打造线上线下深度融合生态圈。例如，广州跨境电子商务综合试验区形成线上"单一窗口，线下各具特色、错位发展的跨境电子

商务聚集区生态圈；郑州跨境电子商务综合试验区形成线上"单一窗口"，线下"一区多园、一园多点"的综合园区生态圈；宁波跨境电子商务综合试验区形成线上"单一窗口"，线下若干跨境电商特色小镇产业园区生态圈等。线上"单一窗口"是贸易便利化、规程简单化、数据统一化的核心手段，线下园区能够促使电商平台企业、外贸综合服务企业、物流企业等实现聚集化和规模化发展，显著提升园区的吸引力和号召力。线上"单一窗口"和线下"产业园区"相结合，形成了跨境电子商务产业发展完整产业链条和生态环境，各要素之间协同推进、融合发展。

（二）促进大数据、人工智能等新技术的应用

我国跨境电子商务综合试验区积极运用大数据、人工智能、区块链、云计算等信息技术，用新技术推动服务创新、控制风险、调控跨境电子商务综合试验区的平稳运行，促进其快速发展。杭州跨境电子商务综合试验区利用云计算、大数据等技术，对跨境电商平台的各种交易数据、金融数据、物流数据等进行统计分析，建立了跨境电子商务综合指数体系，并定期向社会发布，指导和监控跨境电子商务综合试验区科学发展。郑州跨境电子商务综合试验区积极探索了"大数据＋电子商务＋外贸"发展模式，逐步建成河南外贸大数据中心，为企业提供定制化的精准服务，指导和帮扶企业在世界大市场上实现精准营销，并快速提升企业产品在海外市场份额。南京跨境电子商务综合试验区提出建设大数据贸易融资平台，运用大数据等技术手段创新企业信用等级评定方法，提供不见面审批贸易融资产品和服务，为企业开展各类融资业务提供便利。宁波跨境电子商务综合试验区应用大数据技术建立了一套风险预警系统，该系统可以对市场风险、交易风险、金融风险、技术风险、公共安全风险等跨境电子商务领域的分类分级风险，进行实时监测、识别和评估。大数据、人工智能等新技术的广泛应用，极大提升了跨境电子商务综合试验区服务的先进性、管理的科学性和风险预警的灵敏性。

（三）创新海关监管模式和制度

如何创新和完善我国现有的海关监管模式和制度，以实现既能实施有效监管又能促进跨境电商产业健康发展的目标，一直以来是我国有关政府部门的难题。本书中的 10 个跨境电子商务综合试验区均在创新海关监管模

式方面做了一些积极有益的探索和实践。例如，深圳市、杭州市、广州市、郑州市、上海市、厦门市跨境电子商务综合试验区等，全面推行了安全化、便利化的通关模式，积极探索并实践了涵盖跨境电子商务企业各个业务环节，包括备案、申报、征税、查验、放行、转关等，通关全程实现"无纸化"监管，支持 B2B、B2C 等不同种类业务模式的商品便捷通关。此外，深圳跨境电子商务综合试验区积极探索建立跨境电子商务检验检疫"放、管、治"三位一体监管制度；杭州跨境电子商务综合试验区探索建立产品质量安全监控制度以及"负面清单"监管制度等；义乌跨境电子商务综合试验区实施跨境电子商务保税进口（1210）、直购进口（9610）等监管模式等。有效合理的海关监管可以确保出入境行为符合我国法律规范，促进贸易安全和便利化发展，保障国家和人民根本利益。近年来，我国跨境电商迅猛发展给海关监管带来多重挑战，跨境电子商务综合试验区在海关监管方面的有益探索和创新，就是努力尝试在有效监管和跨境电商产业健康发展之间找到一个平衡点，优化营商环境，更好地促进产业发展。

（四）创新金融服务

金融服务方面的创新是我国跨境电子商务综合试验区建设中非常重要的环节，是实现跨境电子商务自由化和便利化发展的重要手段。跨境电子商务产业的蓬勃发展，对跨境支付、外贸融资、外汇管理等金融服务提出了新的要求。杭州市、广州市、郑州市、宁波市、上海市、青岛市、厦门市的跨境电子商务综合试验区等积极构建新的金融服务体系，为综试区发展提供金融便利。金融机构与跨境电商第三方支付机构、综合性服务企业之间，积极开展规范性、创新性的合作，为跨境电商交易提供"一站式"（包括在线支付结算、在线保险、在线融资等）的金融服务。此外，杭州市、义乌市、青岛市的跨境电子商务综合试验区等在简化外汇结算账户开设程序、探索发展供应链金融、创新跨境电商金融保险信用服务等方面，制定了非常细致的改革措施。如杭州市、义乌市的跨境电子商务综合试验区等规定：境内个人电商，主要指从事跨境电子商务的个体工商户以及个人对外贸易经营者，在综合服务平台进行详细备案后，可以开设一个外汇结算账户，方便其在线上银行独立办理跨境业务的收支活动，并且不会受等值5 万美元的个人年度结售汇额度的限制等。这些金融利好政策，极大地刺激了小微型企业以及个人网商创业的快速发展。

（五）建设智能物流体系

物流体系的建设和顺畅运行是跨境电子商务综合试验区发展的主动脉，物流、报关、退税等服务体系建设是制约和影响跨境电商发展的核心因素。本书中的10个跨境电子商务综合试验区在建设智能物流体系方面的做法主要包括：一是充分利用大数据、云计算、物联网等新技术，构建了一套互联互通、信息共享的智能物流信息系统，使得物流仓储网络系统衔接有序、运行畅通，物流运营服务系统品质优、效率高，整个物流运作流程实现了标准化、规范化发展，保障了跨境电子商务进出口业务中，国内外运输组织合作之间的无缝衔接以及运输资源整合方面的高效化和科学化，形成了一套质优效高、功能齐全、布局合理的跨境物流智慧服务体系。代表性综试区包括：杭州市、郑州市跨境电子商务综合试验区等。二是积极推动了跨境电商与供应链的深度融合，支持供应链企业充分整合境外海外仓、境内报税功能仓的资源，探索建立外贸供应链系统标准体系，为跨境电子商务提供智能化、全方位的服务，代表性综试区包括：义乌市、深圳市、南京市、广州市的跨境电子商务综合试验区等。

三、我国跨境电子商务综合试验区创新发展"特性"分析

（一）积极发挥品牌优势

深圳跨境电子商务综合试验区在特色化发展方面，突出强调了要积极帮扶国内品牌企业以及优质的国内产品跨境电子商务出口业务的发展。综试区强调要重点帮扶有较高知名度以及较强国际市场拓展活力的企业，有自主品牌的国内产品，在跨境电子商务业务领域不断做大做强；同时，要重点打造一批细分领域的跨境电子商务行业龙头企业，推动垂直类型跨境电子商务交易平台实现规模化、品牌化发展，进而发挥其规模和品牌效应，吸引一批国内外的知名跨境电子商务企业到深圳扎根发展，做大做强深圳在跨境电子商务发展方面的品牌效应，彰显"深圳品牌"优势。

（二）积极促进"双创"工作开展

郑州跨境电子商务综合试验区科学谋划试验区"双创"工作，主要措

施包括：首先，积极谋划了在商事制度方面的改革，推行了"三证合一"业务改革，即工商营业执照、组织机构代码证、税务登记证三个证合一办理；推进了全程电子化登记以及电子营业执照的便利应用；结合实际情况和企业需求，放宽了新注册企业场所登记条件限制等。这些利好政策为新创业的中小企业，提供了极其便利、快捷的工商登记服务。其次，在跨境电子商务综合试验区内的基地或中心建设方面，准确对接市场需求，采取"定向"培养的方式，积极促进政府、高校、科研组织、行业协会、企业多方之间达成合作，重点支持国家级或省级的示范基地（中心）创建，汇集多方力量，共同致力于服务跨境电子商务企业在技术、服务、市场、人才、科研等方面的需求和发展。再次，在跨境电商人才的培养和引进方面，重点实施了跨境电商人才"引凤归巢"计划，吸引国内外的高层次拔尖人才、优秀应用人才等回豫发展，并给予这些人才一定的奖励和生活补贴等。此外，还不断建立健全了跨境电子商务人才公共服务体系，打造了专业化、人性化、国际化的跨境电子商务人才服务市场等，极大地优化了跨境电商人才培养和培育的市场环境。通过以上种种措施，积极为跨境电商"双创"工作的开展保驾护航。

（三）完善国际全网营销体系

南京跨境电子商务综合试验区在构建国际全网营销体系方面，科学谋划，成效突显。其主要举措包括加快境外营销网络布局、实施"破零"行动计划、推动国际市场精准营销、推进贸易展会升级、实施以质取胜战略五个方面，为开拓跨境电子商务综合试验区的国际市场方面作出积极贡献。尤其是在第三方海外营销服务机构的引进和培育方面，南京市综试区帮助在相关企业开发海外独立站、拓展国外市场方面成效显著。此外，在建立全球贸易精准营销大数据平台，帮助企业精准锁定海外重点市场；引导鼓励企业开展国际电子商务相关产品及企业认证，建立国际产品标准，提升国际竞争话语权等方面，体现了政府在精心谋划和科学帮扶方面的前瞻性和精准性。

（四）积极推动产业联动创新发展

宁波跨境电子商务综合试验区强调产业联动机制创新发展，并在加强与块状经济联动、加强与外贸产业联动、加强与专业市场联动三个层面上，制定创新发展战略。通过"产业集群 + 中国制 2025+ 跨境电商"协同创新发展模式，在产业升级路径方面取得突破发展；运用 C2B 客户驱动模式，需求决定供给，实现企业智能化生产和产业转型升级。通过第三方跨境电子商务平台与宁波外贸产业资源对接，拓宽外贸企业进入国际市场的渠道。专业市场与跨境电子商务的有效嫁接，打造了一个完善的跨境电子商务公共服务体系，成功孵化和引导跨境电子商务商户开展形式多样的跨境电子商务业务。产业联动机制创新，极大地激发了跨境电商产业发展活力、丰富业务种类、优化服务市场。

（五）积极参与国家经济圈战略

广州跨境电子商务综合试验区积极把试验区的发展融入国家经济圈战略中，为试验区的发展提供了更高的平台和更大的空间。重点举措包括：一是把广州跨境电子商务综合试验区建设融入"一带一路"国家倡议，打造"一带一路"跨境电子商务综合试验区服务平台，在政府与共建"一带一路"国家开展经贸合作领域，把跨境电子商务作为重要的内容，进行经贸推介和业务洽谈，并积极促成项目合作。二是把广州跨境电子商务综合试验区建设融入粤港澳大湾区经济圈战略，打造粤港澳跨境电子商务合作平台，充分发挥好两个机制的作用，即粤—港、粤—澳合作联席会议工作机制，穗—港、穗—澳合作专责小组工作机制，不断深化粤港澳大湾区在跨境电子商务业务领域的合作，拓展跨境电子商务综合试验区的发展空间，谋求更大的市场和商机。

四、小结

国务院原总理李克强强调，我国跨境电子商务综合试验区的创建，不应该是国家政策的"洼地"，而应该是改革和创新的"高地"，试验区试验的核心是监管、服务、技术、制度等各方面的创新以及在全国的推广应用。我国跨境电子商务综合试验区积极且稳妥地发展，有利于我国外贸产业更好地适应国际新环境赢得新发展。国务院办公厅《关于加快发展外贸新业态新模式的意见》（国办发〔2021〕24 号）指出，建立跨境电子商务综合试验区考核评估和退出机制，2021 年组织开展考核评估，到 2025 年，跨境电子商务综合试验区建设要取得明显成效。争取建设成一批主体多元化、服务专业化、要素集聚化的跨境电子商务线下产业园区，各地区的综试区能够形成各具特色的发展格局和创新集群，示范引领跨境电子商务产业的创新发展。我国跨境电子商务综合试验区从 2015 年杭州 1 家到 2022 年覆盖全国 31 个省（直辖市、自治区）165 家，在发展速度、发展规模、创新改革等方面创造了令人瞩目的成绩。尤其是在三年新冠疫情期间，在传统外贸受到全球疫情冲击，发展受阻的情况下，跨境电子商务综合试验区在稳外贸、稳外资、促发展方面发挥了独特优势，提升了外贸发展的质量。在我国"十四五"规划发展的重要时期，在支撑国家"一带一路"发展倡议、"双循环"发展格局等重大战略部署工作中，跨境电子商务综合试验区将在制度创新、管理创新、服务创新、技术创新等方面能作出更有意义和活力的探索，形成"中国经验"，辐射带动全球跨境电子商务产业的健康蓬勃发展。

——胡丽霞发表于《中国商论》（2023 年第 12 期）

The Innovation and Application of Big Data Technology in Cross-border E-commerce Comprehensive Test Zone in China

1 INTRODUCTION

1.1 The development course of cross-border e-commerce comprehensive test zone in China

The cross-border e-commerce comprehensive test zone in China started in 2012, it has gone through the development stages of the pilot phase (2012-2014), the first batch (March 2015), the second batch (January 2016), the third batch (July 2018), the fourth batch (December 2019), the fifth batch (May 2020), the sixth batch (February 2022), and the seventh batch (November 2022). As of December 2022, it has built 165 cross-border e-commerce comprehensive test zones, covering 31 provinces, municipalities and autonomous regions nationwide, the quantity, development scale and regional distribution of the comprehensive test zone have all gone up to a new stage. With the number of approved cities as the standard, we can divide the cross-border e-commerce comprehensive test zone in China into three echelon. The first echelon is: more than 10 cities, the top four were Guangdong Province, Shandong Province, Jiangsu province and Zhejiang province. The second echelon, there were less than 10 cities and more than five cities, in terms of number from more to less, they include Jiangxi province, Fujian Province, Sichuan Province, Anhui province, Liaoning province, Hunan Province, Hebei province, Henan province and Inner Mongolia Province. The third echelon, less than 5 cities, in terms of number from more to less, they include Hubei Province, Heilongjiang Province, Jilin Province, Xinjiang Province, Yunnan Province, Guangxi Zhuang Autonomous Region and so on, the detailed distribution is shown in Table 15.9.

Table 15.9   The distribution table of "Three echelon" of cross-border e-commerce comprehensive test zone in China

Area	Quantity	Echelon
Guangdong Province	21	the first echelon
Shandong Province	16	
Jiangsu province	13	
Zhejiang province	12	
Jiangxi province	9	the second echelon
Fujian Province	8	
Sichuan Province	8	
Anhui province	6	
Liaoning province	6	
Hunan Province	6	
Hebei province	5	
Henan province	5	
Inner Mongolia autonomous region	5	
Hubei Province	4	the third echelon
Heilongjiang Province	4	
Jilin Province	4	
Xinjiang autonomous region	4	
Yunnan Province	4	
Guangxi Zhuang autonomous region	4	
Guizhou Province	3	
Shanxi Province	3	

Area	Quantity	Echelon
Shaanxi Province	3	
Hainan Province	2	
Gansu Province	2	
Qinghai Province	2	
Beijing	1	
Chongqing	1	the third echelon
Shanghai	1	
Tianjin	1	
Ningxia Hui autonomous region	1	
Tibet	1	
Total	165	—

1.2 The present research situation of cross-border e-commerce comprehensive test zone in China

Using the keywords "Cross-border e-commerce comprehensive test zone" as the title, we can retrieve 248 research results from 2015 to 2022 on CNKI, this is shown in Figure 15.5.

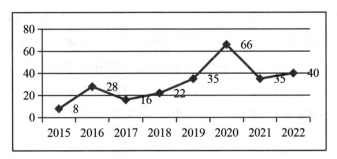

Figure 15.5　Annual distribution map of research achievements

In 2015, Hangzhou cross-border e-commerce comprehensive test zone as the first cross-border e-commerce comprehensive test zone in China was formally established, the same year there are related topics of research results. During the 8 years from 2015 to 2022, research results showed an overall upward trend, with the highest peak in 2020 and a slight decline in 2021 to 2022. The research topics mainly focus on: government policy, development strategy, Hangzhou (Guangdong, Henan, Shandong, etc.) city construction experience, tax policy, industry competitiveness evaluation.

Analysis of research outcomes 2015-2016: with the development of the first batch of cross-border e-commerce comprehensive test zone and the establishment of the second batch of 12 urban comprehensive test zone, the research results of these two years are mainly carried out around the mode, experience and advantages and disadvantages of the construction of the existing comprehensive test areas, representative achievements include standardization promoting the development of the Hangzhou cross-border e-commerce comprehensive test zone (Zhang Xin et al. , 2015) , actively linking the "Belt and Road" strategy, and accelerating the construction of the China (Dalian) cross-border e-commerce comprehensive test zone (Yang Xiaomeng et al. , 2016) .

Analysis of research outcomes 2017-2019: the results of this stage will continue to revolve around the four groups of cross-border e-commerce comprehensive test zone that have been established, and continue to summarize their experience in development and construction, in addition, the depth and breadth of research has been new changes. SWOT analysis, new trade model, big data, evaluation of industrial competitiveness, some new research methods, models and technologies are gradually combined with the development of cross-border e-commerce comprehensive test zone. Representative research results include: development strategy research of Zhengzhou cross-border e-commerce comprehensive test zone based on SWOT analysis (Zhang Juntao, 2018) , cross-border e-commerce and the coordinated development of the Economic system-an empirical study based on 35 cross-border e-commerce comprehensive test zone (Zhang Xiaodong, 2019) .

Analysis of research outcomes 2020-2022: the systematic results in development policy analysis of cross-border e-commerce comprehensive test zone, high-quality research results have also been achieved in the qualitative and quantitative analysis of sample data from the cross-border e-commerce comprehensive test zone, this paper sums up the problems of the mode, performance, supply chain development potential and other important fields of cross-border e-commerce comprehensive test zone in china, and forms a conclusion of great reference and reference value. The representative research results include: the research on evolution dynamics and innovation realization mechanism of cross-border e-commerce comprehensive pilot area (Xiao Liang et al. , 2020) , mechanisms and effects of quality change in manufacturing enabled by digital trade-quasi-natural experiments from the cross-border e-commerce comprehensive test zone (Yuan Qigang et al. , 2022) .

1.3 The significance of this study

The digital transformation of the world economy is accelerating, a new round of scientific and technological revolution and industrial transformation is deepening, and the iterative upgrading and converged application of technology driven by e-commerce continues to deepen. The cross-border e-commerce comprehensive test zone in China is a "Gathering place" for institutional innovation, Management Innovation, service innovation and technological innovation, through a series of innovations to promote the cross-border e-commerce industry liberalization, facilitation, standardization of development, thus promoting the higher-quality economic development in China. The cross-border e-commerce comprehensive test zone in China, in the extensive application of big data and other information technology, to promote the reform and development of the comprehensive test zone to form some valuable experience.

2 Make full use of big data to establish new models and systems for cross-border e-commerce statistics

The cross-border e-commerce comprehensive test zone in China actively utilizes information technologies such as big data, artificial intelligence, blockchain, cloud computing, etc. They use new technologies to promote service innovation, Control risks and regulate the smooth operation and development of the economy in the comprehensive test zone. Hangzhou, Shenzhen, Zhengzhou, Ningbo, Yiwu, Qingdao and other cross-border e-commerce comprehensive test zones have made full use of big data and other technologies to establish new models and systems for cross-border e-commerce statistics.

2.1 Set up and publish cross–border e–commerce index

Using new technologies such as big data and cloud computing to analyze and process huge amounts of data on various platforms, such as commodity trading, logistics, customs clearance, financial payments, intellectual property rights, etc. , it will gradually establish a comprehensive index system that reflects the operation of cross-border e-commerce at multiple levels and dimensions, and regularly release the"Cross-border e-commerce index" to the whole society, to guide and monitor the economic development and smooth operation of the comprehensive cross-border e-commerce comprehensive test zone.

2.2 Establishing a new model for cross–border e–commerce statistics

To establish a cross-border e-commerce big data service center to realize the exchange and aggregation of cross-border e-commerce data, and to explore the establishment of a new model for statistics and management based on declaration lists, platform data, etc. Establish a"Cross-border e-commerce data monitoring system" to provide decision-making advisory services for government regulation and business operations.

2.3 Establish statistical standards for cross–border e–commerce

To explore the establishment of standard formats such as information of transaction entities, electronic contracts and electronic orders, as well as simplified statistical classification standards for cross-border e-commerce imports and exports, and to explore the establishment of a multi-party cross-border e-commerce statistics system, to improve cross-border e-commerce statistical methods, and provide experience for national cross-border e-commerce statistical system and mechanism construction.

3 APPLICATION OF BIG DATA TECHNOLOGY, THE ESTABLISHMENT OF RISH EARLY WARNING SYSTEM

3.1 Establish risk early warning system based on big data

Ningbo cross-border e-commerce comprehensive test zone supports third-party credit service providers to provide credit evaluation services to governments and enterprises through big data technologies; and establishes an early warning system for classified and graded risks based on big data analysis, to realize real-time monitoring, identification and evaluation of market risks, transaction risks, financial risks, technical risks and public security risks in cross-border e-commerce.

3.2 Use big data and other technical means to innovate enterprise credit rating methods

Nanjing cross-border e-commerce comprehensive test zone of proposes to build a big data trade finance platform, to use big data and other technical means to innovate enterprise credit rating methods, to provide non-face-to-face approval of trade finance products and services, to provide convenience for enterprises to carry out various types of financing business.

3.3 Use big data to achieve "point–to–point" matching and control enterprise financing needs and risks

Qingdao cross-border e-commerce comprehensive test zone fully mining cross-border e-commerce generated by internet trade big data, through data information dynamic and independent "Point-to-point" matching and hedging, to realize the dynamic control and effective control of enterprise financing demand and risk management. The wide application of new technologies such as big data and artificial intelligence has greatly improved the advanced service, scientific management and sensitivity of risk early warning.

4 application of big data and other technologies, the establishment of intelligent logistics system

4.1 Rely on big data to promote the transformation of foreign trade from logistics oriented to information oriented

Qingdao cross-border e-commerce comprehensive test zone relies on technical services such as big data, internet of things and cloud computing to promote the transformation of foreign trade from logistics-oriented to information flow-oriented, and to provide cross-border e-commerce information services, to guide the integration of settlement, transportation and other related services, and promote the facilitation of cross-border e-commerce trade in goods.

4.2 Use the internet of things and big data technology to build an interconnected intelligent logistics information system

Hangzhou, Zhengzhou and Qingdao cross-border e-commerce comprehensive test zone make full use of new technologies such as the internet of things and big data to build interconnected intelligent logistics information systems, to standardize and standardize the operation process of cross-border e-commerce logistics by connecting and operating a smooth logistics warehousing network system, a high-quality and efficient logistics operation service system, etc. , to integrate transport resources efficiently and seamlessly link up transport organizations to form a rational, full-featured, efficient and high-quality cross-border logistics distribution and operation service system.

5 application of big data technology, innovation of inspection and quarantine prcess

Guangzhou cross-border e-commerce comprehensive test zone applies big data technology to inspection and quarantine processes, relying on"Smart inspection ports" for risk assessment, classification management, Integrity Management and overseas information comparison, to realize"Electronic distribution and control", explore the application of global product quality and standard information database for inspection and quarantine big data automatic judgment, automatic check and release. It will explore ways to control the quality of imported goods in cross-border e-commerce and encourage domestic enterprises to export famous-brand goods through market procurement. To formulate the administrative measures for the procedures of inspection and quarantine declaration and release in the cross-border e-commerce comprehensive test zone in Guangzhou, the supervisory model of"Pre-filing, pre-supervision, post-follow-up, quality control" shall be implemented for exit, and"Pre-filing and filing for entry, centralized inspection and quarantine in entry areas, verification and verification in batches in exit areas, and tracing of quality and safety" shall be implemented for entry. Full big data technology, product quality traceability management, to ensure the quality of import and export products, good product quality this pass.

6 APPLICATION OF BIG DATA TECHNOLOGY to achiece global trade precision marketing

6.1 The model of "Big Data+e–commerce + foreign trade"

Zhengzhou cross-border e-commerce comprehensive test zone explores the development model of"Big Data + e-commerce + foreign trade" to gradually build Henan foreign trade big data center and provide customized services for enterprises, to help companies in the global market accurate marketing and rapid increase in overseas market share.

6.2 The mode of transformation from mass manufacturing to mass customization

Qingdao cross-border e-commerce comprehensive test zone uses big data technology to help foreign trade enterprises convert customers' individual needs into valuable orders in accordance with market changes, we will build a flat cross-border trading system featuring on-demand design, on-demand manufacturing and on-demand distribution, and realize the transformation of large-scale manufacturing to mass customization and the optimization of product imports and exports.

6.3 The mode of global trade precision marketing big data platform

Nanjing cross-border e-commerce comprehensive test zone in the construction of an international network marketing system, scientific planning, outstanding results. Its main measures include speeding up the distribution of overseas marketing network, implementing the action plan of "Breaking Zero", promoting accurate marketing in international market, promoting the upgrading of trade fairs, and implementing the strategy of winning by quality, for the development of the comprehensive test area of the international market to make a positive contribution. In particular, it will speed up the introduction and cultivation of third-party overseas marketing services to help enterprises develop overseas independent stations; To guide and encourage enterprises to carry out international e-commerce-related products and enterprise certification, to establish international product standards, to enhance the voice of international competition, and so on, it shows the foresightedness and precision of the government in the aspect of careful planning and scientific help.

7 Conclusions

The Fourteenth Five Year E-commerce Development Plan (October 2021) jointly issued by the Ministry of Commerce, the Central Cyberspace Office and the National Development and Reform Commission clearly pointed out that "continue to promote the construction of cross-border e-commerce comprehensive test areas and explore the innovation of the whole process of cross-border e-commerce transactions." In October 2021, Premier Li Keqiang said in his speech at the opening ceremony of the 130th China Import and Export Commodities Fair and the Pearl River International Trade Forum: "Rely on industrial and market advantages, deepen foreign economic and trade cooperation, accelerate the innovative development of foreign trade, strengthen international cooperation in digital trade, and create a number of digital pilot areas for global trade."

From the above analysis, we can see that the development of digital technologies such as big data, artificial intelligence and cloud computing, as well as the extensive application of innovation in cross-border e-commerce comprehensive test zones, it not only promotes the optimization and upgrading of cross-border e-commerce supply chain services in China, but also accurately captures the needs of international market customers, realizes accurate marketing and effective marketing, and more effectively realizes digital supervision, to ensure the healthy development of cross-border e-commerce. In the wave of global digital development, cross-border e-commerce will gradually change into global digital trade with the accumulation of continuous quantitative changes, and its digital characteristics become more and more prominent, the issue of big data innovation and application in this industry is also becoming more important. It is hoped that the 165 cross-border e-commerce comprehensive test zones in China will have more innovation and exploration on the basis of the previous development experience, and form the "China Experience", which will contribute to the development of global digital trade.

—— 胡丽霞发表于 *The 2nd International Conference on Big Data Economy and Digital Management*（2023 年 6 月）

英文成果五

Development Experience and Trend of Cross-border Electronic Commerce Comprehensive Test Zone in China

1 Introduction

Since March 2015, when the State Council issued the "Approval to the Establishment of the China (Hangzhou) Cross-border Electronic Commerce Comprehensive Test Zone" (No. 44 of National Letter 〔2015〕), our government has set up 35 Cross-border Electronic Commerce Comprehensive Test Zone in Hangzhou, Tianjin, Beijing and other cities in three batches in 2015, 2016 and 2018, respectively. The total annual trading volume of the comprehensive test zone is nearly trillion yuan. In July 2019, Premier Li Keqiang chaired the executive meeting of the State Council, which planned to "add a number of test cities on the basis of the existing 35 cross-border e-commerce comprehensive test zones and according to local wishes". It can be seen that our government attaches great importance to the development of cross-border e-commerce comprehensive test zone. Premier Li Keqiang emphasized that "cross-border e-commerce is a major trend in the development of international trade. It can promote more enterprises to participate in international trade directly. It is also conducive to the financing and development of large and medium-sized enterprises, and can promote the upgrading of domestic manufacturing industry and brand growth. It is of great significance to promote "double creation", increase employment, make foreign trade better adapt to the new situation and win new advantages."

Due to the short establishment time of China's cross-border e-commerce comprehensive test zone, the current research results are still slightly thin.

Existing research results mainly take a city's cross-border e-commerce comprehensive test zone as an example to analyze its development status, experience and problems. In addition, there are also studies on the evaluation of industrial competitiveness of cross-border e-commerce comprehensive test zone from the perspective of niche, and studies on the development of China's cross-border e-commerce comprehensive test zone from the perspective of industrial cluster development, etc. This study takes 35 cross-border e-commerce comprehensive test zones which have been formally established as the research object, comprehensively evaluates the successful experience gained in the development practice of cross-border e-commerce comprehensive test zones, and combines the new situation and technology at home and abroad, carries out macro-analysis and anticipation of their future development trend.

2 Experience Analysis on the Development of Cross-border Electronic Commerce Comprehensive Test Zone in China

After more than four years of steady development, China's cross-border e-commerce comprehensive test zone has formed valuable development experience in system innovation, service innovation, technological innovation and other aspects.

2.1 Constructing a cross–border e–commerce ecosphere with online and offline deep integration

As the first cross-border e-commerce comprehensive test zone in our country, Hangzhou comprehensive test zone has taken the lead in building an ecosphere of cross-border e-commerce, which is deeply integrated online and offline, to form an advanced experience for reference. In online links, Hangzhou focused on the establishment of a "single window" covering B2C and B2B business. At present, online "single window" has become the core means of trade facilitation, regulatory simplification and implementation of e-commerce. Online and off-line links, the overall layout should be carried out in the way of "One Zone, Multiple Gardens". Among them, "One Zone" refers to the "core zone" of cross-border e-commerce development, which include six major urban areas: Shangcheng, Xiacheng, Jianggan, Gongshu, Xihu and Binjiang. The focus of this area is to accelerate industrial agglomeration。

"Multiple Garden" refers to the "Economic Circle" and "Development Zone" of cross-border e-commerce industry: "Economic Circle" focuses on promoting the transformation of traditional foreign trade enterprises to new types of foreign trade enterprises, including Fuyang, Xiaoshan, Yuhang, Xiasha and Dajiangdong areas; "Development Zone" focuses on promoting the integration of regional characteristics and advantages with cross-border e-commerce. The exhibition mainly includes Chun'an, Tonglu, Jiande and Linan areas. Through the online "single window", offline "One Zone, Multiple Gardens", online and offline deep integration, a cross-border e-commerce ecosystem with global coverage and symbiotic integration was constructed.

2.2 Create a comprehensive service system of "six systems, two platforms"

"Six Systems ,Two Platforms" is the most important test content of Hangzhou Cross-border Electronic Commerce Comprehensive Test Zone, and also the most extensive experience of replication and promotion in the whole country. Among them, "six systems" include: cross-border e-commerce information sharing system, e-commerce credit system, financial services system, intelligent logistics system, risk prevention and control system, statistical monitoring system. The "two platforms" include: one is the online integrated information service platform, namely the "single window" platform, and the other is the offline "integrated park" platform. The service system has been popularized and applied in the second and third batches of comprehensive test zones. For example, on the basis of "six systems,two platforms", Zhengzhou Cross-border Electronic Commerce Comprehensive Test Zone has focused on building "three platforms and seven systems", namely, adding a "cross-border e-commerce talent training and business incubation platform" and a "uality and safety system" of the Comprehensive Test Zone, and make the development of e-commerce is more liberalized, standardized and convenient.

2.3 Forms the Advantage of Industrial Cluster Development

At present, China's cross-border e-commerce comprehensive test zones in various cities have become the gathering place of cross-border e-commerce leading enterprises (platforms), cross-border logistics enterprises, Internet financial services enterprises and innovative start-ups, which have very strong industrial attraction and strong development potential. Hangzhou Comprehensive Test Zone has gathered well-known cross-border e-commerce enterprises at home and abroad such as Alibaba, NetEase Koala, Wish, eBay, and nearly 8,000 large sellers of foreign trade and manufacturing enterprises engaged in cross-border e-commerce. In addition, there are more than 200 airlines and more than 80 shipping companies to provide 24-hour global online logistics services. Many Internet financial companies, including Alipay, Lianlian Yintong and many other Internet finance companies, which have cross-border payment and foreign exchange settlement and sale licenses, constitute a financial service center to escort the cross-border payment and settlement of enterprises in the comprehensive test zone. The development of industrial clusters has formed a more specialized division of labor and a more socialized cooperative relationship, formed an ecological group of different enterprises, and produced a strong scale effect and brand effect.

2.4 Constructing the layout of cross-border e-commerce industry chain

In the course of the development of industrial clusters, the cross-border e-commerce comprehensive test zone continuously strengthens the supporting of industrial comprehensive services, and gradually builds a good cross-border e-commerce industrial chain and ecological chain. Because the cross-border e-commerce industry is an industrial ecological chain which integrates trading platform, purchaser, supplier, warehouse, cross-border logistics, cross-border payment and cross-border transaction services, it is very inefficient and difficult for a single enterprise to complete all the business of the whole business chain independently. Therefore, cross-border e-commerce parks need to be based on the development of local characteristic industries, so that each type of enterprises in the eco-chain of cross-border e-commerce industry can reasonably exist and provide support services to each other. At present, China's cross-border e-commerce comprehensive test zones, based on the "single window" platform, provide integrated services for small and medium-sized enterprises, such as finance, customs clearance, logistics, tax rebate, foreign exchange and so on. They have opened up the internal relationship of the industrial chain. In addition, they have built public overseas warehouses, innovative financial business, bulit innovation entrepreneurship base and talent training base, etc. Continue to optimize the external ecological environment of the industrial chain, and gradually build a good cross-border e-commerce industry chain and ecological chain layout in the park.

2.5 The government legal system further standardizes and promotes the operation of cross-border e-commerce market

In recent years, China has promulgated a series of laws, regulations and policies to promote the development of cross-border e-commerce, and built a good macro-development environment. The Electronic Commerce Law of the People's Republic of China, which was formally implemented in January 2019, which clearly stipulates that the state should promote the development of cross-border electronic commerce, establishes and improves customs, taxation, entry-exit inspection and quarantine, payment and settlement management systems adapted to the characteristics of cross-border electronic commerce, improves the level of facilitation in all aspects of cross-border electronic commerce, and supports cross-border electronic commerce. Cross-border e-commerce platform operators provide warehousing logistics, customs declaration, inspection and other services for cross-border e-commerce. On April 9, 2019, the Standing Committee of the State Council decided to reduce the tax rate on entry luggage and postal articles carried by individuals, further release the dividends of Cross-border E-Commerce. On July 3, 2019, the Standing Committee of the State Council deployed and improved policies to promote cross-border e-commerce and other new forms of development. It called for an additional number of pilot cities of cross-border e-commerce comprehensive test zones, the implementation of the "no-ticket tax exemption" policy for cross-border e-commerce retail exports, and the introduction of more convenient tax collection methods for enterprises. The formal implementation of the Electronic Commerce Law of the People's Republic of China and the launch of a series of new policies on cross-border electronic commerce further standardize and promote the healthy development of cross-border electronic commerce market in China.

3 Analysis of the Development Trend of China's Cross-border Electronic Commerce Comprehensive Test Zone

In the future, China's cross-border e-commerce comprehensive test zone will show vigorous development strength and strong momentum, the main development trends include the following five aspects.

3.1 The scale of cross–border e–commerce import and export market is further expanded

According to the data of iiMedia Research, the scale of cross-border e-commerce transactions in China has been on the rise since 2013. From 2013 to 2018, the scale of cross-border e-commerce transactions is 2.9 trillion, 3.9 trillion, 5.1 trillion, 6.3 trillion, 7.6 trillion and 9.1 trillion yuan, respectively, with a growth rate of 34.5%, 30.8%, 23.5%, 20.6% and 19.7%. Over the same period, the growth rate of total imports and exports. iimedia consultancy analysts believe that the introduction of e-commerce law and new policies of cross-border e-commerce series will further standardize the cross-border e-commerce market in China, promote the healthy development of cross-border e-commerce industry, while the trend of globalization and consumption upgrading will promote the continuous growth of cross-border e-commerce scale in China. It is expected that the scale of cross-border e-commerce transactions in China will reach 10.8 trillion yuan and 12.7 trillion yuan in 2019 and 2020, respectively. The specific data are shown in Table 15.10.

Table 15.10   Scale and Forecast Data of Cross–border E–commerce Transactions in China

Year	2013	2014	2015	2016	2017	2018	2019E	2020E
Transaction Scale /trillion yuan	2.9	3.9	5.1	6.3	7.6	9.1	10.8	12.7
Growth rate /%	–	34.5	30.8	23.5	20.6	19.7	18.7	17.6

3.2 Actively Promote International Standards for the Development of Cross–border E–Commerce Industry

The traditional mode of international trade is mainly to exchange commodities as consumer goods between countries or regions. The new mode of international trade embodies the internationalization of the whole production process, that is, goods, investment, services, knowledge and personnel will flow across the global production network. The new international trade model requires the consistency of market rules and the compatibility of product standards in the world. At present, the development of cross-border e-commerce in China has come to the forefront of the world. In the future, in the new round of global governance restructuring and change, we can not only actively seek a comparable position with ourselves, but also actively balance the interests of countries, promote the development rules of cross-border e-commerce industry and international standards of personnel training, so as to lead and promote the healthy and rapid development of global cross-border e-commerce industry.

3.3 Actively promote the integration of the cross border

e-commerce comprehensive test zone and the "one belt and one road" strategy

According to the iiMedia consulting agency, the development scale of cross-border e-commerce in China is expected to reach more than 12 trillion yuan in 2020 under the background of "one belt and one road" promotion, and will continue to expand in the future. Therefore, from the perspective of economic and political strategy, the cross border e-commerce comprehensive test zone is an economic development task and a political task. Actively docking the "one belt and one way" strategy is an important strategic opportunity for opening the cross border e-commerce comprehensive test zone and carrying out international cooperation. From the perspective of opening up and enhancing local competitive advantages, actively docking the "one belt and one way" strategy can further enhance the international competitiveness and promote the globalization of resource allocation. It is of great significance for the local cross-border e-commerce industry to find new economic needs and growth and create new regional growth. Through the gradual establishment of the industrial chain network service platform, the multimodal transport infrastructure, the qualified layout, and overseas warehouses, which will be adapted to the strategy of "one belt and one road", we will open up the bottleneck of the cross border e-commerce development in the "one belt and one road" strategy, and realize the interconnection and mutual enjoyment of goods and services. The great development of cross-border e-commerce has become an important foothold and link for the construction of "one belt and one road".

3.4 Actively promote the application of new technologies such as big data and block chain in cross-border e-commerce comprehensive test zone

The popularization and application of large data can greatly improve the accuracy of statistical information in cross-border e-commerce comprehensive test zone. Using big data to classify and analyze all kinds of credit data, we can construct enterprise grading evaluation and service mode. Combining with credit certification of supervision department and credit service evaluation of third party, we can construct credit rating index system and so on, which can improve the scientificity and accuracy of comprehensive test zone statistical information from many aspects. Second, big data can play a very big role in cross-border e-commerce marketing. For example, large data portraits can more accurately describe the characteristics of consumer demand, help cross-border e-commerce enterprises more accurately find target consumers, potential consumers and consumer products, thus stimulating enterprises to upgrade and optimize from the production and manufacturing links. By using block chain technology, commodities can be endowed with the property of capitalization. By using this recording method, all recorded commodities can be authenticated and traced without fear of malicious modification of relevant data, thus ensuring the security of commodities, logistics, funds and other information. The popularization and application of new technologies such as big data and block chain in cross-border e-commerce comprehensive test zone will greatly improve the security and accuracy of comprehensive test zone information.

3.5 Actively Promote the Training of Cross-border E-commerce Professionals Talents

Since 2013, China's cross-border e-commerce industry has entered a rapid development stage. Behind the rapid growth of industrial scale is the huge demand for professional cross-border e-commerce talents. However, at present, most of the talents engaged in cross-border e-commerce related industries are in the fields of e-commerce, international business and international trade. In June 2019, the cross-border e-commerce (122200) was first officially established as a major in the major of finance, economy, commerce and trade in the supplementary specialty of the Ministry of Education's Professional Catalogue of Secondary Vocational Schools (2010). At present, the industry is warmly looking forward to the next step to add cross-border e-commerce majors in the catalogue of Higher Vocational Colleges and undergraduate majors, cultivate high-end application-oriented and subject-oriented talents in line with the actual needs of enterprises, and guide and promote the development of the industry.

4 Conclusion

In order to solve the shackles and difficulties in the development of cross-border e-commerce industry, the cross-border e-commerce comprehensive test zone is the first reform pioneer zone established by the Chinese government in some cities with the advantages of developing cross-border e-commerce. The comprehensive test zone has realized the innovation of system and mechanism, broken through the departmental boundaries, and formed information sharing platform and supervision coordination mechanism for commodities, logistics, merchants, e-commerce platforms, port management departments. The policy dividend of the comprehensive test zone has also brought benefits to the development of enterprises and saved the cost of enterprises. At the same time, the test cities have promoted the innovation vitality of the whole city, increased the capital of the government to attract investment and improved the overall environment of cross-border trade in China through the policy pilot. In the course of more than four years operation, China's cross-border e-commerce comprehensive test zone has made some remarkable achievements, but at the same time, there are some difficulties in its development. In the new technological changes and the international economic situation, it also faces some new challenges and opportunities. Therefore, the relevant government and enterprise departments, as well as research institutions, should well sort out the existing experience and problems, comprehensively and accurately evaluate the future development trend, in order to promote the better development of cross-border e-commerce industry in China.

——胡丽霞发表于 *The Fifth International Symposium on Management, Innovation & Development*（2019 年 11 月）

参考文献

[1] 汤兵勇，熊励 . 中国跨境电子商务发展报告（2014-2015）[M]. 北京：化学工业出版社，2015.

[2] 罗熙昶 . 现代产业园区战略规划及运营管理：理念、方法和工具 [M]. 上海：上海财经大学出版社，2020.

[3] 孙韬 . 跨境电商与国际物流：机遇、模式与运作 [M]. 北京：电子工业出版社，2018.

[4] 肖亮，佘福茂 . 中国模式：中国跨境电商综合试验区试点实践与创新经验 [M]. 杭州：浙江工商大学出版社，2018.

[5] 胡丽霞 . 跨境电子商务 [M]. 北京：科学出版社，2020.

[6] 黄强新，胡丽霞 . 跨境电商实务 [M]. 北京：清华大学出版社，2021.

[7] 齐晶 . 中国电子商务发展与规制研究 [D]. 沈阳：辽宁大学，2013.

[8] 王睦欣 . 全球电子商务发展新态势与中国电子商务创新发展 [D]. 长春：吉林大学，2015.

[9] 陈琼 . 我国跨境电子商务的发展和应用研究 [D]. 昆明：云南大学，2015.

[10] 刘阳 . 基于跨境电子商务的中小企业竞争力研究 [D]. 沈阳：沈阳工业大学，2015.

[11] 马晨 . 中国跨境电商的发展现状及今后对策研究 [D]. 北京：对外经济贸易大学，2015.

[12] 朱亮 . 跨境电商海关监管问题研究 [D]. 海口：海南大学，2018.

[13] 程雪 . 中国跨境电子商务综合试验区的发展模式研究 [D]. 长春：吉林大学，2020.

[14] 石以涛 . 中国跨境电子商务综合试验区的政策效应研究 [D]. 青岛：青岛大学，2020.

[15] 周柱龙. 中国跨境电子商务发展影响因素研究 [D]. 沈阳: 辽宁大学, 2015.

[16] 陈云波. 在国际电子商务发展趋势下的中国跨境电子商务发展趋势探讨 [J]. 商, 2013 (13).

[17] 党倩娜, 陈骞. 全球跨境电子商务发展总体形态及政策分析 [J]. 上海商业, 2015 (10).

[18] 李金芳, 陈夏林, 吴来恩, 李鹏, 陈丽芳. M2B2C 跨境电商出口模式的产业功能及实现: 以中国 (杭州) 跨境电子商务综合试验区为例 [J]. 中共杭州市委党校学报, 2015(9).

[19] 张鑫, 郑伏. 标准化助推杭州跨境电子商务综合试验区发展 [J]. 标准化改革与发展之机遇: 第十二届中国标准化论坛论文集, 2015(9).

[20] 尹伊梦芝, 王诗玮. 中国 (杭州) 建立跨境电商综合试验区 SWOT 分析 [J]. 商场现代化, 2015(6).

[21] 杨晓猛, 侯东岳. 积极对接 "一带一路" 倡议 加快推进中国 (大连) 跨境电商综合试验区建设 [J]. 大连干部学刊, 2016 (11).

[22] 王锦锦等. 中国 (杭州) 跨境电子商务综合试验区发展现状及对策研究 [J]. 经济管理者, 2016 (11).

[23] 蒋睁睁. 跨境电子商务标准化发展探索: 浅谈中国 (杭州) 跨境电子商务综合试验区发展的经验 [J]. 科技创新导报, 2016 (20).

[24] 于雯婷. "一路一带" 建设背景下中国跨境电子商务发展现状及前景 [J]. 企业导报, 2016 (4).

[25] 向磊. 我国跨境电商发展的路径选择: 基于国外跨境电商发展的经验 [J]. 商业经济研究, 2016 (14).

[26] 谌远知. 跨境电商中的知识产权风险与应对: 以中国 (杭州) 跨境电子商务综合试验区为背景 [J]. 中共杭州市委党校学报, 2016 (1).

[27] 杨夏. 悦跨境电商发展的现状、机遇与挑战: 以杭州跨境电子商务综合试验区发展为例 [J]. 黑龙江科技信息, 2016 (6).

[28] 甘雨娇. 杭州跨境电商综合试验区的发展效应: 基于对上海自贸区的效应分析 [J]. 郑州航空工业管理学院学报, 2016 (8).

[29] 郭建芳. 跨境电商综合试验区建设路径研究: 以杭州综试区为例 [J].

中国市场，2016（3）.

[30] 陈竹韵. 基于杭州跨境电商综合试验区的高职外贸人才培养方案研究 [J]. 学周刊，2016（5）.

[31] 范敏，毕诗琪. 合肥跨境电子商务综合试验区的发展对策研究 [J]. 江苏科技信息，2016（11）.

[32] 邵长青. 推进天津跨境电子商务综合试验区建设的路径选择 [J]. 港口经济，2016（7）.

[33] 唐一军. 有力有序推进跨境电商综合试验区建设发展 [J]. 宁波经济（财经视点），2016（7）.

[34] 张莉. 区域性跨境电商产业园区运营模式研究 [J]. 中国流通经济，2017（5）.

[35] 邬关荣，金群康. 杭州跨境电子商务综合试验区发展战略研究 [J]. 经营与管理，2017（8）.

[36] 韩旭. 跨境电子商务知识产权侵权风险及防范对策：以中国（杭州）跨境电子商务综合试验区为研究背景 [J]. 特区经济，2017（4）.

[37] 王香怡，杨茵. 中国跨境电商试验区发展现状与经验：以广州跨境电商综合试验区为例 [J]. 对外经贸，2017（9）.

[38] 林园春. 中国（郑州）跨境电子商务综合试验区建设方略研究 [J]. 黄河科技大学学报，2017（7）.

[39] 韩旭. 跨境电子商务知识产权保护必要性分析：以中国（杭州）跨境电子商务综合试验区为研究视域 [J]. 当代经济，2017（3）.

[40] 冯芳，万建峰. 杭州跨境电子商务综合试验区各园区发展的影响因子分析 [J]. 中国商论，2017（10）.

[41] 秦娟. 中国（重庆）跨境电子商务综合试验区的机遇与挑战 [J]. 时代金融，2017（4）.

[42] 向尚，王勇森. 跨境电商进出口额超百亿："互联网＋商务"，青岛跨境电子商务综合试验区建设快速推进 [J]. 走向世界，2017（1）.

[43] 许嘉扬. 跨境电子商务综合试验区建设在杭州的实践研究 [J]. 现代商业，2017（10）.

[44] 王璋. 加强中国（郑州）跨境电子商务综合试验区建设 [J]. 协商论坛，

2017（10）.

[45] 滕静涛.中国跨境电商标准化实施成果及对策研究[J].中国经贸导刊，2018（5）.

[46] 韦大宇.我国跨境电商综合试验区产业集群发展研究[J].对外经贸，2018（6）.

[47] 越琳.大数据助力中国（郑州）跨境电子商务综合试验区发展[J].时代经贸，2018（5）.

[48] 许嘉扬，郭福春.互联网金融支持跨境电子商务发展机制研究：以杭州市综合试验区为例[J].浙江社会科学，2018（5）.

[49] 张俊涛.基于SWOT分析的郑州跨境电子商务综合试验区发展策略研究[J].广西师范大学，2018（6）.

[50] 郝彬凯.跨境电商综合试验区的产业竞争力评价研究[J].华南理工大学，2018（5）.

[51] 晋妍妍.郑州跨境电子商务综合试验区建设路径研究[J].现代营销（创富信息版），2018（10）.

[52] 张振，吴欣静.义乌市为打造国际陆港城市及跨境电商综合试验区的探索[J].中国经贸导刊，2018（8）.

[53] 孙颖.简析新型贸易模式在我国的发展：以跨境电商综合试验区为例[J].中外企业家，2018（5）.

[54] 吴妍.我国确定跨境电子商务综合试验区零售出口货物税收政策[J].福建轻纺，2018（11）.

[55] 吴雨，李佳倪，侯亚郎，李姝杭.我国跨境电商综合试验区发展的调查及建议[J].中国民商，2018（7）.

[56] 张俊涛.郑州跨境电子商务综合试验区发展分析研究[J].财经界，2018（7）.

[57] 郜志雄.跨境电商发展的瓶颈及突破对策：基于中国（宁波）跨境电子商务综合试验区的调查[J].宁波经济（三江论坛），2019(5).

[58] 韦大宇，张建民.中国跨境电商综合试验区建设成果与展望[J].国际贸易，2019(7).

[59] 张夏恒，陈怡欣.中国跨境电商综合试验区运行绩效评价[J].中国流

通经济，2019(9).

[60] 张晓东. 跨境电商与经济系统耦合协调发展：基于 35 个跨境电商综合试验区的实证研究 [J]. 企业经济，2019(10).

[61] 林园春，张俊涛. 基于比较分析的中国（郑州）跨境电子商务综合试验区发展对策研究 [J]. 黄河科技学院学报，2019(7).

[62] 朱贤强，王庆. 跨境电子商务综合试验区创新实践与推进策略 [J]. 经济纵横，2019(8).

[63] 杨芳，李福英，王凝，张雪梅，李美. 长沙跨境电商综合试验区建设路径研究 [J]. 电子商务，2019(3).

[64] 丁慧平. 跨境电子商务综合试验区平台生态圈的构建与成长研究：以青岛跨境电商综试区为例 [J]. 青岛农业大学学报（社会科学版），2019(5).

[65] 杨芸. 基于跨境贸易电子商务发展的政策研究：以杭州跨境电子商务综合试验区为例 [J]. 对外经贸，2019(11).

[66] 陈俊鹏. eWTP 助力实体经济再发展研究：以义乌跨境电子商务综合试验区为例 [J]. 现代工业经济和信息化，2019(10).

[67] 张晓东. 跨境电商综合试验区区位价值影响因素研究 [J]. 技术经济，2019(9).

[68] 孙宝权，李鹤. 基于区块链技术的跨境电商物流发展对策探析：以大连金普新区跨境电商综合试验区为例 [J]. 才智，2019(2).

[69] 马述忠，潘钢健. 从跨境电子商务到全球数字贸易－新冠肺炎疫情全球大流行下的再审视 [J]. 湖北大学学报（哲学社会科学版），2020(9).

[70] 王维金. 基于引力模型的潍坊跨境电商综合试验区发展实证研究 [J]. 中小企业管理与科技，2022（8）.

[71] 李艳梅. 我国区域物流供应链发展潜力测度及经济影响：以跨境电商综合试验区城市为例 [J]. 商业经济研究，2020（10）.

[72] 张正荣，杨金东，魏然. 跨境电商综合试验区的设立模式与推广问题：基于 70 个城市的定性比较分析 [J]. 软科学，2020（4）.

[73] 裴东霞. 我国跨境电商运行绩效评价与提升策略：基于跨境电商综合试验区样本数据的分析 [J]. 商业经济研究，2020（3）.

[74] 王坤，吴崑．基于扎根理论的跨境电商综合试验区发展模式研究 [J]．电子商务，2020（9）．

[75] 汪宏程．跨境电商综合试验区的经验 [J]．中国金融，2020（5）．

[76] 葛晓鸣．辽宁跨境电商综合试验区品牌构建路径探析 [J]．对外经贸实务，2020（12）．

[77] 廖爱红，王二威，齐延信．基于熵权 – AHP 融合的跨境电商综合试验区发展环境评价研究：产业生态系统的视角 [J]．数学的实践与认识，2020（8）．

[78] 王春娟，张珊．区块链技术在跨境电商的应用现状及对唐山市跨境电商综合试验区发展的影响 [J]．现代营销（经营版），2020（10）．

[79] 刘燕．南通跨境电商综合试验区竞争力分析及发展对策研究 [J]．太原城市职业技术学院学报，2020（6）．

[80] 张丽丽．中国跨境电子商务综合试验区研究能量分布、热点与趋势：基于科学知识图谱的文献计量分析 [J]．北京印刷学院学报，2021(12)．

[81] 王慧敏．完善我国跨境电商海关监管的对策研究 [J]．商业经济，2021（4）．

[82] 张文镔．供应链金融与中小企业融资绩效：以跨境电商综合试验区为例 [J]．商业经济研究，2021（8）．

[83] 苏成之．我国跨境电商综合试验区税收政策对企业的影响研究 [J]．云南财经大学，2021（5）．

[84] 杜月阳．中国（深圳）跨境电商综合试验区建设中的供应链竞争力提升策略探析 [J]．商讯，2021（1）．

[85] 唐红涛，成凯．跨境电商综合试验区政策推动居民消费升级了吗？：基于双重差分法的实证检验 [J]．商学研究，2021（2）．

[86] 叶悦青．双循环发展背景下中国跨境电商综合试验区建设的创新路径 [J]．对外经贸实务，2021（10）．

[87] 邓峰．中国（武汉）跨境电商综合试验区发展对策研究：基于武汉与杭州综试区的比较分析 [J]．现代商业，2021（6）．

[88] 常智刚．中国跨境电商综合试验区对经济增长的影响研究 [J]．江西师范大学，2021（3）．

[89] 李海菊．江苏跨境电商综合试验区产业竞争力评价研究：基于生态位视阈下 [J]．北方经贸，2021（7）．

[90] 张扬．"双循环"背景下我国跨境电商综合试验区对赣州的启示研究 [J]．对外经贸实务，2021（12）．

[91] 赵慧，葛春瑞，马婷．电子商务环境与经济增长：基于设立跨境电商综合试验区的准自然实验 [J]．甘肃行政学院学报，2021（10）．

[92] 苏尤丽，张蓝勺，赵宁．跨境电商综合试验区对地区经济发展的效应评估 [J]．牡丹江师范学院学报（社会科学版），2021（12）．

[93] 董丽雅，潘伟．跨境电商综合试验区背景下大数据技术助推跨境电商发展研究：以中山市为例 [J]．科技经济市场，2021（10）．

[94] 袁其刚，王敏哲．数字贸易赋能制造业质量变革机制与效应：来自跨境电子商务综合试验区的准自然实验 [J]．工业技术经济，2022（1）．

[95] 王利荣，芮莉莉．跨境电商综合试验区对地区经济的影响及差异性分析：基于"反事实"视角 [J]．南方经济，2022（1）．

[96] 王小琴．跨境电商综合试验区对进出口贸易的影响：基于双重差分模型的实证分析 [J]．技术经济与管理研究，2022（5）．

[97] 董加天．我国跨境电子商务综合试验区发展模式研究 [J]．商展经济，2022（3）．

[98] 杨韵．海关出口新政下跨境B2B发展机遇、困境和政策建议：以广东佛山跨境电子商务综合试验区为例 [J]．时代经贸，2022（2）．

[99] 曾虹．浅谈跨境电子商务综合试验区发展的税收政策 [J]．全国流通经济，2022（7）．

[100] 潘东旭．区域跨境电商行业发展政策作用机理与保障设计：以连云港跨境电商综合试验区为例 [J]．现代商业，2022（7）．

[101] 曹超．跨境电商综合试验区对制造业城市产业转型效应研究 [J]．江西科技师范大学，2022（6）．

[102] 许云．跨境电商综合试验区税收政策对地区贸易水平的影响研究 [J]．河南财经政法大学，2022（5）．

[103] 肖亮，柯彤萍．跨境电商综合试验区演化动力与创新实现机制研究 [J]．商业经济与管理，2020（2）．

[104] 胡丽霞．基于 CNKI 文献分析跨境电商综合试验区发展经验与困境问题 [J]．电子商务，2020（2）．

[105] 胡丽霞．我国跨境电子商务综合试验区发展研究系统性分析 [J]．中国集体经济，2023(15)．

[106] 胡丽霞．促进我国跨境电子商务综合试验区发展政策阶段性特征分析 [J]．全国流通经济，2023(10)．

[107] 胡丽霞．我国跨境电子商务综合试验区发展创新性研究：以 2021 年 10 家评估一档综试区为样本 [J]．中国商论，2023（6）．

[108] Lixia Hu. Development Experience and Trend of Cross-border Electronic Commerce Comprehensive Test Zone in China[C]. The Fifth International Symposium on Management, Innovation & Development, 2019（11）．

[109] Lixia Hu. The Innovation and Application of Big Data Technology in Cross-border E-commerce Comprehensive Test Zone in China[C]. The 2nd International Conference on Big Data Economy and Digital Management（BDEDM 2023），2023(6).

[110] 浙江省人民政府．中国（杭州）跨境电子商务综合试验区实施方案，2015．

[111] 广东省人民政府．中国（深圳）跨境电子商务综合试验区实施方案，2016．

[112] 广东省人民政府．中国（广州）跨境电子商务综合试验区实施方案，2016．

[113] 河南省人民政府．中国（郑州）跨境电子商务综合试验区建设实施方案，2016．

[114] 江苏省人民政府．中国（南京）跨境电子商务综合试验区实施方案，2019．

[115] 浙江省人民政府办公厅．中国（宁波）跨境电子商务综合试验区实施方案，2016．

[116] 上海市人民政府．中国（上海）跨境电子商务综合试验区实施方案，2016．

[117] 山东省人民政府.中国（青岛）跨境电子商务综合试验区建设实施方案，2016.

[118] 浙江省人民政府.中国（义乌）跨境电子商务综合试验区实施方案，2018.

[119] 福建省商务厅等19个部门.福建省复制推广跨境电子商务综合试验区成熟经验做法实施方案，2018.

[120] 中华人民共和国商务部.中国电子商务报告2021[R].北京：中国商务出版社，2022.

[121] 中华人民共和国商务部."十四五"对外贸易高质量发展规划,2021年.

[122] 商务部，中央网信办，发展改革委."十四五"电子商务发展规划，2021年.

[123] 国务院网站 http://www.gov.cn/

[124] 网经社 http://www.100ec.cn/

[125] 海关总署 http://www.customs.gov.cn/

[126] 商务部 http://www.mofcom.gov.cn/

[127] 国家统计局 http://www.stats.gov.cn/

附录一

中国跨境电子商务综合试验区一览表

附表1　中国跨境电子商务综合试验区一览表
（2015—2022年）

序号	所属地区	名称	获批时间	批次
1	浙江省	中国（杭州）跨境电子商务综合试验区	2015年3月7日	第一批
2	浙江省	中国（宁波）跨境电子商务综合试验区	2016年1月6日	第二批
3	浙江省	中国（义乌）跨境电子商务综合试验区	2018年7月24日	第三批
4	浙江省	中国（温州）跨境电子商务综合试验区	2019年12月24日	第四批
5	浙江省	中国（绍兴）跨境电子商务综合试验区	2019年12月24日	第四批
6	浙江省	中国（湖州）跨境电子商务综合试验区	2020年5月6日	第五批
7	浙江省	中国（嘉兴）跨境电子商务综合试验区	2020年5月6日	第五批
8	浙江省	中国（衢州）跨境电子商务综合试验区	2020年5月6日	第五批
9	浙江省	中国（台州）跨境电子商务综合试验区	2020年5月6日	第五批
10	浙江省	中国（丽水）跨境电子商务综合试验区	2020年5月6日	第五批
11	浙江省	中国（金华）跨境电子商务综合试验区	2022年2月8日	第六批
12	浙江省	中国（舟山）跨境电子商务综合试验区	2022年2月8日	第六批
13	河南省	中国（郑州）跨境电子商务综合试验区	2016年1月6日	第二批

序号	所属地区	名称	获批时间	批次
14	河南省	中国（洛阳）跨境电子商务综合试验区	2019 年 12 月 24 日	第四批
15	河南省	中国（南阳）跨境电子商务综合试验区	2020 年 5 月 6 日	第五批
16	河南省	中国（焦作）跨境电子商务综合试验区	2022 年 11 月 24 日	第七批
17	河南省	中国（许昌）跨境电子商务综合试验区	2022 年 11 月 24 日	第七批
18	天津市	中国（天津）跨境电子商务综合试验区	2016 年 1 月 6 日	第二批
19	上海市	中国（上海）跨境电子商务综合试验区	2016 年 1 月 6 日	第二批
20	重庆市	中国（重庆）跨境电子商务综合试验区	2016 年 1 月 6 日	第二批
21	安徽省	中国（合肥）跨境电子商务综合试验区	2016 年 1 月 6 日	第二批
22	安徽省	中国（芜湖）跨境电子商务综合试验区	2019 年 12 月 24 日	第四批
23	安徽省	中国（安庆）跨境电子商务综合试验区	2020 年 5 月 6 日	第五批
24	安徽省	中国（马鞍山）跨境电子商务综合试验区	2022 年 2 月 8 日	第六批
25	安徽省	中国（宣城）跨境电子商务综合试验区	2022 年 2 月 8 日	第六批
26	安徽省	中国（蚌埠）跨境电子商务综合试验区	2022 年 11 月 24 日	第七批
27	广东省	中国（广州）跨境电子商务综合试验区	2016 年 1 月 6 日	第二批
28	广东省	中国（深圳）跨境电子商务综合试验区	2016 年 1 月 6 日	第二批
29	广东省	中国（珠海）跨境电子商务综合试验区	2018 年 7 月 24 日	第三批
30	广东省	中国（东莞）跨境电子商务综合试验区	2018 年 7 月 24 日	第三批

序号	所属地区	名称	获批时间	批次
31	广东省	中国（汕头）跨境电子商务综合试验区	2019 年 12 月 24 日	第四批
32	广东省	中国（佛山）跨境电子商务综合试验区	2019 年 12 月 24 日	第四批
33	广东省	中国（梅州）跨境电子商务综合试验区	2020 年 5 月 6 日	第五批
34	广东省	中国（惠州）跨境电子商务综合试验区	2020 年 5 月 6 日	第五批
35	广东省	中国（中山）跨境电子商务综合试验区	2020 年 5 月 6 日	第五批
36	广东省	中国（江门）跨境电子商务综合试验区	2020 年 5 月 6 日	第五批
37	广东省	中国（湛江）跨境电子商务综合试验区	2020 年 5 月 6 日	第五批
38	广东省	中国（茂名）跨境电子商务综合试验区	2020 年 5 月 6 日	第五批
39	广东省	中国（肇庆）跨境电子商务综合试验区	2020 年 5 月 6 日	第五批
40	广东省	中国（韶关）跨境电子商务综合试验区	2022 年 2 月 8 日	第六批
41	广东省	中国（汕尾）跨境电子商务综合试验区	2022 年 2 月 8 日	第六批
42	广东省	中国（河源）跨境电子商务综合试验区	2022 年 2 月 8 日	第六批
43	广东省	中国（阳江）跨境电子商务综合试验区	2022 年 2 月 8 日	第六批
44	广东省	中国（清远）跨境电子商务综合试验区	2022 年 2 月 8 日	第六批
45	广东省	中国（潮州）跨境电子商务综合试验区	2022 年 2 月 8 日	第六批
46	广东省	中国（揭阳）跨境电子商务综合试验区	2022 年 2 月 8 日	第六批
47	广东省	中国（云浮）跨境电子商务综合试验区	2022 年 2 月 8 日	第六批

序号	所属地区	名称	获批时间	批次
48	四川省	中国（成都）跨境电子商务综合试验区	2016 年 1 月 6 日	第二批
49	四川省	中国（泸州）跨境电子商务综合试验区	2019 年 12 月 24 日	第四批
50	四川省	中国（德阳）跨境电子商务综合试验区	2020 年 5 月 6 日	第五批
51	四川省	中国（绵阳）跨境电子商务综合试验区	2020 年 5 月 6 日	第五批
52	四川省	中国（南充）跨境电子商务综合试验区	2022 年 2 月 8 日	第六批
53	四川省	中国（眉山）跨境电子商务综合试验区	2022 年 2 月 8 日	第六批
54	四川省	中国（宜宾）跨境电子商务综合试验区	2022 年 11 月 24 日	第七批
55	四川省	中国（达州）跨境电子商务综合试验区	2022 年 11 月 24 日	第七批
56	辽宁省	中国（大连）跨境电子商务综合试验区	2016 年 1 月 6 日	第二批
57	辽宁省	中国（沈阳）跨境电子商务综合试验区	2018 年 7 月 24 日	第三批
58	辽宁省	中国（抚顺）跨境电子商务综合试验区	2019 年 12 月 24 日	第四批
59	辽宁省	中国（营口）跨境电子商务综合试验区	2020 年 5 月 6 日	第五批
60	辽宁省	中国（盘锦）跨境电子商务综合试验区	2020 年 5 月 6 日	第五批
61	辽宁省	中国（鞍山）跨境电子商务综合试验区	2022 年 11 月 24 日	第七批
62	山东省	中国（青岛）跨境电子商务综合试验区	2016 年 1 月 6 日	第二批
63	山东省	中国（威海）跨境电子商务综合试验区	2018 年 7 月 24 日	第三批
64	山东省	中国（济南）跨境电子商务综合试验区	2019 年 12 月 24 日	第四批

序号	所属地区	名称	获批时间	批次
65	山东省	中国（烟台）跨境电子商务综合试验区	2019 年 12 月 24 日	第四批
66	山东省	中国（东营）跨境电子商务综合试验区	2020 年 5 月 6 日	第五批
67	山东省	中国（潍坊）跨境电子商务综合试验区	2020 年 5 月 6 日	第五批
68	山东省	中国（淄博）跨境电子商务综合试验区	2022 年 2 月 8 日	第六批
69	山东省	中国（日照）跨境电子商务综合试验区	2022 年 2 月 8 日	第六批
70	山东省	中国（临沂）跨境电子商务综合试验区	2020 年 5 月 6 日	第五批
71	山东省	中国（枣庄）跨境电子商务综合试验区	2022 年 11 月 24 日	第七批
72	山东省	中国（济宁）跨境电子商务综合试验区	2022 年 11 月 24 日	第七批
73	山东省	中国（泰安）跨境电子商务综合试验区	2022 年 11 月 24 日	第七批
74	山东省	中国（德州）跨境电子商务综合试验区	2022 年 11 月 24 日	第七批
75	山东省	中国（聊城）跨境电子商务综合试验区	2022 年 11 月 24 日	第七批
76	山东省	中国（滨州）跨境电子商务综合试验区	2022 年 11 月 24 日	第七批
77	山东省	中国（菏泽）跨境电子商务综合试验区	2022 年 11 月 24 日	第七批
78	江苏省	中国（苏州）跨境电子商务综合试验区	2016 年 1 月 6 日	第二批
79	江苏省	中国（南京）跨境电子商务综合试验区	2018 年 7 月 24 日	第三批
80	江苏省	中国（无锡）跨境电子商务综合试验区	2018 年 7 月 24 日	第三批
81	江苏省	中国（徐州）跨境电子商务综合试验区	2019 年 12 月 24 日	第四批

续表

序号	所属地区	名称	获批时间	批次
82	江苏省	中国（南通）跨境电子商务综合试验区	2019 年 12 月 24 日	第四批
83	江苏省	中国（常州）跨境电子商务综合试验区	2020 年 5 月 6 日	第五批
84	江苏省	中国（连云港）跨境电子商务综合试验区	2020 年 5 月 6 日	第五批
85	江苏省	中国（淮安）跨境电子商务综合试验区	2020 年 5 月 6 日	第五批
86	江苏省	中国（盐城）跨境电子商务综合试验区	2020 年 5 月 6 日	第五批
87	江苏省	中国（宿迁）跨境电子商务综合试验区	2020 年 5 月 6 日	第五批
88	江苏省	中国（扬州）跨境电子商务综合试验区	2022 年 2 月 8 日	第六批
89	江苏省	中国（镇江）跨境电子商务综合试验区	2022 年 2 月 8 日	第六批
90	江苏省	中国（泰州）跨境电子商务综合试验区	2022 年 2 月 8 日	第六批
91	北京	中国（北京）跨境电子商务综合试验区	2018 年 7 月 24 日	第三批
92	内蒙古自治区	中国（呼和浩特）跨境电子商务综合试验区	2018 年 7 月 24 日	第三批
93	内蒙古自治区	中国（赤峰）跨境电子商务综合试验区	2019 年 12 月 24 日	第四批
94	内蒙古自治区	中国（满洲里）跨境电子商务综合试验区	2020 年 5 月 6 日	第五批
95	内蒙古自治区	中国（鄂尔多斯）跨境电子商务综合试验区	2022 年 2 月 8 日	第六批
96	内蒙古自治区	中国（包头）跨境电子商务综合试验区	2022 年 11 月 24 日	第七批
97	吉林省	中国（长春）跨境电子商务综合试验区	2018 年 7 月 24 日	第三批
98	吉林省	中国（珲春）跨境电子商务综合试验区	2019 年 12 月 24 日	第四批

序号	所属地区	名称	获批时间	批次
99	吉林省	中国（吉林）跨境电子商务综合试验区	2020 年 5 月 6 日	第五批
100	吉林省	中国（延吉）跨境电子商务综合试验区	2022 年 11 月 24 日	第七批
101	黑龙江省	中国（哈尔滨）跨境电子商务综合试验区	2018 年 7 月 24 日	第三批
102	黑龙江省	中国（绥芬河）跨境电子商务综合试验区	2019 年 12 月 24 日	第四批
103	黑龙江省	中国（黑河）跨境电子商务综合试验区	2020 年 5 月 6 日	第五批
104	黑龙江省	中国（同江）跨境电子商务综合试验区	2022 年 11 月 24 日	第七批
105	江西省	中国（南昌）跨境电子商务综合试验区	2018 年 7 月 24 日	第三批
106	江西省	中国（赣州）跨境电子商务综合试验区	2019 年 12 月 24 日	第四批
107	江西省	中国（九江）跨境电子商务综合试验区	2020 年 5 月 6 日	第五批
108	江西省	中国（景德镇）跨境电子商务综合试验区	2022 年 2 月 8 日	第六批
109	江西省	中国（上饶）跨境电子商务综合试验区	2022 年 2 月 8 日	第六批
110	江西省	中国（萍乡）跨境电子商务综合试验区	2022 年 11 月 24 日	第七批
111	江西省	中国（新余）跨境电子商务综合试验区	2022 年 11 月 24 日	第七批
112	江西省	中国（宜春）跨境电子商务综合试验区	2022 年 11 月 24 日	第七批
113	江西省	中国（吉安）跨境电子商务综合试验区	2022 年 11 月 24 日	第七批
114	湖北省	中国（武汉）跨境电子商务综合试验区	2018 年 7 月 24 日	第三批
115	湖北省	中国（黄石）跨境电子商务综合试验区	2019 年 12 月 24 日	第四批

续表

序号	所属地区	名称	获批时间	批次
116	湖北省	中国（宜昌）跨境电子商务综合试验区	2020 年 5 月 6 日	第五批
117	湖北省	中国（襄阳）跨境电子商务综合试验区	2022 年 2 月 8 日	第六批
118	湖南省	中国（长沙）跨境电子商务综合试验区	2018 年 7 月 24 日	第三批
119	湖南省	中国（岳阳）跨境电子商务综合试验区	2019 年 12 月 24 日	第四批
120	湖南省	中国（湘潭）跨境电子商务综合试验区	2020 年 5 月 6 日	第五批
121	湖南省	中国（郴州）跨境电子商务综合试验区	2020 年 5 月 6 日	第五批
122	湖南省	中国（衡阳）跨境电子商务综合试验区	2022 年 11 月 24 日	第七批
123	湖南省	中国（株洲）跨境电子商务综合试验区	2022 年 11 月 24 日	第七批
124	广西壮族自治区	中国（南宁）跨境电子商务综合试验区	2018 年 7 月 24 日	第三批
125	广西壮族自治区	中国（崇左）跨境电子商务综合试验区	2020 年 5 月 6 日	第五批
126	广西壮族自治区	中国（柳州）跨境电子商务综合试验区	2022 年 11 月 24 日	第七批
127	广西壮族自治区	中国（贺州）跨境电子商务综合试验区	2022 年 11 月 24 日	第七批
128	海南省	中国（海口）跨境电子商务综合试验区	2018 年 7 月 24 日	第三批
129	海南省	中国（三亚）跨境电子商务综合试验区	2020 年 5 月 6 日	第五批
130	贵州省	中国（贵阳）跨境电子商务综合试验区	2018 年 7 月 24 日	第三批
131	贵州省	中国（遵义）跨境电子商务综合试验区	2020 年 5 月 6 日	第五批
132	贵州省	中国（铜仁）跨境电子商务综合试验区	2022 年 11 月 24 日	第七批

序号	所属地区	名称	获批时间	批次
133	云南省	中国（昆明）跨境电子商务综合试验区	2018 年 7 月 24 日	第三批
134	云南省	中国（德宏）跨境电子商务综合试验区	2020 年 5 月 6 日	第五批
135	云南省	中国（红河）跨境电子商务综合试验区	2022 年 2 月 8 日	第六批
136	云南省	中国（大理）跨境电子商务综合试验区	2022 年 11 月 24 日	第七批
137	陕西省	中国（西安）跨境电子商务综合试验区	2018 年 7 月 24 日	第三批
138	陕西省	中国（延安）跨境电子商务综合试验区	2020 年 5 月 6 日	第五批
139	陕西省	中国（宝鸡）跨境电子商务综合试验区	2022 年 2 月 8 日	第六批
140	甘肃省	中国（兰州）跨境电子商务综合试验区	2018 年 7 月 24 日	第三批
141	甘肃省	中国（天水）跨境电子商务综合试验区	2020 年 5 月 6 日	第五批
142	福建省	中国（厦门）跨境电子商务综合试验区	2018 年 7 月 24 日	第三批
143	福建省	中国（福州）跨境电子商务综合试验区	2019 年 12 月 24 日	第四批
144	福建省	中国（泉州）跨境电子商务综合试验区	2019 年 12 月 24 日	第四批
145	福建省	中国（漳州）跨境电子商务综合试验区	2020 年 5 月 6 日	第五批
146	福建省	中国（莆田）跨境电子商务综合试验区	2020 年 5 月 6 日	第五批
147	福建省	中国（龙岩）跨境电子商务综合试验区	2020 年 5 月 6 日	第五批
148	福建省	中国（南平）跨境电子商务综合试验区	2022 年 11 月 24 日	第七批
149	福建省	中国（宁德）跨境电子商务综合试验区	2022 年 11 月 24 日	第七批

序号	所属地区	名称	获批时间	批次
150	河北省	中国（唐山）跨境电子商务综合试验区	2018 年 7 月 24 日	第三批
151	河北省	中国（石家庄）跨境电子商务综合试验区	2019 年 12 月 24 日	第四批
152	河北省	中国（雄安新区）跨境电子商务综合试验区	2020 年 5 月 6 日	第五批
153	河北省	中国（廊坊）跨境电子商务综合试验区	2022 年 11 月 24 日	第七批
154	河北省	中国（沧州）跨境电子商务综合试验区	2022 年 11 月 24 日	第七批
155	青海省	中国（海东）跨境电子商务综合试验区	2019 年 12 月 24 日	第四批
156	青海省	中国（西宁）跨境电子商务综合试验区	2020 年 5 月 6 日	第五批
157	宁夏回族自治区	中国（银川）跨境电子商务综合试验区	2019 年 12 月 24 日	第四批
158	山西省	中国（太原）跨境电子商务综合试验区	2019 年 12 月 24 日	第四批
159	山西省	中国（大同）跨境电子商务综合试验区	2020 年 5 月 6 日	第五批
160	山西省	中国（运城）跨境电子商务综合试验区	2022 年 11 月 24 日	第七批
161	新疆维吾尔自治区	中国（乌鲁木齐）跨境电子商务综合试验区	2020 年 5 月 6 日	第五批
162	新疆维吾尔自治区	中国（喀什）跨境电子商务综合试验区	2022 年 2 月 8 日	第六批
163	新疆维吾尔自治区	中国（阿拉山口）跨境电子商务综合试验区	2022 年 2 月 8 日	第六批
164	新疆维吾尔自治区	中国（伊犁）跨境电子商务综合试验区	2022 年 11 月 24 日	第七批
165	西藏自治区	中国（拉萨）跨境电子商务综合试验区	2022 年 11 月 24 日	第七批